Umwandlung der Niederlassungsfreiheit in eine Gesellschaftsrechtswahlfreiheit?

Europäische Hochschulschriften Recht

European University Studies in Law

Publications Universitaires Européennes de Droit

Band/Volume 6722

Berina Fischinger-Corbo

Umwandlung der Niederlassungsfreiheit in eine Gesellschaftsrechtswahlfreiheit?

PETER LANG

Bibliografische Information der Deutschen Nationalbibliothek
Die Deutsche Nationalbibliothek verzeichnet diese Publikation in der Deutschen Nationalbibliografie; detaillierte bibliografische Daten sind im Internet über http://dnb.d-nb.de abrufbar.

Zugl.: Mannheim, Univ., Diss., 2022

D 180
ISSN 0531-7312
ISBN 978-3-631-89411-8 (Print)
E-ISBN 978-3-631-89421-7 (E-PDF)
E-ISBN 978-3-631-89422-4 (EPUB)
DOI 10.3726/b20430

Diese Publikation wurde begutachtet.

www.peterlang.com

Für meine Eltern

Vorwort

Die vorliegende Arbeit wurde im Mai 2022 als Dissertation von der Abteilung Rechtswissenschaft der Universität Mannheim angenommen.

Insbesondere danken möchte ich meinem sehr geschätzten Doktorvater, Herrn Professor Dr. Friedemann Kainer, nicht nur für seine kontinuierliche und inspirierende Betreuung und seine Zeit für fachliche Diskussionen. Mein Dank an ihn geht weit darüber hinaus für seine akademische Betreuung von Anfang meines Studiums an der Universität Mannheim an aber auch für seine hoch geschätzte Förderung und Hilfsbereitschaft all diese Jahre. Er hat von Anfang an an mich geglaubt und stand stets als feste Unterstützung an meiner Seite – dafür bin ich ihm von ganzem Herzen dankbar. Schließlich danke ich ihm sehr für die schnelle Erstellung des Erstgutachtens.

Ganz herzlich möchte ich mich ferner bei Herrn Professor Dr. Hans-Joachim Cremer für die ebenfalls sehr schnelle Erstellung des Zweitgutachtens bedanken. Herrn Professor Dr. Oliver Brand danke ich für die freundliche Übernahme des Vorsitzes bei der mündlichen Verteidigung der Dissertation.

Danken möchte ich allen, die mich bei meinem Promotionsvorhaben unterstützt haben. Zu nennen sind zunächst Frau Johanna Hübsch und Herr Saša Gigić für das sehr zügige Korrekturlesen der Arbeit. Sehr dankbar bin ich auch der Geschäftsführerin des Dekanats der Abteilung Rechtswissenschaft, Frau Lisa Verena Händel, die mich stets unterstützt und mir vor allem in der Endphase meiner Arbeit den notwendigen Freiraum für die Fertigstellung gewährt hat.

Mein größter Dank geht an meine Familie. Diese Arbeit widme ich meinen Eltern Mirzeta Sadiković-Čorbo und Sead Čorbo. Sie haben mich stets liebevoll und mit viel Geduld, Aufmerksamkeit und Verständnis in jeder Hinsicht unterstützt. Meinem Bruder Amar Čorbo danke ich ebenfalls von ganzem Herzen – ohne ihn wäre ich nie nach Deutschland gekommen und hätte nie in Mannheim studiert.

Ein ganz besonderer Dank geht an meinen geliebten Ehemann Professor Dr. Philipp S. Fischinger, der stets geduldig und fest an meiner Seite steht und mich in jeder Hinsicht unterstützt. Danke für seine liebevolle Begleitung an meiner Seite! Schließlich möchte ich meiner Schwiegermutter Olga Fischinger-Traub für Ihre liebevolle Unterstützung und ihren liebevollen Glauben an mich alle diese Jahre ganz herzlich danken.

Ladenburg, im November 2022
Berina Fischinger-Čorbo

Inhaltsübersicht

Inhaltsverzeichnis

Abkürzungsverzeichnis

Abs.	Absatz
AG	Amtsgericht
Art.	Artikel
AEUV	Vertrag über die Arbeitsweise der Europäischen Union
allg.	allgemein
bzw.	beziehungsweise
d.h.	das heißt
DNotZ	Deutsche Notar-Zeitschrift
DStZ	Deutsche Steuer-Zeitung
ECLI	European Case Law Identifier
EEA	Einheitliche Europäische Akte
EG	Europäische Gemeinschaft
EGV	Vertrag zur Gründung der Europäischen Gemeinschaft
EU	Europäische Union
EUV	Vertrag über die Europäische Union
EuGH	Europäischer Gerichtshof
EuR	Zeitschrift Europarecht
EuZA	Europäische Zeitschrift für Arbeitsrecht
EuZW	Europäische Zeitschrift für Wirtschaftsrecht
EWGV	Vertrag über die Europäische Wirtschaftsgemeinschaft
EWR	Europäischer Wirtschaftsraum
ff.	fortfolgend(-e)
Fn.	Fußnote
FS	Festschrift
GA	Generalanwalt
gem.	gemäß
GG	Grundgesetz
GRCh	Charta der Grundrechte der Europäischen Union

Hrsg.	Herausgeber
i.e.	id est
i.d.R.	in der Regel
IPRax	Die Praxis des Internationalen Privat- und Verfahrensrechts
i.R.v.	im Rahmen von
i.S.d.	im Sinne des
i.S.v.	im Sinne von
i.V.m.	in Verbindung mit
IWRZ	Zeitschrift für Internationales Wirtschaftsrecht
JuS	Juristische Schulung
KG	Kammergericht
Kom.	Kommission/Europäische Kommission
lit.	littera
Lit.	Literatur
Ltd.	Limited
NJW	Neue juristische Wochenschrift
NZG	Neue Zeitschrift für Gesellschaftsrecht
Nr.	Nummer
OLG	Oberlandesgericht
RL	Richtlinie
Rn.	Randnummer
Rspr.	Rechtsprechung
Rs.	Rechtssache
sog.	sogenannt
S.	Seite
StuW	Steuer und Wirtschaft
u.a.	unter anderem
UmwG	Umwandlungsgesetz
usw.	und so weiter
v.	vom
v.a.	vor allem
vgl.	vergleiche
v.H.	von Hundert

z.B.	zum Beispiel
ZEuP	Zeitschrift für europäisches Privatrecht
zit.	zitiert
ZIP	Zeitschrift für Wirtschaftsrecht
z.T.	zum Teil

A. Einleitung

I. Untersuchungsfragen und Hypothesen der Arbeit

In der vorliegenden Arbeit werden grenzüberschreitende Niederlassungsvorgänge, insbesondere in Form einer isolierten Sitzverlegung, untersucht. Im Zentrum der Untersuchung steht die Auslegung der Niederlassungsfreiheit durch den Europäischen Gerichtshof (EuGH), konkret die uneinheitliche Rechtsprechung des EuGH und dessen Auslegungsmethodik zur isolierten Sitzverlegung. Diese wird mit Blick auf ihre Auswirkungen auf das Binnenmarktkonzept im Rahmen der durch die Unionsverträge gesetzten Ziele kritisch geprüft. Insoweit beschränkt sich diese Arbeit auf die Untersuchung der Niederlassungsfreiheit von Gesellschaften.

Im Zentrum der Darstellung steht dabei folgender Umstand: In seiner gegenwärtigen Rechtsprechung gewährt der EuGH einem Unternehmen selbst dann den Schutz der Niederlassungsfreiheit, wenn es seinen Sitz nach dem Recht eines Mitgliedstaats nur begründet, um in den Genuss günstigerer Rechtsvorschriften zu kommen.[1] Das bedeutet praktisch, dass Unternehmen, die einfach nur in den Genuss einer vorteilhafteren Rechtsordnung kommen möchten, in dem Aufnahmemitgliedsstaat aber gar keine wirkliche wirtschaftliche Tätigkeit ausüben wollen oder beabsichtigen, genauso die Niederlassungsfreiheit in Anspruch nehmen können wie ein Unternehmen, das in dem Aufnahmemitgliedsstaat einer wirklichen wirtschaftlichen Tätigkeit nachgehen möchte. Beide Kategorien der Unternehmen erfüllen, nach aktueller Rechtsprechung des EuGH, die Voraussetzungen für die Inanspruchnahme der Niederlassungsfreiheit und fallen unter deren Schutz unabhängig davon, ob das Kriterium der Ausübung einer wirklichen wirtschaftlichen Tätigkeit vorliegt oder nicht. Das wirft die folgenden, im Rahmen dieser Arbeit untersuchten Fragen auf:

Erstens, ob der EuGH mit dieser Anwendung und Auslegung von Art. 49 und 54 AEUV die mit dem Unionsrecht ganz grundlegend verfolgten Ziele der Niederlassungsfreiheit überzeugend interpretiert. Nach hier vertretener Auffassung ist das nicht der Fall mit der Folge, dass der EuGH zu unzutreffenden Ergebnissen kommt. So wird eine genauere Analyse zeigen, dass der EuGH bei der Auslegung der niederlassungsrechtlichen Bestimmungen auf Fälle isolierter Sitzverlegungen den normativen Zweck der primärrechtlichen Bestimmungen nicht hinreichend

---

1 Das ist das Hauptergebnis des Urteils *Polbud*: EuGH, Urteil v. 25.10.2017, Rs. C-106/16 (Polbud), ECLI:EU:C:2017:804, Rn. 40 mit Berufung auf EuGH, Urteil v. 09.03.1999, Rs. C-212/97 (Centros), ECLI:EU:C:1999:126, Rn. 27, und EuGH, Urteil v. 30.09.2003, Rs. C-167/01 (Inspire Art), ECLI:EU:C:2003:512, Rn. 96.
Das Urteil *Polbud*, sowie die Urteile *Centros und Inspire Art* werden in dieser Arbeit ausführlich dargestellt und kritisch analysiert.

bei der systematischen Normauslegung berücksichtigt. Hierfür wird die methodische Interpretation der Gründungsverträge durch den EuGH kritisch hinterfragt und aufgezeigt, dass dessen Rechtsprechung kein überzeugendes Verständnis der Normzweck der Niederlassungsfreiheit sowie der Integrationsziele im weiteren Sinne zugrunde legt. Wie darzustellen sein wird, handelt es sich hierbei nicht um eine rein theoretische Fragestellung, sondern das Vorgehen des EuGH wirkt sich unmittelbar auf den Binnenmarkt und damit auf einen zentralen Aspekt der mit den Gründungsverträgen verfolgten Ziele aus. Insoweit wird im Ergebnis geprüft, ob der EuGH mit seiner Rechtsprechung im *Polbud* Urteil auf Basis der Grundfreiheiten den Weg zu einer Gesellschaftsrechtswahlfreiheit eröffnet. Darüber hinaus wird kritisch gewürdigt, ob diese durch den EuGH etablierte „Cherry-picking" Praxis mit dem Zweck der Niederlassungsfreiheit im Speziellen und mit den Zielen der Gründungsverträge und Binnenmarkziele im Allgemeinen vereinbar ist.

Zweitens wird geprüft, ob der EuGH mit der Gleichstellung von Unternehmen, die in dem Aufnahmemitgliedsstaat einer wirklichen wirtschaftlichen Tätigkeit nachgehen möchten, mit solchen, die den Sitz nur „pro forma" zur Erlangung günstigerer Rechtsvorschriften verlegen, eine unzulässige Ungleichbehandlung unternimmt und somit gegen das unionsrechtliche Gleichbehandlungsgebot, welches in Art. 20 EU-Grundrechtecharta verankert ist, verstößt. Diese Ausgangshypothese beruht auf dem Grundsatz, nach dem die gleichen Sachverhalte (hier niederlassungsrechtliche) nicht ungleich behandelt werden dürfen und umgekehrt ungleiche nicht gleichbehandelt werden dürfen. Insoweit stellt sich die Frage, ob seitens des EuGH bei der Auslegung der Art. 49 und 54 AEUV in Bezug auf die isolierte Sitzverlegung eine Ungleichbehandlung vorliegt.

II. Gang der Untersuchung

Um die aufgeworfenen Fragen zu beantworten, werden zunächst die Ziele der Niederlassungsfreiheit, ihre Dogmatik, ihr Inhalt sowie die Entwicklung der Niederlassungsfreiheit von einem reinen Diskriminierungsverbot bis zum heute allgemein anerkannten Beschränkungsverbot erörtert (dazu Teil B, I–V.). Ein Schwerpunkt liegt dabei auf der Darstellung der Stellung der Niederlassungsfreiheit im System des Binnenmarkts und der Darlegung eines der Ziele dieser Grundfreiheit, nämlich der Verwirklichung der Binnenmarktziele.

Unter C. wird der ersten Hauptuntersuchungsfrage nachgegangen. D.h., es wird gefragt, ob der EuGH dadurch, dass er den Schutz der Niederlassungsfreiheit auch Unternehmen gewährt, die im Aufnahmemitgliedstaat keiner wirklichen wirtschaftlichen Tätigkeit nachgehen/nachgehen wollen, die Reichweite von Art. 49 und 54 AEUV unzutreffend bestimmt. Die Frage ist, ob die Gewährung niederlassungsrechtlichen Schutzes für isolierte Sitzverlegungen ohne Ausübung wirklichen wirtschaftlichen Tätigkeiten dazu führt, dass künftig auch Gesellschaftsrechtsnormwahlen niederlassungsrechtlichen Schutz genießen. Im Teil C (dazu Teil V, 2) wird zu diesem Zweck geprüft, ob dieses hier als „Cherry-picking" System bezeichnete Vorgehen mit der grundlegenden Zielsetzung der Niederlassungsfreiheit und darüber hinaus mit zentralen Ideen und Zielen des Binnenmarkts, wie sie in den Gründungsverträgen festgelegt sind, vereinbar ist.

In Anschluss wird die zweite Ausgangsfrage erörtert, d.h. untersucht, ob die Gleichbehandlung von Unternehmen, die in dem Aufnahmemitgliedsstaat einer wirklichen wirtschaftlichen Tätigkeit nachgehen möchten, mit solchen, die den Sitz nur „pro forma" zur Erlangung günstigerer Rechtsvorschriften verlegen, eine unzulässige Gleichbehandlung i.S.v. Art. 20 EU-Grundrechtecharta (dazu Teil D, IV) darstellt. Davor wird zunächst die Diskriminierungsproblematik kurz dargestellt, um die Unterschiede zur Ungleichbehandlung i.S.v. Art. 20 EU-Grundrechtecharta zu erläutern.

Im Teil E werden die Ergebnisse der Arbeit zusammengefasst.

B. Das Konzept der Niederlassungsfreiheit

I. Die Stellung der Niederlassungsfreiheit im System des Binnenmarktrechts

Die normative Stellung und die juristische sowie wirtschaftliche, gesellschaftliche und politische Bedeutung der niederlassungsrechtlichen Normen unter dem Primärrecht spielen in der Rechtswissenschaft, aber auch in der Rechtspraxis des EuGH eine wichtige Rolle. Sie gehören ohne Zweifel zu den wichtigsten Normen des gesamten Unionsrechts. In Verbindung mit den vertraglichen Bestimmungen zum Binnenmarkt, die u.a. mit den Grundfreiheiten den zentralen Stein der Unionsverfassung legen[2], bietet die Niederlassungsfreiheit eine Vielfalt an Möglichkeiten für die Verwirklichung von dessen Zielen.

Die Funktion dieser Grundfreiheit ist längst anerkannt. Sie wird als „ein konstituierender Bestandteil des Binnenmarktes und Mosaikstein einer umfassenden Gewährleistung grenzüberschreitend-wirtschaftlicher Freiheiten“[3] geschätzt. Überdies ist sie eine der zentralen Normen der Primärverträge[4] sowie auch einer der zentralen Bestandteile des Binnenmarktes[5], aber auch eines der Grundprinzipien der Gründungsverträge der Europäischen Union.[6]

Die normative Zielsetzung der Niederlassungsfreiheit gemäß Art. 49 und 54 AEUV bestimmt sich in Anlehnung an die Binnenmarktziele der Primärverträge. Sie richtet sich auf eine optimale Allokation wirtschaftlicher Ressourcen innerhalb der Europäischen Union. Nach diesem Grundsatz soll es für jeden Wirtschaftsteilnehmer auf dem Binnenmarkt möglich sein, seine Leistungen von jedem Ort in der Union aus unionsweit ohne Beschränkungen anbieten zu können. Die niederlassungsrechtlichen Bestimmungen sorgen damit auch für die Erreichung der in Art. 3 Abs. 3 AEUV niedergelegten Ziele.[7] Gemeinsam mit anderen Grundfreiheiten tragen sie zur Erreichung und Bewahrung der ökonomischen und sozialen Ziele innerhalb des Binnenmarkts bei.[8]

---

2 *Ruffert* in *Calliess/Ruffert*, EUV/AEUV, Art. 3 EUV, Rn. 22.

3 *Kainer* in *Müller-Graff* (Hrsg.), Europäisches Binnenmarkt- und Wirtschaftsordnungsrecht (EnzEuR Bd. 4), § 49, Rn. 6.

4 *Müller-Graff* in *Streinz*, EUV/AEUV, Art. 49 AEUV Rn. 4.

5 *Müller-Graff* in *Streinz*, EUV/AEUV, Art. 49 AEUV Rn. 4.

6 *Müller-Graff* in *Streinz*, EUV/AEUV, Art. 49 AEUV Rn. 4.

7 *Kainer* in *Müller-Graff* (Hrsg.), Europäisches Binnenmarkt- und Wirtschaftsordnungsrecht (EnzEuR Bd. 4), § 49, Rn. 6.

8 *Craig/de Burca, EU Law – Texts, Cases and Materials, p. 801 f.*

Gleichzeitig aber verfolgt die Niederlassungsfreiheit das Ziel des sog. Gesetzes der komparativen Kosten.[9] Dieses Prinzip schützt die unternehmerische Freiheit, sich dort niederzulassen, wo die Investition ihrer Produktionsfaktoren am meisten wirtschaftliche Vorteile bringt.[10] Auf diese Weise unterwerfen sich die niederlassungswilligen Unternehmen durch die Standortsentscheidung der inländischen Rechts- und Sozialordnung als Teil der Standortsbedingungen des Aufnahmemitgliedstaates. Insofern wäre eine „Rosinenpickerei" der Rechtsordnungen in solchen Konstellationen widersprüchlich, würde sie doch bedeuten, sich in einen bestimmten Mitgliedstaat aufgrund seiner günstigen Produktionsbedingungen niederzulassen, sich aber auf das Recht des Herkunftsstaates berufen zu wollen, um die nachteiligen Faktoren im Niederlassungsstaat zu vermeiden.[11]

Bei der Niederlassungsfreiheit kommt die doppelte Funktion der Grundfreiheiten im Besonderen zum Ausdruck. Deren Funktion nach soll einem Unternehmen die Chance einer Wettbewerbsgleichheit gewährleistet werden, aber auch gleichzeitig die Freiheit des Zutritts zu nationalen Märkten erhalten bleiben.[12]

II. Die Verwirklichung der Binnenmarktziele als Bestandteil der Zielsetzung der Niederlassungsfreiheit

Der Binnenmarkt und die Verwirklichung von dessen Zielen[13] ist Herzstück des gesamten Unionsrechts. Nach der klassischen Definition umfasst der Binnenmarkt einen Raum ohne Binnengrenzen, in dem der freie Verkehr von Waren, Personen, Dienstleistungen und Kapital gemäß den Bestimmungen der Verträge gewährleistet ist (Art. 26 Abs. 2 AEUV).[14] Folglich sind die Rechtsnormen, die einen grenzüberschreitenden Wettbewerb fördern und für mehr Mobilität innerhalb der Union sorgen, ein wichtiges Element im Mosaik des Binnenmarktkonzepts. Zusammen mit der Dienstleistungsverkehrsfreiheit, der Kapitalverkehrsfreiheit, der Personenverkehrsfreiheit und der Warenverkehrsfreiheit bilden die im AEUV festgelegten niederlassungsrechtlichen Normen einen Mechanismus innerhalb des Binnenmarkts, der dafür sorgt, dass dessen Ziele störungsfrei erreicht werden.

---

9 *Tiedje* in *von der Groeben/Schwarze/Hatje*, Europäisches Unionsrecht, Vorbemerkung zu den Artikeln 49 bis 55 AEUV, Rn. 5.

10 *Korte* in *Calliess/Ruffert*, EUV/AEUV, Art. 49 AEUV, Rn. 1.

11 *Müller-Graff* in *Streinz*, EUV/AEUV, Art. 49 AEUV, Rn. 5.

12 *Kainer in* Frankfurter Kommentar EUV/GRC/AEUV, Art. 49 AEUV, Rn. 5.

13 Über die Verwirklichung der Binnenmarkziele mehr: *Korte* in *Calliess/Ruffert*, EUV/AEUV, Art. 26 AEUV, Rn. 1 ff.

14 Art. 26, Abs. 2 AEUV, vgl. mit *Terhechte*, in *Grabitz/Hilf/Nettesheim*, Das Recht der Europäischen Union, Art. 3 EUV, Rn. 38 ff.

Die aktuelle Normsetzung der Niederlassungsfreiheit sorgt für die Voraussetzungen für einen unbehinderten und unverfälschten europäischen Wettbewerb. Bei der Betrachtung des Funktionierens des Binnenmarktkonzeptes stellen der Zweck des Binnenmarkts und seine Grundlagen wichtigere Aspekte dar. Sein Zweck dient auch der Verwirklichung der Ziele des Art. 3 EUV. Art. 3 EUV zielt darauf, Wirtschaftsteilnehmer in den binnenmarktrechtlichen Freiverkehr einzubeziehen und somit einen unionsweiten Wettbewerb der Standortentscheidungen zu ermöglichen.[15]

Allerdings ist der Binnenmarkt aktuell vielen Herausforderungen ausgesetzt. Auf dem Markt, der 18 % der weltweiten Wirtschaftsleistung abdeckt, werden, gemäß der Mitteilung der Europäischen Kommission[16], die Binnenmarktvorschriften nicht ausreichend eingehalten. Die Mitteilung weist auf zahlreiche Hindernisse hin, die auf eine fehlerhafte oder unvollständige Anwendung der europäischen Rechtsvorschriften auf nationaler Ebene zurückführen sind.[17] Diese Entwicklungen sorgen für Bedenken. Insoweit wird diese Arbeit einen Aspekt untersuchen, der auch ein potenzielles Hindernis für den europäischen Binnenmarkt ist – nämlich das Problem der Ausübung der Niederlassungsfreiheit trotz Fehlens des Elements einer „wirtschaftlichen Tätigkeit". Unter anderen Vorteilen, die der europäische Binnenmarkt bietet, kommen allen Wirtschaftsteilnehmern sowie auch allen Bürgern die Vorteile der Grundfreiheiten sowie auch einen Markt, der Handel und Wettbewerb fördert und letztendlich für mehr Beschäftigungsmöglichkeit, mehr Effizienz und mehr Auswahl an Dienstleistungen und Produkten sorgt.[18] Bei diesem Stand ist es Ziel der Niederlassungsfreiheit, zur Erreichung der Binnenmarktziele beizutragen, den freien Marktzugang zu ermöglichen und einen unverfälschten Wettbewerb sicherzustellen. Mittels der Niederlassungsfreiheit soll

---

15 *Müller-Graff* in *Streinz*, EUV/AEUV, Art. 49 AEUV, Rn. 5.

16 Mitteilung der Kommission an das Europäische Parlament, den Rat, den Europäischen Wirtschafts- und Sozialausschuss und den Ausschuss der Regionen; Langfristiger Aktionsplan zur besseren Umsetzung und Durchsetzung der Binnernmarktvorschriften, Brüssel den 10.03.2020, COM(2020) 94 final, S. 1, abgerufen auf https://eur-lex.europa.eu/legal-content/DE/TXT/?uri=CELEX:52020DC0094 am 28.01.2022.

17 Mitteilung der Kommission an das Europäische Parlament, den Rat, den Europäischen Wirtschafts- und Sozialausschuss und den Ausschuss der Regionen; Langfristiger Aktionsplan zur besseren Umsetzung und Durchsetzung der Binnernmarktvorschriften, Brüssel den 10.3.2020, COM(2020) 94 final, S. 1, abgerufen auf https://eur-lex.europa.eu/legal-content/DE/TXT/?uri=CELEX:52020DC0094 am 28.01.2022.

18 Mitteilung der Kommission an das Europäische Parlament, den Rat, den Europäischen Wirtschafts- und Sozialausschuss und den Ausschuss der Regionen; Langfristiger Aktionsplan zur besseren Umsetzung und Durchsetzung der Binnernmarktvorschriften, Brüssel den 10.3.2020, COM(2020) 94 final, S. 1, abgerufen auf https://eur-lex.europa.eu/legal-content/DE/TXT/?uri=CELEX:52020DC0094 am 28.01.2022.

die freie Standortwahl für Gesellschaften und natürliche Personen gefördert und damit der Standortwettbewerb im Binnenmarkt eröffnet werden. Es sind aber nicht nur klare und effiziente primär und sekundärrechtliche Vorschriften notwendig, sondern auch eine konsequente und einheitliche Rechtsprechung des EuGH bei der Auslegung dieser Grundfreiheit.

1. Ziele der Niederlassungsfreiheit – systematische Analyse des Primärrechts

a) Vertrag über die Gründung der Europäischen Gemeinschaft für Kohle und Stahl von 23.07.1952[19]

aa) Inhalt

Die Gründungsväter der Europäischen Gemeinschaft für Kohle und Stahl hatten nicht nur politische und strategische Ziele für die Gemeinschaft im Sinn. Die wirtschaftliche Entwicklung lag ihnen ebenso am Herzen, wie sich sowohl in der Präambel als auch in konkreten Vertragsartikeln zeigt. Den Pariser Vertrag 1952 schlossen die Vertragsparteien in dem Bewusstsein, „dass Europa nur durch konkrete Leistungen, die zunächst eine tatsächliche Verbundenheit schaffen, und durch die Errichtung *gemeinsamer Grundlagen für die wirtschaftliche Entwicklung*[20] aufgebaut werden kann".[21] Dazu anschließend kam „das Bemühen, durch die *Ausweitung ihrer Grundproduktionen zur Hebung des Lebensstandards*[22] und zum Fortschritt der Werke des Friedens beizutragen".[23] Durch diesen Vertrag begründen die Hohen Vertragsschließenden eine Europäische Gemeinschaft für Kohle und Stahl; *sie beruht auf einem gemeinsamen Markt, verfolgt gemeinsame Ziele*[24] und hat gemeinsame Organe (Art. 1 des Vertrages über die Gründung der Europäischen Gemeinschaft für Kohle und Stahl).

Die konkreten Ziele der Gemeinschaft wurden in Art. 2 des Pariser Vertrages formuliert. Dem Wortlaut dieses Artikels nach war die Europäische Gemeinschaft für Kohle und Stahl dazu berufen, „im Einklang mit der Gesamtwirtschaft der Mitgliedstaaten und auf der Grundlage eines gemeinsamen Marktes, wie er in Art. 4

---

19 Der Vertrag wurde am 18.04.1951 unterzeichnet, ist am 23.07.1952 in Kraft getreten und am 23.07.2002. ausgelaufen. Vertrag verfügbar unter: https://eur-lex.europa.eu/legal-content/DE/TXT/?uri=CELEX:11951K/TXT

20 Hervorhebung durch Verfasserin.

21 Vertrag über die Gründung der Europäischen Gemeinschaft für Kohle und Stahl, Präambel, Lit. 3.

22 Hervorhebung durch Verfasserin.

23 Vertrag über die Gründung der Europäischen Gemeinschaft für Kohle und Stahl, Präambel, Lit. 4.

24 Hervorhebung durch Verfasserin.

näher bestimmt ist, zur *Ausweitung der Wirtschaft, zur Steigerung der Beschäftigung und zur Hebung der Lebenshaltung in den Mitgliedstaaten*[25] beizutragen."[26]

Die Europäische Gemeinschaft für Kohle und Stahl richtete sich auf das weitere Ziel „die Voraussetzungen zu schaffen, die von sich *aus der rationellste Verteilung der Erzeugung auf dem höchsten Leistungsstande sichern; sie hat hierbei dafür zu sorgen, dass keine Unterbrechung in der Beschäftigung eintritt, und zu vermeiden, dass im Wirtschaftsleben der Mitgliedstaaten tiefgreifende und anhaltende Störungen hervorgerufen werden*".[27]

Die Organe der Gemeinschaft haben im Rahmen der jedem von ihnen zugewiesenen Befugnisse und im gemeinsamen Interesse „darauf zu achten, dass Voraussetzungen erhalten bleiben, die einen Anreiz für die Unternehmen bieten, ihr Produktionspotential auszubauen und zu verbessern ..." (Art. 3 lit. d des Vertrages über die Gründung der Europäischen Gemeinschaft für Kohle und Stahl). Sie sollen auch die *Entwicklung des zwischenstaatlichen Austausches fördern*[28] (Art. 3 lit. f des Vertrages über die Gründung der Europäischen Gemeinschaft für Kohle und Stahl). Die Gemeinschaft sorgt für *Schaffung, Aufrechterhaltung und Beachtung normaler Wettbewerbsbedingungen* (Art. 5 des Vertrages über die Gründung der Europäischen Gemeinschaft für Kohle und Stahl).

bb) Bewertung

Obwohl der Pariser Vertrag keine besonderen Bestimmungen zur Niederlassungsfreiheit enthielt, ist seine Bedeutung dennoch wichtig. Der Pariser Vertrag bildet einen ersten Baustein im Aufbau der europäischen Idee. Ihm sind die ersten Ideen der gemeinsamen wirtschaftlichen Entwicklung und Fortschritts zu verdanken. Als solcher Text ist er heutzutage als Leitmotiv bei der Vertragsauslegung immer noch aktuell.

b) Resolution von Messina

In einer außerordentlichen Sitzung der Gemeinsamen Versammlung der Montanunion am 30. November 1955 einigte sich die Mehrheit darauf die Integration auf wirtschaftlichem Gebiet voranzubringen.[29] Die Resolution von Messina, die die Schlüsse aus der Konferenz von Messina aus dem Jahr 1955[30] formulierte,

---

25 Hervorhebung durch Verfasserin.

26 Vertrag über die Gründung der Europäischen Gemeinschaft für Kohle und Stahl, Präambel, Art. 2 Abs. 1.

27 Vertrag über die Gründung der Europäischen Gemeinschaft für Kohle und Stahl, Präambel, Art. 2, Abs. 2.

28 Hervorhebung durch Verfasserin.

29 *Küsters*, Die Gründung der Europäischen Wirtschaftsgemeinschaft, 1982, S. 71.

30 Die Konferenz der Außenminister der Länder der Europäischen Gemeinschaft für Kohle und Stahl.

setzte vier Ziele für die „*Schaffung eines vereinigten Europas*: die Weiterentwicklung gemeinsamer Institutionen, der *schrittweise Zusammenschluss der nationalen Volkswirtschaften, die Errichtung eines Gemeinsamen Marktes* und die allmähliche Harmonisierung der Sozialpolitik".[31]

Die Resolution von Messina ging über die im Pariser Vertrag entwickelten Ideen hinaus in Richtung einer verstärkten wirtschaftlichen Zusammenarbeit und legte den Grundstein für die Römische Verträge, die zwei Jahre später unterzeichnet wurden.

c) Vertrag zur Gründung der Europäischen Gemeinschaft vom 25. März 1957[32]

aa) Grundlegende Ziele

Der Vertrag von Rom zur Gründung der Europäischen Gemeinschaft vom 25. März 1957 hatte im Kern Wirtschafts- und Wirtschaftswachstumsziele, die die wirtschaftlichen Ziele aus dem Pariser Vertrag ausgeweitet haben. Konkret haben sich die Mitgliedstaaten insbesondere für beständige Wirtschaftsausweitung, einen ausgewogenen Handelsverkehr und einen redlichen Wettbewerb eingesetzt.[33] Außerdem beschlossen sie die Gründung einer Europäischen Wirtschaftsgemeinschaft in dem Bestreben, ihre Volkswirtschaften zu einigen und deren harmonische Entwicklung zu fördern, indem sie den Abstand zwischen einzelnen Gebieten und den Rückstand weniger begünstigter Gebiete verringern.[34]

Die Aufgabe der Gemeinschaft war in Art. 2 formuliert als „ ... eine *harmonische Entwicklung des Wirtschaftslebens*[35] innerhalb der Gemeinschaft, *eine beständige und ausgewogene Wirtschaftsausweitung*[36], eine größere Stabilität, eine beschleunigte Hebung der Lebenshaltung und engere Beziehungen zwischen den Staaten zu fördern".[37] Wirtschaftliche Angelegenheiten sind eine zentrale Aufgabe der Gemeinschaft. Die wirtschaftlichen Ziele standen in einem „Zweck-Mittel-Verhältnis",

---

31 *Küsters*, Die Gründung der Europäischen Wirtschaftsgemeinschaft, 1982, S. 122.

32 Der Vertrag wurde am 25.03.1957 unterzeichnet und ist am 01.01.1958 in Kraft getreten. Vertrag unter: https://eur-lex.europa.eu/legal-content/DE/TXT/PDF/?uri=CELEX:11957E/TXT&from=en.

33 Vertrag zur Gründung der Europäischen Wirtschaftsgemeinschaft Rom, den 25. März 1957, Präambel, Lit. 4.

34 Vertrag zur Gründung der Europäischen Wirtschaftsgemeinschaft Rom, den 25. März 1957, Präambel, Lit. 5.

35 Hervorhebung durch Verfasserin.

36 Hervorhebung durch Verfasserin.

37 Vertrag zur Gründung der Europäischen Wirtschaftsgemeinschaft Rom, den 25. März 1957, Präambel, Art. 2.

die der Besserung der Lebens- und Beschäftigungsbedingungen in allen Mitgliedstaaten dienen.[38]

Die Primärziele richteten sich auf die wirtschaftliche Entwicklung, und zwar eine harmonische, i.e. eine ausgewogene und in allen Mitgliedstaaten gleichwachsende Entwicklung/Wirtschaftsausweitung. Die Idee des Binnenmarkts beruht auf dem Bestreben einer größtmöglichen Homogenität der innergemeinschaftlichen Wirtschaftsordnung.[39] Diese Ziele wurden nach dem Bericht über die Durchführung des Vertrags[40] im Verlauf der ersten vier Tätigkeitsjahre der Gemeinschaft in ihrer Gesamtheit auch erreicht.[41] Dem Bericht nach „ist die Wirtschaft in allen Mitgliedstaaten beträchtlich gewachsen: das Bruttosozialprodukt der Gemeinschaft lag zuletzt um mehr als 20 v.H. über dem Stand von 1957. Auch war das Wirtschaftswachstum insgesamt ausgeglichener als in früheren Jahren".[42]

Der Ministerialdirigent *Hans von der Groeben* hat in seinem Kommentar zu den Zielen und Aufgaben der wirtschaftlichen Einigung Europas auf Folgendes hingewiesen: „[I]ch glaube es ist wichtig, zu Beginn einer Darstellung der Europäischen Wirtschaftsgemeinschaft klar zu sagen, was die Länder, die diesen Vertrag unterzeichnet haben, tatsächlich wollten. Die Antwort ist, sie wollten einen Gemeinsamen Markt (binnenmarktähnlichen Charakters) für industrielle und landwirtschaftliche Erzeugnisse zwischen den sechs beteiligten Mitgliedstaaten schaffen. In diesem Gemeinsamen Markt soll sich also die Produktion und der Handel sowie der Handelsverkehr mit dritten Ländern so abspielen, wie das heute in inneren nationalen Binnenmärkten der Fall ist".[43] In seiner späteren Rolle als Mitglied der EWG-Kommission machte *von der Groeben* klar, dass „die unterschiedliche Gestaltung der das Wirtschaftsleben beeinflussenden Rechtsvorschiften und die unterschiedliche Verwaltungspraxis auf diesem Gebiet die Errichtung

---

38 *Geiger* in EG-Vertrag, 2. Auflage 1995, S. 4.

39 *Schultz*, Das Verhältnis von Gemeinschaftsgrundrechten und Grundfreiheiten des EGV, S. 91.

40 Die erste Stufe des Gemeinsamen Marktes, Bericht über die Durchführung des Vertrags, Januar 1958–Januar 1962), Europäische Wirtschaftsgemeinschaft – Kommission, Juli 1962.

41 Die erste Stufe des Gemeinsamen Marktes, Bericht über die Durchführung des Vertrags (Januar 1958–Januar 1962), Europäische Wirtschaftsgemeinschaft – Kommission, Juli 1962, S. 17.

42 Die erste Stufe des Gemeinsamen Marktes, Bericht über die Durchführung des Vertrags (Januar 1958–Januar 1962), Europäische Wirtschaftsgemeinschaft – Kommission, Juli 1962, S. 17.

43 *Ministerialdirigent Hans von der Groeben*, Ziele und Aufgaben der wirtschaftlichen Einigung Europas, Europäische Wirtschaftsgemeinschaft (der gemeinsame Markt), 1. Jahrgang, 15.01.1958, Nr. 1, S. 2.

und fortschreitende Entwicklung des Gemeinsamen Marktes ungünstig beeinflussen können".[44]

Sehr ähnlich äußerte sich auch *Reuß* und schrieb, dass „sechs stolze, ehrwürdige Nationen des europäischen Westens ... sich in einer wirtschaftsrevolutionären Zielsetzung vertraglich bis in alle Zeiten verbunden [haben]. Es sollen Schranken des Handelsverkehrs fallen, die bisher zum ‚eisernen Bestand' der westeuropäischen Wirtschaftspolitik gehörten".[45]

bb) Niederlassungsfreiheit

Im zweiten Teil des Vertrages, der die Grundlagen der Gemeinschaft etablierte, wurden in Art. 52 zum ersten Mal Bestimmungen zur Niederlassungsfreiheit aufgenommen. Art. 52 nach wurden die Beschränkungen der freien Niederlassung von Staatsangehörigen eines Mitgliedstaates im Hoheitsgebiet eines anderen Mitgliedstaates während der Übergangszeit schrittweise aufgehoben. Das gleiche galt für Beschränkungen der Gründung von Agenturen, Zweigniederlassungen oder Tochtergesellschaften durch Angehörige eines Mitgliedstaates, die im Hoheitsgebiet eines Mitgliedstaates ansässig sind. Systematisch passten diese Bestimmungen zu den Zielsetzungen des Art. 2 und richteten sich auch konzeptionell dem Ziel der Errichtung des gemeinsamen Marktes nach.[46]

Der Zweck der Niederlassungsfreiheit ist aber noch weitreichender. Verstanden als Produktionsfreiheit dient diese Freiheit der Verwirklichung der oben genannten Ziele der Gemeinschaft/Union.[47] In der Praxis resultiert daraus die Verpflichtung der Wirtschaftsteilnehmer, die die Niederlassungsfreiheit in Anspruch nehmen möchten, sich an die Bedingungen des Aufnahmemitgliedstaates anzupassen, d.h. auch an die jeweilige Rechts- und Sozialordnung.[48] Folglich entfällt die Möglichkeit, einen bestimmten Mitgliedstaat aufgrund seiner günstigen Produktionsbedingungen auszusuchen, sich aber wegen dessen nachteiliger Faktoren auf die Heimatrechtsordnung berufen zu wollen.[49] Die rein künstlichen und jeder wirtschaftlichen Realität entbehrende Gestaltungen, die sich nur dem Ziel richten die Anwendung der Rechtsvorschriften des betreffenden Mitgliedstaats zu entgehen[50], bleiben somit außerhalb des unionsrechtlichen Schutzes.

---

44 *von der Groeben*, Ziele und Aufgaben der wirtschaftlichen Einigung Europas, Europäische Wirtschaftsgemeinschaft (der gemeinsame Markt), 1. Jahrgang, 15.01.1958, Nr. 3, S. 47.

45 *Reuß*, Das EWG – Zeitalter begann, Europäische Wirtschaftsgemeinschaft (der gemeinsame Markt), 1. Jahrgang, 15.01.1958, Nr. 1, S. 6.

46 *Müller-Graff* in *Streinz*, EUV/AEUV, Art. 49 AEUV Rn. 5.

47 *Müller-Graff* in *Streinz*, EUV/AEUV, Art. 49 AEUV Rn. 5.

48 *Müller-Graff* in *Streinz*, EUV/AEUV, Art. 49 AEUV Rn. 5.

49 *Müller-Graff* in *Streinz*, EUV/AEUV, Art. 49 AEUV Rn. 5.

50 *Müller-Graff* in *Streinz*, EUV/AEUV, Art. 49 AEUV Rn. 5.

Bei der Auslegung der Grundfreiheiten, im konkreten Fall also der Niederlassungsfreiheit, gilt der sog. „hermeneutische Zirkel". Das bedeutet, dass sich die teleologische Auslegung der Grundfreiheiten nach dem Binnenmarktkonzept richtet und der Binnenmarkt wieder rum durch die Grundfreiheiten definiert wird.[51] Die Einrichtung eines Gemeinsamen Marktes, jetzt eines Binnenmarkts, kann nur vollendet werden, wenn die Grundfreiheiten gewährleistet sind.[52]

Diese Schlussfolgerung lässt sich mit den Worten des ersten Vorsitzenden der Kommission der Europäischen Wirtschaftsgemeinschaft, Walter Hallstein, abschließen: „Der Sinn der vollständigen Integration der europäischen Wirtschaft liegt in der nachhaltigen Hebung des Lebensstandards der europäischen Völker in einem solchen Ausmaß, wie es innerhalb der Grenzen der einzelnen Volkswirtschaften nicht erreichbar ist. Dieses Ziel lässt sich nur durch die Schaffung eines *europäischen Binnenmarktes* verwirklichen, der jene charakteristischen Züge tragen muss, die heute den Binnenmärkten der einzelnen Volkswirtschaften grundsätzlich eigen sind".[53]

cc) Kartellverbot

Im dritten Teil des Vertrages und als Teil der Politik der Gemeinschaft wurden die gemeinsamen Regeln zum Wettbewerb und Vorschriften für Unternehmen aufgenommen. So sind nach Art. 85 des Vertrages die Regelung nach der „mit dem Gemeinsamen Markt unvereinbar und verboten [sind] alle Vereinbarungen zwischen Unternehmen, Beschlüsse von Unternehmensvereinigungen und aufeinander abgestimmte Verhaltensweisen, welche den Handel zwischen Mitgliedstaaten zu beeinträchtigen geeignet sind und eine Verhinderung, Einschränkung oder Verfälschung des Wettbewerbs innerhalb des Gemeinsamen Marktes bezwecken oder bewirken, insbesondere die Anwendung unterschiedlicher Bedingungen bei gleichwertigen Leistungen gegenüber Handelspartnern, wodurch diese im Wettbewerb benachteiligt werden".[54] Darüber hinaus ist gemäß Art. 86 des EWGV „mit dem Gemeinsamen Markt unvereinbar und verboten die missbräuchliche Ausnutzung einer beherrschenden Stellung auf dem Gemeinsamen Markt oder auf einem wesentlichen Teil desselben durch ein oder mehrere Unternehmen, soweit dies dazu führen kann, den Handel zwischen Mitgliedstaaten zu beeinträchtigen".[55]

---

51 *Mühl*, Diskriminierung und Beschränkung, Grundansätze einer einheitlichen Dogmatik der wirtschaftlichen Grundfreiheiten des EG-Vertrages, S. 52 und 53.

52 *Blaurock* in: Lücke, S. 31, 33.

53 *Werner*, Die Europäische Wirtschaftsgemeinschaft (EWG), Entwicklung – Fragen – Wege, Schriftenreihe, Neue Folge, 1958, S. 22 und 23 unter Berufung auf das Gutachten des Wissenschaftlichen Beirats beim Bundeswirtschaftsministerium vom 11. Oktober 1953, a.a.O., 2. Artikel.

54 Art. 85 Abs. 1 lit. d. EWGV.

55 Art. 86 Abs. 1. EWGV.

Diese Verbote, obwohl sie sich in erster Linie gegen Wettbewerbsverzerrungen richten und im Prinzip Kartellverbote darstellen, zeigen, dass die Beseitigung der Beeinträchtigung des Handels zwischen den Mitgliedstaaten der Gemeinschaft ein zentrales Ziel war und dass sie somit die Ziele des Art. 85 Abs.1 erfüllen.

dd) Bewertung

Mit dem Vertrag zur Gründung der Europäischen Gemeinschaft wurde ein weiterer Baustein im europäischen Integrationsprozess gelegt. Mit den Römischen Verträgen begannen der wirtschaftliche Aufbau der Gemeinschaft und die Grundlegung der Ziele der Gemeinschaft, die bis heute der Grundidee des Binnenmarkts immanent sind. Zum ersten Mal wurden in einen Gründungsvertrag die Rechtsnormen zur Niederlassungsfreiheit aufgenommen und als eine der Elemente der Verwirklichung der oben genannten Ziele der Gemeinschaft bezeichnet. Diese Normen waren Grundlage für den Erlass des allgemeinen Programms zur Aufhebung der Beschränkungen der Niederlassungsfreiheit innerhalb der Europäischen Wirtschaft, das im Jahr 1961 erlassen wurde. Der Vertrag zur Gründung der Europäischen Gemeinschaft ging viel detaillierter als der Pariser Vertrag in die Richtung der wirtschaftlichen Zusammenarbeit und legte die Grundlagen nicht nur für das Konzept des Binnenmarkts und dessen Grundfreiheiten, sondern weit darüber hinaus.

d) Einheitliche Europäische Akte (EEA)[56]

aa) Grundlegende Ziele

Die EEA wurden im Rahmen der ersten Regierungskonferenz in Italien, die im Jahr 1985 stattgefunden hat, erlassen und am 28. Februar 1986 in Brüssel angenommen.[57]

Mit den EEA wurden die Verträge zur Gründung der Europäischen Gemeinschaften geändert und weitere Schritte zur europäischen politischen Zusammenarbeit vorbereitet.[58] Die EEA legten weitere Grundlagen für die Vollendung des europäischen Binnenmarktes und die weitere politische Zusammenarbeit.[59] Eine der wichtigen Änderungen waren die Reformen der europäischen Institutionen. So

---

56 Wurden am 17. Februar 1986 in Luxemburg und am 28. Februar 1986 in Den Haag unterzeichnet. In Kraft getreten ist am 01.07.1987.

57 https://www.europarl.europa.eu/about-parliament/de/in-the-past/the-parliament-and-the-treaties/single-european-act, abgerufen am 22.01.2022.

58 https://www.europarl.europa.eu/about-parliament/de/in-the-past/the-parliament-and-the-treaties/single-european-act, abgerufen am 22.01.2022.

59 https://www.bundesregierung.de/breg-de/service/einheitliche-europaeische-akte-eea--615720, abgerufen am 22.01.2022.

wurde mit den EEA der Name „Europäisches Parlament“ offiziell bestätigt.[60] Die Ziele der EEA sind sowohl wirtschaftlicher als auch politischer Natur. So ist aus dem Erwägungsgrund 5 der EEA das Bewusstsein der Verantwortung Europas klar zu erkennen, und zwar „sich darum zu bemühen, immer mehr mit einer Stimme zu sprechen und geschlossen und solidarisch zu handeln, um seine gemeinsamen Interessen und seine Unabhängigkeit wirkungsvoller zu verteidigen, sowie ganz besonderes für die Grundsätze der Demokratie und die Wahrung des Rechts und der Menschenrechte, denen sie sich verpflichtet fühlen, einzutreten, um gemäß der Verpflichtung, die sie im Rahmen der Charta der Vereinigten Nationen eingegangen sind, gemeinsam ihren eigenen Beitrag zur Wahrung des Weltfriedens und der internationalen Sicherheit zu leisten“.[61] Außerdem lässt der Erwägungsgrund 6 den festen Willen erkennen, „durch die Vertiefung der gemeinsamen Politiken und die Verfolgung neuer Ziele die wirtschaftliche und soziale Lage zu verbessern und das Funktionieren der Gemeinschaften in der Weise zu verbessern, dass die Organe die Möglichkeit erhalten, ihre Befugnisse unter Bedingungen auszuüben, die dem gemeinschaftlichen Interesse am dienstlichen sind“.[62] Inhaltlich umfassen die EEA unter Titel I die gemeinsamen Vorschriften zur politischen Zusammenarbeit und zu den Europäischen Gemeinschaften; die Bestimmungen zur Änderung der Verträge zur Gründung der Europäischen Gemeinschaften (Titel II); die Europäische Zusammenarbeit in der Außenpolitik (Titel III), sowie die allgemeine Schlussbestimmungen (Titel IV).[63]

Mit der Entschließung zur EEA[64] beauftragt das Europäische Parlament seinen Präsidenten, diese Entschließung dem Rat und der Kommission der Europäischen Gemeinschaften, der Präsidentschaft der Politischen Zusammenarbeit sowie den Regierungen und den Parlamenten der Mitgliedstaaten zu übermitteln. Dazu geht aus dem Erwägungspunkt D hervor „Hinweis auf die Notwendigkeit, dass all jene Hindernisse, die der vollständigen Verwirklichung des freien Personen-, Güter-,

60 https://www.europarl.europa.eu/about-parliament/de/in-the-past/the-parliament-and-the-treaties/single-european-act, abgerufen am 22.01.2022.

61 Amtsblatt der Europäischen Gemeinschaften, Br. L 169/2 von 29.6.1987, Erwägungsgrund 5, abgerufen auf: https://eur-lex.europa.eu/legal-content/DE/TXT/PDF/?uri=CELEX:11986U/TXT&from=DE, abgerufen am 22.01.2022.

62 Amtsblatt der Europäischen Gemeinschaften, Br. L 169/2 vom 29.6.1987, Erwägungsgrund 6, abgerufen auf: https://eur-lex.europa.eu/legal-content/DE/TXT/PDF/?uri=CELEX:11986U/TXT&from=DE, abgerufen am 22.01.2022.

63 https://eur-lex.europa.eu/legal-content/DE/TXT/?uri=LEGISSUM:xy0027, abgerufen am 22.01.2022.

64 Amtsblatt der Europäischen Gemeinschaften, Nr. C 7/106 vom 12.01.1987, gefunden auf: https://www.europarl.europa.eu/about-parliament/files/in-the-past/ep-and-treaties/single-european-act/de-resolution-on-the-single-european-act-19861211.pdf, abgerufen am 22.01.2022.

Kapital und Dienstleistungsverkehrs im Wege stehen, beseitigt werden, damit jener gemeinsame Raum ohne Grenzen geschaffen wird, der eines der grundlegenden Ziele der Gemeinschaft darstellt".[65] Ferner beinhaltet Erwägungspunkt H die Feststellung, dass bei der Durchführung der gemeinsamen Politiken und insbesondere der Errichtung des Binnenmarkts das Ziel der Herstellung eines regionalen Gleichgewichts berücksichtigt werden muss. Schließlich zeigt der Erwägungspunkt I die Bedeutung, die den schrittweisen Abbau der bestehenden regionalen Ungleichgewichte für die Verwirklichung der Europäischen Integration beigemessen wurde.

bb) Bewertung

Die EEA stellten eine wichtige und notwendige Verbindungsstelle zwischen dem Vertrag zur Gründung der Europäischen Gemeinschaft und dem Vertrag über die Europäische Union (s. dazu e.) dar. Die EEA bereiteten die notwendigen institutionellen Änderungen für die weitere politische Zusammenarbeit vor. Insoweit wurde insbesondere die Rolle des Europäischen Parlaments gestärkt. Nicht nur dieser Aspekt der EEA ist wichtig zu erwähnen, sondern auch die wirtschaftliche Komponente dieser Akte. Dies bezieht sich insbesondere auf die (erneute) Betonung der Ziele der künftigen Europäischen Union, die sich nach den klassischen traditionellen Zielen aus den Gründungsverträgen richten. Wichtig ist auch die Erkenntnis, dass in EEA mehrmals die Bedeutung der Beseitigung der regionalen Ungleichgewichte und somit der Herstellung eines regionalen Gleichgewichts betont wurde. Mit dieser Akte wurden die Grundlagen für den wirtschaftlichen, sozialen und territorialen Zusammenhalt zum ersten Mal in die Gründungsverträge eingeführt. Dieses Kapitel hat heutzutage große Bedeutung im AEUV und ist Grundlage für die Verabschiedung verschiedener Akte zur Europäischen Kohäsionspolitik.

e) Vertrag über die Europäische Union – Vertrag von Maastricht[66]

aa) Grundlegende Ziele

Durch den Vertrag von Maastricht wurden die Ziele der Europäischen Gemeinschaft weiterentwickelt und ausgebaut. Die Vertreter der Mitgliedstaaten entschlossen sich, die „Stärkung und die Konvergenz ihrer Volkswirtschaften herbeizuführen und eine Wirtschafts- und Währungsunion zu errichten ...".[67] Dazu bestand der feste Willen der Vertragsstaaten, „im Rahmen der Verwirklichung des

---

65 Amtsblatt der Europäischen Gemeinschaften, Nr. C 7/106 vom 12.01.1987, Erwägungspunkt D, gefunden auf: https://www.europarl.europa.eu/about-parliament/files/in-the-past/ep-and-treaties/single-european-act/de-resolution-on-the-single-european-act-19861211.pdf, abgerufen am 22.01.2022.

66 Wurde am 07.02.1992 unterzeichnet und ist am 01.11.1993 in Kraft getreten.

67 Maastricht Vertrag (Vertrag über die Europäische Union – Inhalt, Amtsblatt Nr. C 191 vom 29.07.1992, S. 0001–0110), Präambel, Lit. 6.

Binnenmarkts sowie der Stärkung des Zusammenhalts und des Umweltschutzes den wirtschaftlichen und sozialen Fortschritt ihrer Völker zu fördern und Politiken zu verfolgen, die gewährleisten, dass *Fortschritte bei der wirtschaftlichen Integration mit parallelen Fortschritten*[68] auf anderen Gebieten einhergehen".[69]

Artikel B des Vertrags von Maastricht setzt als Ziele der Union „*die Förderung eines ausgewogenen und dauerhaften wirtschaftlichen und sozialen Fortschritts*[70], insbesondere durch Schaffung eines Raumes ohne Binnengrenzen, durch Stärkung des wirtschaftlichen und sozialen Zusammenhalts und durch Errichtung einer Wirtschafts- und Währungsunion, die auf längere Sicht auch eine einheitliche Währung nach Maßgabe dieses Vertrags umfasst". Art. C führt einen „einheitlichen institutionellen Rahmen ein, der die *Kohärenz und Kontinuität der Maßnahmen zur Erreichung ihrer Ziele unter gleichzeitiger Wahrung und Weiterentwicklung des gemeinschaftlichen Besitzstands*[71] sicherstellt".

Die Aufgabe der Gemeinschaft besteht, wie es auch in Art. 2 des Maastricht-Vertrages heißt, weiterhin darin, „durch die Errichtung eines Gemeinsamen Marktes und einer Wirtschafts- und Währungsunion eine *harmonische und ausgewogene Entwicklung des Wirtschaftslebens innerhalb der Gemeinschaft*[72], ein beständiges, nichtinflationäres und umweltverträgliches Wachstum, *einen hohen Grad an Konvergenz der Wirtschaftsleistungen*[73], ein hohes Beschäftigungsniveau, ein hohes Maß an sozialem Schutz, die Hebung der Lebenshaltung und der Lebensqualität, den wirtschaftlichen und sozialen Zusammenhalt und die Solidarität zwischen den Mitgliedstaaten zu fördern."[74]

Der neu eingefügte Art. 3a legte in Abs. 1 fest, dass „die Tätigkeit der Mitgliedstaaten und der Gemeinschaft ... *nach Maßgabe dieses Vertrags und der darin vorgesehenen Zeitfolge die Einführung einer Wirtschaftspolitik [umfasst], die auf einer engen Koordinierung der Wirtschaftspolitik der Mitgliedstaaten, dem Binnenmarkt und der Festlegung gemeinsamer Ziele beruht und dem Grundsatz einer offenen Marktwirtschaft mit freiem Wettbewerb*[75] verpflichtet ist".

Auch im Gebiet der Wirtschaftspolitik führte der neue Art. 102a die Pflicht für die Mitgliedstaaten ein, ihre Wirtschaftspolitik so auszurichten, dass sie im Rahmen der *Verwirklichung der Ziele der Gemeinschaft im Sinne des Artikels 2 beitragen.*[76]

---

68 Hervorhebung durch Verfasserin.

69 Maastricht Vertrag (Vertrag über die Europäische Union – Inhalt, Amtsblatt Nr. C 191 vom 29.07.1992, S. 0001–0110), Präambel, Lit. 7.

70 Hervorhebung durch Verfasserin.

71 Hervorhebung durch Verfasserin.

72 Hervorhebung durch Verfasserin.

73 Hervorhebung durch Verfasserin.

74 Maastricht Vertrag (Vertrag über die Europäische Union – Inhalt, Amtsblatt Nr. C-191 vom 29.07.1992 S. 0001–0110), Art. 2.

75 Hervorhebung durch Verfasserin.

76 Hervorhebung durch Verfasserin.

Die Mitgliedstaaten und die Gemeinschaft handeln *im Einklang mit dem Grundsatz einer offenen Marktwirtschaft mit freiem Wettbewerb, wodurch ein effizienter Einsatz der Ressourcen gefördert wird, und halten sich dabei an die in Artikel 3a genannten Grundsätze.*[77]

bb) Bewertung

Die Ziele der Union blieben also im Kern wirtschaftlicher Natur. Bestätigt wurden die Wichtigkeit der Errichtung und des Erhalts des gemeinsamen Markts und das Ziel einer harmonischen und ausgewogenen (Fort-)Entwicklung. Dazu kam auch ein weiteres Ziel, das als hoher Grad an Konvergenz der Wirtschaftsleistungen formuliert wurde.

Die beiden Formulierungen, zusammen betrachtet, erklären die Wichtigkeit und gleichzeitig die Notwendigkeit eines gemeinsamen Wirtschaftswachstumes in allen Mitgliedländern. Dieses Bestreben ist vollkommen logisch, denn wenn ein einziger oder nur einige wenige Mitgliedstaaten zur Entwicklung des Binnenmarktes beiträgt/beitragen und wirtschaftlich stark ist/sind, kann von einer ausgewogenen Entwicklung und somit auch von einem binnenmarktfördernden Wettbewerb nicht die Rede sein. Dieser wirtschaftliche Zusammenhang lässt sich illustrativ in Anlehnung an eine Mannschaft darstellen. Spielen alle Teamplayer auf dem Höchstlevel (oder sie bemühen sich zumindest im gegenseitigen Wettbewerb miteinander, diesen zu erreichen), hat die Mannschaft perspektivisch bessere Erfolgsaussichten als ein Team, das zwar einige wenige Spitzenspieler, im Übrigen aber bestenfalls einen mittelmäßigen Kader hat. Gleiches geschieht auch in der Europäischen Union. Wenn alle Mitgliedstaaten bzw. ihre Unternehmen im Wettbewerb stehen und den gleichen Entwicklungsstand als Ziel verfolgen, können gleichzeitig auch die Ziele des Binnenmarkts erreicht werden.

Die Bedeutung dieser Ziele sowie auch der in der Präambel formulierten Bestrebungen und Zielsetzungen liegt darin, dass alle diese Ziele bei der Vertragsauslegung berücksichtigt werden sollen.

f) Vertrag von Amsterdam[78]

aa) Grundlegende Ziele

Mit dem Vertrag von Amsterdam wurde unter anderem der bisherige siebte Erwägungsgrund des Vertrages über die Europäische Union geändert. Die Vertragsparteien äußerten ihren festen Willen „*im Rahmen der Verwirklichung des Binnenmarkts*[79] sowie der Stärkung des Zusammenhalts [...] den wirtschaftlichen und sozialen Fortschritt ihrer Völker unter Berücksichtigung des Grundsatzes der

77 Hervorhebung durch Verfasserin.

78 Am 02.10.1997 unterzeichnet und am 01.05.1999 in Kraft getreten.

79 Hervorhebung durch Verfasserin.

nachhaltigen Entwicklung zu fördern und Politiken zu verfolgen, die gewährleisten, *dass Fortschritte bei der wirtschaftlichen Integration mit parallelen Fortschritten auf anderen Gebieten einhergehen*".[80]

Der neu formulierte Artikel B setzte der Union folgende Ziele: die Förderung des wirtschaftlichen und sozialen Fortschritts und eines hohen Beschäftigungsniveaus sowie die Herbeiführung einer *ausgewogenen und nachhaltigen Entwicklung*[81], insbesondere durch Schaffung eines Raumes ohne Binnengrenzen, durch Stärkung des wirtschaftlichen und sozialen Zusammenhalts.

Unter neuen Bestimmungen über eine verstärkte Zusammenarbeit ist im Artikel K.15 Abs. 1 lit. a) die Möglichkeit vorgesehen, dass die Mitgliedstaaten, die beabsichtigen, untereinander eine verstärkte Zusammenarbeit zu begründen, die in diesem Vertrag und im Vertrag zur Gründung der Europäischen Gemeinschaft vorgesehenen Organe, Verfahren und Mechanismen in Anspruch nehmen können. Allerdings ist erste Voraussetzung dafür, dass die Zusammenarbeit darauf ausgerichtet sein muss, die *Ziele der Union zu fördern und ihre Interessen zu schützen und ihnen zu dienen.*[82] Art. 2 des Vertrages zur Gründung der Europäischen Gemeinschaft wurde dahingehend geändert, dass die Aufgabe der Gemeinschaft, wie folgt formuliert wurde: „... durch die Errichtung eines Gemeinsamen Marktes und einer Wirtschafts- und Währungsunion ... *eine harmonische, ausgewogene und nachhaltige Entwicklung des Wirtschaftslebens*[83], ..., einen hohen *Grad von Wettbewerbsfähigkeit und Konvergenz der Wirtschaftsleistungen*[84] ... zu fördern."

Die Gemeinschaft setzt sich insbesondere zum Ziel, die Unterschiede im Entwicklungsstand der verschiedenen Regionen und den Rückstand der am stärksten benachteiligten Gebiete oder Inseln, einschließlich der ländlichen Gebiete, zu verringern.[85]

bb) Bewertung

Der Vertrag von Amsterdam führte die Weiterentwicklung der Union fort. Die Idee der Verwirklichung des Binnenmarkts sowie der Stärkung des Zusammenhalts und des wirtschaftlichen und sozialen Fortschritts bildete den Kern dieses Vertrages. Ein weiterer wichtiger Aspekt war die Hervorhebung der Notwendigkeit der Schaffung eines Raumes ohne Binnengrenzen und der Zielsetzung der Union, die Unterschiede im Entwicklungsstand der verschiedenen Regionen und den Rückstand der am stärksten benachteiligten Gebieten oder Inseln, einschließlich der ländlichen Gebiete, zu verringern.

---

80 Hervorhebung durch Verfasserin.
81 Hervorhebung durch Verfasserin.
82 Hervorhebung durch Verfasserin.
83 Hervorhebung durch Verfasserin.
84 Hervorhebung durch Verfasserin.
85 Artikel 130 a Absatz 2 des Vertrages von Amsterdam.

g) Vertrag von Nizza[86]

Der Vertrag von Nizza brachte keine Änderungen/Umformulierungen der Unionsziele. Es ging viel mehr um eine Reform der Institutionen der Europäischen Union, um deren Effizienz nach der Erweiterung der Union auf 25 Mitgliedstaaten zu ermöglichen. Die einzige, auf den Binnenmarkt bezogene Bestimmung findet sich in Art. 27 a dieser stellte klar: „eine verstärkte Zusammenarbeit ... hat zum Ziel, die Werte der gesamten Union zu wahren und ihren Interessen zu dienen, unter Behauptung der Identität der Union als kohärenter Kraft auf internationaler Ebene. Bei einer solchen Zusammenarbeit werden beachtet die Grundsätze, die Ziele, die allgemeinen Leitlinien ... und die Kohärenz zwischen der Unionspolitik insgesamt ...".

Für die Ziele der Niederlassungsfreiheit sowie auch der Binnenmarktziele blieb weiterhin die gleiche Zielsetzung aus dem Vertrag von Amsterdam in Kraft.

h) Vertrag von Lissabon[87]

Durch den Vertrag von Lissabon wurden der EU-Vertrag und der EG-Vertrag geändert. Der EG-Vertrag enthielt den neuen Namen „Vertrag über die Arbeitsweise der Europäischen Union". Grundlage der Union sind beide Verträge geworden und die beiden sind rechtlich gleichrangig. Die Union trat an die Stelle der Europäischen Gemeinschaft, deren Rechtsnachfolgerin sie ist. An dieser Stelle werden die Ziele der beiden Verträge separat dargestellt.

aa) Vertrag über die Europäische Union (EUV)

Die Präambel des Vertrages enthält die Entschlossenheit der Mitgliedstaaten, *die Stärkung und die Konvergenz ihrer Volkswirtschaften herbeizuführen*[88]. Sie äußert auch den „festen Willen, *im Rahmen der Verwirklichung des Binnenmarkts*[89] ... den wirtschaftlichen und sozialen Fortschritt ihrer Völker unter Berücksichtigung des Grundsatzes der nachhaltigen Entwicklung zu fördern und Politiken zu verfolgen, die gewährleisten, dass *Fortschritte bei der wirtschaftlichen Integration mit parallelen Fortschritten auf anderen Gebieten einhergehen*".[90] Der Vertrag stellt eine neue Stufe bei der Verwirklichung einer immer engeren Union der Völker Europas dar (Art. 1 Abs. 2 EUV). Gem. Art. 3 Abs. 3 EUV „errichtet die Union einen Binnenmarkt und wirkt auf die nachhaltige Entwicklung Europas *auf der Grundlage eines*

86 Unterzeichnet am 26.02.2001, Inkrafttreten am 01.02.2003.
87 Unterzeichnet am 13.12.2007, Inkrafttreten am 01.12.2009.
88 Hervorhebung durch Verfasserin.
89 Hervorhebung durch Verfasserin.
90 Hervorhebung durch Verfasserin.

ausgewogenen Wirtschaftswachstums[91] und von Preisstabilität, eine in hohem Maße *wettbewerbsfähige soziale Marktwirtschaft*[92] ..." hin.

bb) Vertrag über die Arbeitsweise der Europäischen Union (AEUV)

Die Mitgliedstaaten erkennen „dass zur Beseitigung der bestehenden Hindernisse ein einverständliches Vorgehen erforderlich ist, um eine *beständige Wirtschaftsausweitung, einen ausgewogenen Handelsverkehr und einen redlichen Wettbewerb*[93] zu gewährleisten".[94] Sie bestreben „ihre Volkswirtschaften zu einigen und deren *harmonische Entwicklung*[95] zu fördern ...".[96] Die Union erlässt die erforderlichen Maßnahmen, um nach Maßgabe der einschlägigen Bestimmungen der Verträge den Binnenmarkt zu verwirklichen beziehungsweise dessen Funktionieren zu gewährleisten.[97] Der Binnenmarkt umfasst einen Raum ohne Binnengrenzen, in dem der freie Verkehr von Waren, Personen, Dienstleistungen und Kapital gemäß den Bestimmungen der Verträge gewährleistet ist.[98]

Die Ziele der Niederlassungsfreiheit ergeben sich gemäß systematischer Auslegung der Verträge auch aus Art. 50 Abs. 2 AEUV, nach dem das Europäische Parlament, der Rat und die Kommission die Aufgaben, die ihnen aufgrund der obigen Bestimmungen übertragen sind, erfüllen, indem sie insbesondere *Schutzbestimmungen koordinieren, die in den Mitgliedstaaten den Gesellschaften im Sinne des Artikels 54 Absatz 2 im Interesse der Gesellschafter sowie Dritter vorgeschrieben sind, um diese Bestimmungen gleichwertig zu gestalten.*[99] Damit ist gemeint, dass Anliegen des Vertrags die Beseitigung von Regelungsgefällen im Wege der gesellschaftsrechtlichen Rechtsangleichung ist und nicht die Ermöglichung von deren gezielter Ausnutzung.[100]

---

91 Hervorhebung durch Verfasserin.
92 Hervorhebung durch Verfasserin.
93 Hervorhebung durch Verfasserin.
94 Vertrag über die Arbeitsweise der Europäischen Union (AEUV), Präambel, Abschnitt. 4.
95 Hervorhebung durch Verfasserin.
96 Vertrag über die Arbeitsweise der Europäischen Union (AEUV), Präambel, Abschnitt 5.
97 Art. 26, Abs. 1 AEUV.
98 Art. 26, Abs. 2 AEUV.
99 Hervorhebung durch Verfasserin.
100 *Kindler*, NJW 1999, 1993 (2000).

2. Ziele der Niederlassungsfreiheit – historische Analyse des Primärrechts

„Die europäischen Länder sind zu klein, um ihren Bürgern den Wohlstand zu sichern, den die modernen Bedingungen ermöglichen und der deshalb notwendig ist. Sie brauchen größere Märkte.“[101] „Es liegt auf der Hand, dass Europa, dem es an Ressourcen mangelt, alles braucht, was es für den Handel braucht, und dass das Leben der Menschen in dieser Zeit erschwert wird, wenn schwer zu beschaffenden Gütern durch Zölle belastet werden.“[102] Diese zwei Sätze von *Jean Monnet* fassen die europäische Binnenmarktidee aus der historischen Perspektive kurz und knapp zusammen.

„Unser beständiges Ziel muss sein, die Vereinten Nationen aufzubauen und zu festigen. Unter- und innerhalb dieser weltumfassenden Konzeption müssen wir die europäische Völkerfamilie in einer regionalen Organisation neu zusammenfassen, die man vielleicht die Vereinigten Staaten von Europa nennen könnte. Wenn das Gefüge der Vereinigten Staaten von Europa gut und richtig gebaut wird, so wird die materielle Stärke eines einzelnen Staates weniger wichtig sein“[103], waren die berühmten Sätze von *Winston Churchill* in seiner Rede an der Universität Zürich vom 19. September 1946.

Für den deutschen Bundeskanzler Konrad Adenauer war der EWG-Vertrag „ein Instrument, um den wirtschaftlichen und politischen Zusammenschluss in Europa zu fördern“.[104]

Zwei Jahrzehnte später äußerte *Margaret Thatcher* ähnliche Ansichten: „Die Europäische Gemeinschaft ist ein praktisches Mittel, mit dem Europa den künftigen Wohlstand und die Sicherheit seiner Bürger in einer Welt gewährleisten kann, in der es viele andere mächtige Nationen und Gruppen von Nationen gibt“.[105] „Mein drittes Leitprinzip ist die Notwendigkeit einer Gemeinschaftspolitik, die das Unternehmertum fördert: Wenn Europa florieren und die Arbeitsplätze der

101 *Monnet*, Thoughts on the Future, in Yoeri Albrecht, and Mathieu Segers. Re : Thinking Europe: Thoughts on Europe: Past, Present and Future, S. 172.

102 *Monnet*, Thoughts on the Future, in Yoeri Albrecht, and Mathieu Segers. Re : Thinking Europe: Thoughts on Europe: Past, Present and Future, S. 175, übersetzt mit www.DeepL.com/Translator.

103 Ein britischer Patriot für Europa Winston Churchills Europa-Rede, Universität Zürich, 19. September 1946, https://www.zeit.de/reden/die_historische_rede/200115_hr_churchill1_englisch/komplettansicht, abgerufen am 04.02.2022.

104 *von der Groeben*, Aufbaujahre der Europäischen Gemeinschaft: das Ringen um den Gemeinsamen Markt und die politische Union (1958–1966), S. 47, 48.

105 *Thatcher*, The Bruges Speech, Thoughts on the Future, in Yoeri Albrecht, and Mathieu Segers. Re : Thinking Europe: Thoughts on Europe: Past, Present and Future. S. 218, übersetzt mit www.DeepL.com/Translator.

Zukunft schaffen soll, ist das Unternehmertum der Schlüssel. Das Grundgerüst dafür ist vorhanden: Die Römischen Verträge selbst waren als Charta der wirtschaftlichen Freiheit gedacht. Das Ziel eines für Unternehmen offenen Europas ist die treibende Kraft hinter der Schaffung des europäischen Binnenmarktes im Jahr 1992. Indem wir die Schranken beseitigen und es den Unternehmen ermöglichen, auf europäischer Ebene tätig zu werden, können wir am besten mit den Vereinigten Staaten, Japan und anderen neuen Wirtschaftsmächten, die in Asien und anderswo entstehen, konkurrieren".[106]

Schließlich ist auch an die Rede des großen Europäers *Václav Havel* vor dem Europäischen Parlament aus dem Jahr 1994 zu erinnern: „Ich glaube daher nicht, dass die Idee einer Europäischen Union einfach vom Himmel gefallen ist oder in den Labors politischer Theoretiker oder auf den Reißbrettern politischer Ingenieure geboren wurde. Sie entstand ganz natürlich aus der Einsicht, dass die europäische Integrität eine Tatsache ist, und aus den Bemühungen vieler Generationen von Europäern, die Idee der Einheit in eine spezifische ‚supranationale' europäische Struktur zu projizieren".[107]

Die politischen Ideen, die in der europäischen Idee liegen stimmen mit dem wirtschaftlichen Ziel, die die Gründungsmitgliedstaaten der Europäischen Gemeinschaften ausgesprochen haben, überein. Die politischen Ideen geben die Botschaft der europäischen Zusammenarbeit weiter und nicht die Idee des Fortschritts auf dem nationalen Niveau. Insoweit sind diese fundamentalen Ideen der Europäischen Integration bei der Auslegung der Gründungsverträge zu berücksichtigen. Auf die in dieser Arbeit insbesondere untersuchte Niederlassungsfreiheit und deren vertragsrechtkonforme Anwendung übertragen, setzt dieses Gebot nicht nur eine reine textuelle Auslegung der Art. 49 und 54 AEUV voraus, sondern gebietet darüber hinaus durch eine historische, teleologische und systematische Auslegung der Gründungsverträge, diese Ideen und Ziele zu beachten. Wie später in dieser Arbeit näher dargestellt wird, bedeuten diese Ideen, dass die Niederlassungsfreiheit zur Erreichung der Ziele des Binnenmarkts nur dann beitragen kann, wenn eine *wirkliche wirtschaftliche Tätigkeit* dort ausgeübt wird, wo die Bedingungen für die wirtschaftlichen Teilnehmer am günstigsten sind. Es wird auch gezeigt, dass als Ergebnis dieser Auslegungsmethodik diese Grundfreiheit eine wirkliche Ansiedlung im Staat der Niederlassung voraussetzt und nicht nur eine formelle

---

106 *Thatcher*, The Bruges Speech, Thoughts on the Future, in Yoeri Albrecht, and Mathieu Segers. Re: Thinking Europe: Thoughts on Europe: Past, Present and Future. S. 231, übersetzt mit www.DeepL.com/Translator.

107 *Havel*, Extracts from a speech in the European Parliament, Strasbourg, 8 March 1994, Source: Historical Archives European Parliament, 1994. No. 3-445/60, in: Thoughts on the Future, in Yoeri Albrecht, and Mathieu Segers. Re: Thinking Europe: Thoughts on Europe: Past, Present and Future, S. 228, übersetzt mit www.DeepL.com/Tra nslator.

Niederlassung, die der Ausnutzung der günstigeren Rechtsvorschriften des jeweiligen Landes der Europäischen Union dient.

III. Die Dogmatik der primärrechtlichen Niederlassungsfreiheit

1. Anwendungsvoraussetzungen des Art. 49 AEUV

Art. 49 Abs. 1 AEUV verbietet Beschränkungen der freien Niederlassung von Staatsangehörigen eines Mitgliedstaats im Hoheitsgebiet eines anderen Mitgliedstaats.[108] Das Gleiche gilt für Beschränkungen der Gründung von Agenturen, Zweigniederlassungen oder Tochtergesellschaften durch Angehörige eines Mitgliedstaats, die im Hoheitsgebiet eines Mitgliedstaats ansässig sind.[109] Die Niederlassungsfreiheit umfasst die Aufnahme und Ausübung selbstständiger Erwerbstätigkeiten sowie die Gründung und Leitung von Unternehmen, insbesondere von Gesellschaften im Sinne des Art. 54 Abs. 2, nach den Bestimmungen des Aufnahmestaats für seine eigenen Angehörigen.[110] Der zweite Absatz des Art. 49 AEUV erweitert seinen Geltungsbereich auf die niederlassungswilligen Unternehmen und führt das Gleichbehandlungsgebot ein.

Auf Tatbestandsebene verbietet Art. 49 AEUV zunächst Beschränkungen der Niederlassungsfreiheit. Ferner verbietet er Diskriminierungen und garantiert jedem Staatsangehörigen eines Mitgliedstaates, dass er sich in einem anderen Mitgliedstaat niederlassen kann, um dort eine selbständige Erwerbstätigkeit aufzunehmen und ausüben zu können.[111] Diese Bestimmung versteht sich als primäre Niederlassungsfreiheit und setzt die Staatsangehörigkeit eines Mitgliedstaates voraus. Eine selbständige Erwerbstätigkeit muss einen dauerhaften Charakter aufweisen[112] und sich in einem grenzüberschreitenden Vorgang widerspiegeln, denn rein innenstaatliche niederlassungsrechtliche Vorgänge unterliegen dem Art. 49 AEUV nicht.[113] Daneben gewährleistet Art. 49 AEUV in seinem zweiten Satz i.V.m Abs. 2 das Recht, Agenturen, Zweigniederlassungen oder Tochtergesellschaften in einem Mitgliedstaat zu gründen, wenn der Betreffende in einem Mitgliedstaat ansässig ist und auch das Recht, in einem anderen Mitgliedstaat Gesellschaften zu gründen und Unternehmen zu leiten.[114]

---

108 Art. 49, Abs. 1, S.1 AEUV.
109 Art. 49, Abs. 1, S. 2 AEUV.
110 Art. 49, Abs. 2. AEUV.
111 *Schlag*, in Schwarze, EU, Art. 49, Rn. 2.
112 *Hakenberg*, Europarecht, Rn. 381.
113 Vgl. mit *Hakenberg*, Europarecht, Rn. 381.
114 *Schlag*, in Schwarze, EU, Art. 49, Rn. 2.

Art. 49 Abs. 2 AEUV versteht sich als die sekundäre Niederlassungsfreiheit und richtet sich an Gesellschaften. Die Anwendungsvoraussetzungen für die Gesellschaften setzen eine feste Bindung an den gewünschten Niederlassungsstaat voraus. Diese ist erfüllt, wenn sich das Unternehmen, *„auf Dauer in die Wirtschaft des Aufnahmestaates integrieren will und dort niederlässt oder dort beabsichtigt sich niederzulassen“*.[115]

Ferner müssen die Gesellschaften ihre Tätigkeit auf einen Erwerbszweck richten, nach den Vorschriften eines Mitgliedstaats gegründet sein sowie ihren satzungsmäßigen Sitz, ihre Hauptverwaltung oder ihre Hauptniederlassung innerhalb der Union haben.[116] In der Literatur sind unterschiedliche Definitionen des Begriffes „wirtschaftliche Tätigkeit“ zu finden. So ist nach *Haratsch, Koenig, Pechstein* eine wirtschaftliche Tätigkeit eine Tätigkeit, die sich v.a. daran richtet, auf dem Markt Güter oder Dienstleistungen anzubieten.[117]

Den Begriff des Unternehmens enthalten die Normen der Art. 101, 102 und 106 AEUV.[118] Diese Vorschriften normieren die Niederlassungsfreiheit nicht, sondern regeln das unionale Kartellrecht. Das Protokoll 22 zum EWR[119] definiert in seinem Art. 1 den Unternehmensbegriff. Danach ist Unternehmen jedes Rechtssubjekt, das eine kommerzielle oder wirtschaftliche Tätigkeit ausübt. Diese Normen sind auch der Ausgangspunkt für die Definition des Unternehmensbegriffs im Rahmen der Niederlassungsfreiheit. Dieser Begriff ist mittlerweile nach der herrschenden Meinung in der juristischen Literatur funktioneller Natur. So entwickelte *Emmerich* in Anlehnung an die Rechtsprechung des EuGH eine Definition des Unternehmens als jede Einheit, die eine *wirtschaftliche Tätigkeit* ausübt, unabhängig von ihrer Rechtsform und der Art ihrer Finanzierung.[120] Auf der gleichen Linie ist auch *Zimmer*.[121] Es wird später gezeigt, dass diese Komponente, d.h. eine wirkliche wirtschaftliche Tätigkeit, nach zutreffender Ansicht *conditio sine qua non* für die Inanspruchnahme der Niederlassungsfreiheit ist.

Die Anwendungsvoraussetzungen für die Inanspruchnahme dieser Grundfreiheit sind damit nach traditioneller Auffassung aber nicht vollständig erschöpft. Denn nach ihr ist zusätzlich erforderlich, dass niederlassungswillige natürliche

---

115 *Schlag*, in Schwarze, EU, Art. 49, Rn. 2.

116 *Korte* in *Calliess/Ruffert*, EUV/AEUV, Art. 54 Rn. 12.

117 *Haratsch/Koenig/Pechstein*, Europarecht, Rn. 1175.

118 *Zimmer* in Immenga/Mestmäcker, AEUV, Art. 101, Rn. 9.

119 Abkommen über den Europäischen Wirtschaftsraum – Protokoll 22 über die Definition der Begriffe „Unternehmen“ und „Umsatz“ (Artikel 56), Amtsblatt Nr. L 001 vom 03/01/1994 S. 0185–0186.

120 *Zimmer* in Immenga/Mestmäcker, AEUV, Art. 101, Rn. 9.

121 *Zimmer* in Immenga/Mestmäcker, AEUV, Art. 101, Rn. 9 unter Berufung auf EuGH, Urteil v. 23.04.1991, Rs. C-41/90 (Höfner und Elser), ECLI:EU:C:1991:161 Rn. 21; EuGH, Urteil v. 10.09.2009, Rs. C-97/08 (Akzo Nobel), ECLI:EU:C:2009:536, Rn. 54.

und/oder juristische Personen auch im Hoheitsgebiet eines Mitgliedstaats mit ihrem wirtschaftlichen Schwerpunkt ansässig sind.[122] Die Ratio hinter dieser Voraussetzung ist, dass der Genuss der Niederlassungsfreiheit nur denjenigen zugutekommt, die sich in die Wirtschaft eines Mitgliedstaats tatsächlich und dauerhaft integriert haben.[123] Auf dieser einheitlichen Linie urteilte früher auch der EuGH. Da „zielführende, binnenmarktfördernde und rechtlich nachvollziehbare grenzüberschreitende Vorgänge geschützt werden sollen, muss nach der ständigen Rechtsprechung des EuGH die Niederlassungsfreiheit in stabiler und kontinuierlicher Weise ausgeübt werden“[124], wie der EuGH in den Urteilen *Gebhard* und *Cadbury Schweppes und Cadbury Schweppes Overseas* argumentiert.

In der Literatur wird auf einen wichtigen Aspekt der wirtschaftlichen Tätigkeit hingewiesen, nämlich auf die Marktteilnahme eines wirtschaftlichen Akteures.[125] Dieses Merkmal in Verbindung mit der allgemeinen Zielrichtung der Niederlassungsfreiheit spielt eine überragend wichtige Rolle. Wenn es der Zweck der Niederlassungsfreiheit ist, die Ziele des Art. 3 EUV zu verwirklichen[126], dann können nur solche Unternehmensformationen, die tatsächlich eine auf den Binnenmarkt gerichtete Tätigkeit ausüben, diesen Schutz in Anspruch nehmen. Dieses Merkmal [wirkliche wirtschaftliche Tätigkeit] in Verbindung mit der allgemeinen Zielrichtung der Niederlassungsfreiheit spielt eine überragend wichtige Rolle. Es können somit nur solche Unternehmensformationen, die tatsächlich eine auf den Binnenmarkt gerichtete Tätigkeit ausüben, diesen Schutz in Anspruch nehmen.

2. Anwendungsvoraussetzungen des Art. 54 AEUV

Nach dem Wortlaut des Art. 54 Abs. 1 AEUV stehen die nach den Rechtsvorschriften eines Mitgliedstaats gegründeten Gesellschaften, die ihren satzungsmäßigen Sitz, ihre Hauptverwaltung oder ihre Hauptniederlassung innerhalb der Union haben, den natürlichen Personen gleich, die Angehörige der Mitgliedstaaten sind. Gemäß Art. 54 Abs. 2 AEUV gelten als Gesellschaften die Gesellschaften des bürgerlichen Rechts und des Handelsrechts einschließlich der Genossenschaften und die sonstigen juristischen Personen des öffentlichen und privaten Rechts mit

122 *Müller-Graff* in *Streinz*, EUV/AEUV, Art. 49 AEUV Rn. 31.

123 *Müller-Graff* in *Streinz*, EUV/AEUV, Art. 49 AEUV Rn. 31.

124 EuGH, Urteil vom 30.11.1995, Rs. C-55/94 (Gebhard/Consiglio dell'Ordine degli Avvocati e Procuratori di Milano), ECLI:EU:C:1995:411, Rn. 25; EuGH Urteil vom 12.09.2006, Rs. C-196/04 (Cadbury Schweppes und Cadbury Schweppes Overseas), ECLI:EU:C:2006:544, Rn. 53.

125 Dazu ausführlich: *S. Krispenz*, Das Merkmal der wirtschaftlichen Tätigkeit im Unternehmensbegriff des Europäischen Kartellrechts, S. 46 ff. Zusätzlich auch: Schlussanträge des GA Maduro vom 10.11.2005, Rs. C-205/03 (P-FENIN), ECLI:EU:C:2005:666, Rn.13.

126 *Müller-Graff* in *Streinz*, EUV/AEUV, Art. 49 AEUV Rn. 5.

Ausnahme derjenigen, die keinen Erwerbszweck verfolgen. Analog zu natürlichen Personen, bei denen an die Nationalität bzw. Staatsangehörigkeit angeknüpft wird, sind der satzungsmäßige Sitz, Hauptverwaltung oder die Hauptniederlassung die entsprechenden Anknüpfungspunkte für die juristischen Personen.[127]

Art. 54 AEUV kommt indirekt durch Art. 49 AEUV zur Anwendung, denn Art. 49 Abs. 2 AEUV erstreckt seine Reichweite auf die Bestimmungen des Art. 54 AEUV. Im Unterschied zu Art. 49 AEUV, der den natürlichen Personen das Niederlassungsrecht ermöglichen soll, steht Art. 54 AEUV im Dienst der unternehmerischen Niederlassungsfreiheit. Die als Beschränkungsverbot gefasste Niederlassungsfreiheit umfasst gemäß Art. 49 Abs. 2 AEUV die Aufnahme und Ausübung selbstständiger Erwerbstätigkeiten sowie die Gründung und Leitung von Unternehmen nach den Bestimmungen des Aufnahmestaats für seine eigenen Angehörigen.[128] Art. 54 Abs. 1 AEUV beinhaltet zunächst die Vorgaben für die Gleichstellung natürlicher und juristischer Personen. Gleichzeitig enthält Abs. 2 dieser Vorschrift eine beispielhafte Konkretisierung der Gesellschaften, die unter den Schutzschirm dieser Norm passen und trägt dazu bei, dass dieser Begriff operabel wird.[129]

Art. 54 AEUV hat nach der juristischen Literatur eine doppelte Funktion. Zum einen eröffnet er für Gesellschaften im Sinne des Art. 54 AEUV den Anwendungsbereich der Art. 49–53 AEUV und über Art. 52 AEUV auch der Art. 56–61 AEUV; überdies stellt er die Voraussetzungen auf, die für eine Gleichstellung von Gesellschaften mit natürlichen Personen erfüllt werden müssen.[130] Art. 54 AEUV wird in der Literatur auch als eine Vorschrift mit doppeltem Verweischarakter verstanden: Zum einen auf die nationalen Gesellschaftsrechtsordnungen, zum anderen angesichts des Verweises auf Art. 49 AEUV aber auch auf die verschiedenen Ausprägungen der europäischen Niederlassungsfreiheit.[131]

Die Anwendungsvoraussetzungen des Art. 54 Abs. 1 AEUV sind eröffnet, wenn die Gesellschaft nach den Rechtsvorschriften eines Mitgliedstaats gegründet ist und ihre Hauptniederlassung, Hauptverwaltung oder ihren satzungsmäßigen Sitz im Unionsgebiet hat.[132] Die Notwendigkeit dieser Voraussetzung erschöpft sich darin, dass dort auf diese Weise eine rechtliche Verknüpfung hergestellt wird, die zu einem Wettbewerb der mitgliedstaatlichen Gesellschaftsrechtsordnungen führt.[133] Wichtig ist zu betonen, dass nach dem aktuellen Stand des Europäischen

---

127 Vgl. mit EuGH, Urteil v 30.09.2003, Rs. C-167/01 (Inspire Art), ECLI:EU:C:2003:512, Rn. 97.

128 *Müller-Graff* in *Streinz*, EUV/AEUV, Art. 49 AEUV Rn. 8.

129 *Korte* in *Calliess/Ruffert*, EUV/AEUV, Art. 54, Rn. 4.

130 *Forsthoff* in *Grabitz/Hilf/Nettesheim*, Das Recht der Europäischen Union, Art. 54, Rn. 1.

131 *Tiedje* in *von der Groeben/Schwarze/Hatje*, Europäisches Unionsrecht Art. 54 AEUV, Rn. 3.

132 *Korte* in Calliess/Ruffert, EUV/AEUV, Art. 54 AEUV, Rn. 12.

133 *Korte* in Calliess/Ruffert, EUV/AEUV, Art. 54 AEUV, Rn. 13.

Rechts die Gesellschaften immer noch als Kreationen ihrer Nationalstaaten gelten. Dies bedeutet, dass die Mitgliedstaaten weiterhin frei sind zu bestimmen, welche Voraussetzungen für die Gründung eines Unternehmens erfüllt werden müssen.

Die unternehmerische Niederlassungsfreiheit kann in vielen Gestaltungsmöglichkeiten praktisch ausgeübt werden, v.a. durch eine Sitzverlegung oder Gründung einer Tochtergesellschaft oder einer Zweigniederlassung in einem anderen Mitgliedstaat. Ebenso kann ein Konzern beschließen, sich zu spalten und das abgespaltene Unternehmen in einen anderen Mitgliedstaat zu verlegen, oder es kann sich um eine grenzüberschreitende Verschmelzung von verschiedenen nationalen Unternehmen handeln, in der verschiedene nationale Rechtssysteme verwickelt werden können. Diese Konstellationen und die Rechtsprechung des EuGH diesbezüglich werden später ausführlich dargestellt.

3. Der Norminhalt der Art. 49 und 54 AEUV

Die Untersuchungsfragen dieser Arbeit richten sich primär an die Niederlassungsfreiheit der Unternehmen, so dass sich die Analyse des Norminhalts dieser Grundfreiheit dementsprechend nur auf die Unternehmen beschränken wird.

Im Kern dargestellt ist die unionsrechtliche Niederlassungsfreiheit[134] das unternehmerische Niederlassungsrecht: das Recht der Unternehmen ihre unternehmerische Tätigkeit innerhalb der Union durchzuführen. Dabei wird zunächst eine Gleichstellung vorgenommen. So umfasst die Niederlassungsfreiheit, nach dem aktuellen dogmatischen Stand, das Recht, in einem anderen Mitgliedstaat der europäischen Union unter den gleichen Bestimmungen und Voraussetzungen wie für dessen Staatsbürger eine selbstständige wirtschaftliche Tätigkeit aufzunehmen, sowie Unternehmen zu gründen.[135]

Der Inhalt dieser Norm ist mehrstufig. Die Niederlassungsfreiheit gewährleistet primär einen Anspruch auf Eingliederung in die Rechtsordnung des Aufnahmestaats. Überdies umfasst Art. 49 AEUV ein Diskriminierungsverbot sowie auch Verbote der Beschränkungen der Ausübung der Niederlassungsfreiheit. Dies schließt aber nicht aus, dass die Niederlassungsfreiheit aus Art. 49 AEUV auch als ein Freiheitsrecht verstanden werden kann, welches gegen Beschränkungen gerichtet ist, wenn diese den Marktzugang betreffen und somit den Zugang zum Binnenmarkt behindern oder unattraktiver machen.[136]

Den Grundstein dieser Norm bildet ein Diskriminierungsverbot bzw. das Gleichstellungsgebot, nach dem die Angehörigen der anderen Mitgliedstaaten bei der Inanspruchnahme des Niederlassungsrechts mit den eigenen Staatsangehörigen

---

134 Damit werden gleichzeitig der Norminhalt des Art. 49 und 54 AEUV umgefasst.

135 https://www.europarl.europa.eu/factsheets/de/sheet/40/niederlassungsfreiheit-und-freier-dienstleistungsverkehr abgerufen am 05.02.2022.

136 *Kainer* in *Müller-Graff*, Europäisches Binnenmarkt- und Wirtschaftsordnungsrecht, § 49, Rn. 6.

gleich zu behandeln sind und jede aus innerstaatlichen Rechtsvorschriften oder Verhaltensweisen ergebende Ungleichbehandlung aus Gründen der Staatsangehörigkeit verboten ist.[137] Nach der Rechtsprechung des EuGH umfasst diese Gleichstellung die Möglichkeit, die Niederlassungsfreiheit nach den Bestimmungen, die im Niederlassungsstaat für dessen eigenen Angehörigen gelten, auszuüben.[138]

Praktisch sind damit alle direkten (unmittelbaren) und indirekten (mittelbaren) Diskriminierungen verboten. Der Inhalt dieser Bestimmungen bezieht sich gleichzeitig und gleichwertig auf natürliche sowie juristische Personen mit der Berücksichtigung der Besonderheiten, die zu ihrer Rechtspersönlichkeit gehören. Für die juristischen Personen bedeutet insoweit die Ausübung der Niederlassungsfreiheit auch die Möglichkeit, neben der Gründung auch Beteiligungen zu erwerben.[139]

Das System der unionsrechtlichen niederlassungsrechtlichen Bestimmungen umfasst nicht nur die in Art. 49 und 54 AEUV unmittelbar anwendbaren primärrechtlichen Bestimmungen.

Nach dem allgemeinen Prinzip der Normhierarchie innerhalb des Unionsrechts sind die Organe der Union ermächtigt, das Sekundärrecht zu erlassen, das allerdings dem Primärrecht nachrangig ist.[140] Denn nach Art. 1 Abs. 3 EUV sind Grundlage der Union EUV und AEUV, die rechtlich gleichrangig sind. In dieser Sinne gewährleistet darüber hinaus das System der europarechtlichen Niederlassungsfreiheit mehrere Ermächtigungen der Unionsorgane, die zur Verwirklichung der Niederlassungsfreiheit beitragen, wie z.B. diejenigen, die zum Erlass von Richtlinien zur Verwirklichung der Niederlassungsfreiheit für bestimmte Tätigkeiten (Art. 50 AEUV) oder zur gegenseitigen Anerkennung der Diplome, Prüfungszeugnisse und sonstigen Befähigungsnachweise (Art. 53 Abs. 1 AEUV) ermächtigen.[141] Es ist aber auch möglich, dass durch Beschluss des Europäischen Parlaments und des Rates das niederlassungsrechtliche Kapitel auf bestimmte Tätigkeiten keine Anwendung findet (Art. 51 Abs. 2 AEUV).[142]

Art. 114 und 115 AEUV ermächtigen die Union, sekundäres Recht zu erlassen, um das nationale Recht anzugleichen.

---

137 EuGH, Urteil vom 18.06.1985, Rs. C-197/84 (Steinhauser/Stadt Biarritz), ECLI:EU:C:1985:260, Rn. 14.

138 EuGH, Urteil vom 30.11.1995, Rs. C-55/94 (Gebhard/Consiglio dell'Ordine degli Avvocati e Procuratori di Milano), ECLI:EU:C:1995:411, Rn. 33.

139 *Kalss/Klampfl* in: *Dauses/Ludwigs*, EU-Wirtschaftsrecht, 54. EL 2021, E. III. Gesellschaftsrecht, Rn. 78.

140 *Nettesheim*, EuR 2006, 737 (747).

141 *Müller-Graff* in *Streinz*, EUV/AEUV, Art. 49 AEUV Rn. 7.

142 *Müller-Graff* in *Streinz*, EUV/AEUV, Art. 49 AEUV Rn. 7.

4. Entwicklung vom reinen Diskriminierungsverbot zum Beschränkungsverbot

a) Das Diskriminierungsverbot als Bestandteil der Niederlassungsfreiheit

Dem Wortlaut des Art. 49 AEUV[143] (bzw. Art. 54 AEUV[144]) nach ist die Niederlassungsfreiheit als Diskriminierungsverbot ausgestattet. Diese Bestimmungen konkretisieren nach dem Subsidiaritätsprinzip das allgemeine Diskriminierungsverbot des Art. 18 AEUV.[145] Darüber hinaus schützt die Niederlassungsfreiheit „vor unverhältnismäßigen Beschränkungen und nicht gerechtfertigten Diskriminierungen".[146]

b) Weiterentwicklung zum Beschränkungsverbot

aa) Hintergrund

Die Entwicklung der niederlassungsrechtlichen Bestimmungen von einem reinen Diskriminierungsverbot zu einem Beschränkungsverbot hatte ebenfalls einen

---

143 Artikel 49 AEUV (ex-Artikel 43 EGV):

> „Die Beschränkungen der freien Niederlassung von Staatsangehörigen eines Mitgliedstaats im Hoheitsgebiet eines anderen Mitgliedstaats sind nach Maßgabe der folgenden Bestimmungen verboten. Das Gleiche gilt für Beschränkungen der Gründung von Agenturen, Zweigniederlassungen oder Tochtergesellschaften durch Angehörige eines Mitgliedstaats, die im Hoheitsgebiet eines Mitgliedstaats ansässig sind.
> Vorbehaltlich des Kapitels über den Kapitalverkehr umfasst die Niederlassungsfreiheit die Aufnahme und Ausübung selbstständiger Erwerbstätigkeiten sowie die Gründung und Leitung von Unternehmen, insbesondere von Gesellschaften im Sinne des Artikels 54 Absatz 2, nach den Bestimmungen des Aufnahmestaats für seine eigenen Angehörigen".

144 Artikel 54 AEUV (ex-Artikel 48 EGV):

> „Für die Anwendung dieses Kapitels stehen die nach den Rechtsvorschriften eines Mitgliedstaats gegründeten Gesellschaften, die ihren satzungsmäßigen Sitz, ihre Hauptverwaltung oder ihre Hauptniederlassung innerhalb der Union haben, den natürlichen Personen gleich, die Angehörige der Mitgliedstaaten sind. Als Gesellschaften gelten die Gesellschaften des bürgerlichen Rechts und des Handelsrechts einschließlich der Genossenschaften und die sonstigen juristischen Personen des öffentlichen und privaten Rechts mit Ausnahme derjenigen, die keinen Erwerbszweck verfolgen".

145 *Schlag* in *Schwartze*, EU-Kommentar, Art. 49 AEUV, Rn. 2.

146 *Herdegen*, Europarecht, S. 293.

binnenmarktrechtlichen Hintergrund. Denn es zeigte sich schnell, dass durch das ursprüngliche Verständnis der niederlassungsrechtlichen Bestimmungen als reines Diskriminierungsverbot die Ziele des Binnenmarkts nicht erreicht werden konnten. Es zeigte sich, dass eine unterschiedslos anwendbare Norm in gleicher Weise niederlassungsbeschränkend wirken konnte wie eine in diskriminierender Weise anwendbare Rechtsvorschrift.

Das lässt sich anhand von Beispielen in der älteren Rechtsprechung des EuGH zeigen. In dieser nahm der EuGH bei einer unterschiedslos anwendbaren Maßnahme noch keine Beschränkung der Niederlassungsfreiheit an. So ging es z.B. in der Rechtssache C-221/85 *Kommission gegen Belgien*[147] um eine belgische Regelung, nach der die Leistungen von Laboratorien der klinischen Biologie nur unter bestimmten Voraussetzungen von den Krankenkassen bezahlt werden und Betreiber des Laboratoriums Ärzte oder Apotheker sein müssen.[148] Es war aber für Firmen, die ihren Sitz in einem anderen Mitgliedstaat hatten, unmöglich, in Belgien Nebenniederlassungen und insbesondere Tochtergesellschaften zu gründen.[149] Wie die Europäische Kommission in diesem Verfahren korrekt darauf hingewiesen hatte, schützte der Art. 52 EWGV nicht nur gegen diskriminierende Maßnahmen, sondern auch gegen Maßnahmen, die unterschiedslos auf eigene und auf ausländische Staatsangehörige angewandt würden, sofern sie eine ungerechtfertigte Behinderung für die letzteren bedeuteten.[150] Allerdings handelte es sich, nach der Argumentation des EuGH in diesem Fall nicht um Maßnahmen, die gegen die Niederlassungsfreiheit verstoßen würden. Der Grund dafür war, so der EuGH, dass diese Regelung unterschiedslos anwendbar war und deshalb ausländische Ärzte oder Apotheker nicht am Betrieb eines Laboratoriums hinderte.[151] Somit konnte nach der Argumentation des EuGH nicht festgestellt werden, dass Inhalt und Ziele dieser Regelungen zu diskriminierenden Zwecken erlassen worden sind oder derartige Wirkungen entfalten.[152]

Ähnlich wie in der Rechtssache C-221/85 *Kommission gegen Belgien* urteilte der EuGH in der Rs. 147/86 *Kommission gegen Griechenland.*[153] Hintergrund der Vorabentscheidung vor dem EuGH war eine griechische Regelung, nach der die Gründung von Berufsschulen durch Private generell unzulässig war. Die Kommission

---

147 EuGH, Urteil vom 12.02.1987, Rs. C-221/85 (Kom./Belgien), ECLI:EU:C:1987:81.

148 *Forsthoff* in: Grabitz/Hilf/Nettesheim, Das Recht der Europäischen Union, Art. 49, Rn. 90.

149 EuGH, Urteil vom 12.02.1987, Rs. C-221/85 (Kom./Belgien), ECLI:EU:C:1987:81, Rn. 4.

150 EuGH, Urteil vom 12.02.1987, Rs. C-221/85 (Kom./Belgien), ECLI:EU:C:1987:81, Rn. 5.

151 EuGH, Urteil vom 12.02.1987, Rs. C-221/85 (Kom./Belgien), ECLI:EU:C:1987:81, Rn. 11.

152 EuGH, Urteil vom 12.02.1987, Rs. C-221/85 (Kom./Belgien), ECLI:EU:C:1987:81, Rn. 11.

153 EuGH, Urteil vom 15.03.1988, Rs. C-147/86 (Kom./Griechenland), ECLI:EU:C:1988:150.

der Europäischen Gesellschaften klagte gegen die Griechische Republik auf Feststellung, dass die Griechische Republik gegen die Niederlassungsfreiheit verstoßen hat, indem sie die Anwendung der einschlägigen griechischen Rechtsvorschriften den Angehörigen der anderen Mitgliedstaaten untersagte.[154] Die Kommission wies darauf hin, dass die griechische Regelung gegen Art. 52 EWGV verstoße, wonach jede auf der Staatsangehörigkeit beruhende Diskriminierung beim Zugang zu selbständigen Tätigkeiten untersagt sei.[155] Der EuGH sah jedoch auch in diesem Fall keinen Verstoß gegen die Niederlassungsfreiheit, da die Regelung unterschiedslos für eigene und fremde Staatsangehörige anwendbar war.

Auch wenn der EuGH in beiden Urteilen eine Diskriminierung ablehnte, zeigten die zugrundeliegenden Sachverhalte, dass eine unterschiedslos anwendbare Maßnahme ein Hindernis für die Ausübung der Niederlassungsfreiheit darstellen kann. Dies wurde zum Anlass genommen, nach einem Weg zu einer weiteren Entwicklung des Diskriminierungsverbots zu suchen. Die Ausdehnung der Niederlassungsfreiheit auf ein weitgehendes Beschränkungsverbot erfolgte aber nicht durch eine Gesetzesänderung der Union, sondern durch die Rechtsprechung des EuGH.

bb) Die Rechtsprechung des EuGH

Die Rechtsprechung des EuGH ist durch einen sukzessiven Ausbau des Gewährleistungsinhalts der Niederlassungsfreiheit gekennzeichnet. In der Folge aber wandelte sich dieses Verständnis, wie anhand der folgenden Urteile näher illustriert wird:

(1) Das Urteil Klopp

Das Urteil *Klopp* war der erste Schritt zur Erweiterung der Niederlassungsfreiheit über ein bloßes Diskriminierungsverbot hinaus.[156] Der Sachverhalt lässt sich im Kern wie folgt darstellen: Herr Klopp war Staatsbürger der Republik Deutschland und war als zugelassener Rechtsanwalt in Düsseldorf tätig. Er stellte einen Antrag bei der Rechtsanwaltskammer Paris, um dort eine Kanzlei einzurichten[157], beabsichtigte aber gleichzeitig Mitglied der Rechtsanwaltskammer Düsseldorf zu bleiben und seinen Wohnsitz und seine Kanzlei dort auch beizubehalten.[158] Er

154 EuGH, Urteil vom 15.03.1988, Rs. C-147/86 (Kom./Griechenland), ECLI:EU:C:1988:150, Rn. 1.

155 EuGH, Urteil vom 15.03.1988, Rs. C-147/86 (Kom./Griechenland), ECLI:EU:C:1988:150, Rn. 5.

156 *Craig/de Burca, EU Law – Texts, Cases and Materials, p. 805 f.*

157 EuGH, Urteil vom 12.07.1984, Rs. C-107/83 (Ordre des avocats au barreau de Paris/Klopp), ECLI:EU:C:1984:270, Rn. 2.

158 EuGH, Urteil vom 12.07.1984, Rs. C-107/83 (Ordre des avocats au barreau de Paris/Klopp), ECLI:EU:C:1984:270, Rn. 2.

beanstandete eine unterschiedslos anwendbare französische Regelung, wonach ein Rechtsanwalt nur eine einzige Kanzlei haben könne, und zwar im Bezirk des Tribunal de Grande Instance, bei dem er zugelassen war. Der Vorstand der Rechtsanwaltskammer Paris lehnte nämlich seinen Antrag mit der Begründung ab, „Herr Klopp erfülle zwar sämtliche anderen Voraussetzungen für die Zulassung als Rechtsanwalt, genüge jedoch nicht den Vorschriften des Art. 83 des Dekrets Nr. 72-468 und des Art. 1 der Satzung der Rechtsanwaltskammer Paris, wonach ein Rechtsanwalt nur eine einzige Kanzlei, und zwar im Bezirk des Tribunal de Grande Instance, bei dem er zugelassen sei, haben kann".[159]

Der Cour de Cassation setzte das Verfahren aus und legte dem EuGH die Vorlagefrage nach der Auslegung der Art. 52 ff. EWGV Vertrag im Hinblick auf den Zugang zum Rechtsanwaltsberuf zur Vorabentscheidung vor. Die Frage die dem EuGH gestellt wurde, richtete sich darauf, ob es in Ermangelung einer Richtlinie zur Koordinierung der innerstaatlichen Rechtsvorschriften über den Zugang zum Rechtsanwaltsberuf und die Ausübung dieses Berufs nach Artikel 52 ff. EWGV den zuständigen Stellen eines Mitgliedstaats verwehrt ist, nach dessen nationalen Rechtsvorschriften und den in ihm geltenden Standesregeln einem Angehörigen eines anderen Mitgliedstaats das Recht auf Zugang zum Rechtsanwaltsberuf und auf Ausübung dieses Berufs nur deswegen zu versagen, weil er gleichzeitig eine Rechtsanwaltskanzlei in einem anderen Mitgliedstaat unterhält.[160] Der EuGH stellte zunächst fest, dass nach dem damaligen Art. 52 Abs. 2 EWGV „die Niederlassungsfreiheit die Aufnahme und Ausübung selbständiger Erwerbstätigkeiten nach den Bestimmungen des Aufnahmestaats für seine eigenen Angehörigen [umfasst]".[161]

Weiterhin wies der EuGH darauf hin, dass es „jedem Mitgliedstaat in Ermangelung besonderer gemeinschaftsrechtlicher Vorschriften in diesem Bereich frei[steht], die Ausübung des Rechtsanwaltsberufs für sein Hoheitsgebiet zu regeln".[162] Dieser Grundsatz bedeutete aber nicht, dass einem Rechtsanwalt durch die Rechtsvorschriften eines Mitgliedstaats vorgeschrieben werden kann, im gesamten Gebiet der Gemeinschaft nur eine einzige Kanzlei zu unterhalten.[163] Folglich entschied der EuGH, „dass es auch in Ermangelung einer Richtlinie zur

159 EuGH, Urteil vom 12.07.1984, Rs. C-107/83 (Ordre des avocats au barreau de Paris/ Klopp), ECLI:EU:C:1984:270, Rn. 3.

160 EuGH, Urteil vom 12.07.1984, Rs. C-107/83 (Ordre des avocats au barreau de Paris/ Klopp), ECLI:EU:C:1984:270, Rn. 6.

161 EuGH, Urteil vom 12.07.1984, Rs. C-107/83 (Ordre des avocats au barreau de Paris/ Klopp), ECLI:EU:C:1984:270, Rn. 17.

162 EuGH, Urteil vom 12.07.1984, Rs. C-107/83 (Ordre des avocats au barreau de Paris/ Klopp), ECLI:EU:C:1984:270, Rn. 17.

163 EuGH, Urteil vom 12.07.1984, Rs. C-107/83 (Ordre des avocats au barreau de Paris/ Klopp), ECLI:EU:C:1984:270, Rn. 18.

Koordinierung der einzelstaatlichen Rechtsvorschriften über den Zugang zum Rechtsanwaltsberuf und die Ausübung dieses Berufs nach Art. 52 ff. EWGV den zuständigen Stellen eines Mitgliedstaats verwehrt ist, nach dessen nationalen Rechtsvorschriften und den in ihm geltenden Standesregeln einem Staatsangehörigen aus einem anderen Mitgliedstaat das Recht auf Zugang zum Rechtsanwaltsberuf und auf Ausübung dieses Berufs nur deswegen zu versagen, weil der Betroffene gleichzeitig eine Rechtsanwaltskanzlei in einem anderen Mitgliedstaat unterhält".[164]

Der EuGH hat in der Rechtssache *Klopp* eine auf den ersten Blick unterschiedslos anwendbare Maßnahme als Verstoß gegen die unionsrechtliche Niederlassungsfreiheit erklärt. Weil Herr Klopp als zugelassener Rechtsanwalt eine Rechtsanwaltskanzlei in Deutschland hatte, wurde er durch die französische Regelung gehindert, noch eine weitere Anwaltskanzlei in einem anderen Mitgliedstaat zu eröffnen. Diese stellte somit eine Beschränkung der Niederlassungsfreiheit dar, obwohl sie unterschiedslos auf französische und Staatsbürger anderer Mitgliedstaaten anwendbar war. Ein erster Schritt zur Etablierung der Niederlassungsfreiheit als Beschränkungsverbot wurde mit diesem Urteil gemacht. Es folgte das Urteil *Gebhard* als zweiter Meilenstein in der Aufbau und Ausweitung der Reichweite dieser Grundfreiheit.

(2) Das Urteil Gebhard

In Fall *Gebhard*[165] ging es um die Auslegung der Richtlinie 77/249/EWG des Rates vom 22. März 1977 zur Erleichterung der tatsächlichen Ausübung des freien Dienstleistungsverkehrs der Rechtsanwälte, die dem EuGH zur Vorabentscheidung vorgelegt wurde.

Hintergrund des Falles ist der Antrag von Herrn Gebhard auf Zulassung als Rechtsanwalt beim Vorstand der Rechtsanwaltskammer Mailand. Dieser Antrag wurde auf der Richtlinie 89/48/EWG des Rates vom 21. Dezember 1988 über eine allgemeine Regelung zur Anerkennung der Hochschuldiplome gestützt, die eine mindestens dreijährige Berufsausbildung voraussetzte, sowie auf die Tatsache, dass Herr Gebhard in Italien eine Berufsausbildung von mehr als zehn Jahren absolviert habe. Darüber hinaus sieht Art. 3 der Richtlinie 77/249 vor, „dass der dienstleistende Rechtsanwalt die in der Sprache oder in einer der Sprachen des Herkunftsstaats gültige Berufsbezeichnung des Mitgliedstaats, in dem er niedergelassen ist, unter Angabe der Berufsorganisation, deren Zuständigkeit er unterliegt, oder des Gerichtes, bei dem er nach den Vorschriften dieses Staates zugelassen ist, verwendet".[166]

---

164 EuGH, Urteil vom 12.07.1984, Rs. C-107/83 (Ordre des avocats au barreau de Paris/Klopp), ECLI:EU:C:1984:270, Rn. 22.

165 EuGH, Urteil vom 30.11.1995, Rs. C-55/94 (Gebhard/Consiglio dell'Ordine degli Avvocati e Procuratori di Milano), ECLI:EU:C:1995:411.

166 EuGH, Urteil vom 30.11.1995, Rs. C-55/94 (Gebhard/Consiglio dell'Ordine degli Avvocati e Procuratori di Milano), ECLI:EU:C:1995:411, Rn. 13.

Herrn Gebhard wurde zur Last gelegt, gegen seine Verpflichtungen aus dem Gesetz Nr. 31 vom 9. Februar 1982 über den freien Dienstleistungsverkehr der Rechtsanwälte, die Staatsangehörige eines Mitgliedstaats der Europäischen Gemeinschaften sind[167], verstoßen zu haben, indem er in Italien unter Verwendung der Bezeichnung „avvocato" eine dauernde Berufstätigkeit in der von ihm eingerichteten Kanzlei ausgeübt habe. Art. 2 des Gesetzes Nr. 31/82 sah vor: „Den im Herkunftsmitgliedstaat zugelassenen Staatsangehörigen der Mitgliedstaaten ist die gerichtliche und außergerichtliche Ausübung der beruflichen Tätigkeiten des Rechtsanwalts mit vorübergehendem Charakter nach den in diesem Titel festgelegten Modalitäten erlaubt. Es ist nicht gestattet, zur Ausübung der im vorstehenden Absatz genannten beruflichen Tätigkeiten im Hoheitsgebiet der Republik eine Kanzlei oder ein Haupt oder Nebensitz einzurichten".[168]

In dem Fall stellte der EuGH fest, dass „... die Mitgliedstaaten die Gleichwertigkeit der Diplome berücksichtigen und gegebenenfalls eine vergleichende Prüfung der in ihren nationalen Vorschriften geforderten Kenntnisse und Qualifikationen und derjenigen des Betroffenen vornehmen müssen".[169] Folglich stellte der EuGH fest, dass „eine Person in mehr als einem Mitgliedstaat im Sinne des Vertrages niedergelassen sein kann, und zwar namentlich im Fall von Gesellschaften durch die Errichtung von Agenturen, Zweigniederlassungen oder Tochtergesellschaften und, wie der Gerichtshof im Fall von Angehörigen der freien Berufe ausgeführt hat, durch die Einrichtung eines zweiten Berufsdomizils".[170]

In diesem Urteil wurde auch die sogenannte *Gebhard Formel* entwickelt, die die Kriterien für zulässige Beschränkungen der Niederlassungsfreiheit festlegt. Danach müssen die Normen, die die Ausübung der Niederlassungsfreiheit behindern oder weniger attraktiv machen können, folgende zwingende Voraussetzungen erfüllen:

- Keine diskriminierende Anwendung,
- Rechtfertigung aus zwingenden Gründen des Allgemeininteresses,
- Eignung, die Verwirklichung des verfolgten Zieles zu gewährleisten, und
- Beschränkung auf das, was zur Erreichung dieses Zieles erforderlich ist.[171]

---

167 GURI Nr. 42 v. 12.02.1982.

168 EuGH, Urteil v. 30.11.1995, Rs. C-55/94 (Gebhard/Consiglio dell'Ordine degli Avvocati e Procuratori di Milano), ECLI:EU:C:1995:411, Rn. 17.

169 EuGH, Urteil v. 30.11.1995, Rs. C-55/94 (Gebhard/Consiglio dell'Ordine degli Avvocati e Procuratori di Milano), ECLI:EU:C:1995:411.

170 Vgl. Mit EuGH, Urteil v. 12.07.1984, Rs. C-107/83 (Ordre des avocats au barreau de Paris/Klopp), ECLI:EU:C:1984:270, Rn. 19.

171 EuGH, Urteil v. 30.11.1995, Rs. C-55/94 (Gebhard/Consiglio dell'Ordine degli Avvocati e Procuratori di Milano), ECLI:EU:C:1995:411.

Mit diesem Urteil bestätigte der EuGH nicht nur das Prinzip der gegenseitigen Anerkennung von Abschlüssen, sondern erweiterte vor allem das Verständnis der Reichweite der Niederlassungsfreiheit. Denn nach seiner Ansicht verstößt *jede Regelung, die die Ausübung der Niederlassungsfreiheit behindern oder weniger attraktiv machen könnte gegen die Niederlassungsfreiheit.* Diesen Grundsatz bestätigte der EuGH in seiner späteren Rechtsprechung immer wieder.[172]

(3) Aktueller Stand der Rechtsprechung des EuGH

Nach der ständigen Rechtsprechung des EuGH wird der Niederlassungsfreiheit heute auch ein Beschränkungsverbot entnommen. Der Begriff der Beschränkung im Sinne von primärrechtlichen Normen umfasst die von einem Mitgliedstaat getroffenen Maßnahmen, die, obwohl sie unterschiedslos anwendbar sind, den *Marktzugang von Unternehmen aus anderen Mitgliedstaaten beeinträchtigen und somit den innergemeinschaftlichen Handel behindern:*

So ging es z. B. in der Rechtssache *Factortame* um die Frage, ob eine britische Regelung, die bedingte, dass die Eigentümer, Charterer, Manager und Betreiber eines Schiffes ihren Aufenthaltsort und ihr Domizil im Registrierungsstaat haben müssen. Dies war eine unterschiedslos anwendbare Maßnahme und der EuGH stellte fest, dass diese Maßnahme auf eine Diskriminierung aus Gründen der Staatsangehörigkeit hinausläuft.[173] Hintergrund dieses Falles war ein Rechtsstreit zwischen dem britischen Secretary of State for Transport auf der einen und der *Factortame Ltd* sowie anderen, dem Recht des Vereinigten Königreichs unterworfenen Gesellschaften, die größtenteils spanische Staatsangehörige waren, auf der anderen Seite. Das Vorabentscheidungsverfahren vor dem EuGH betraf die Frage, ob diese Voraussetzungen, die die britische Regelung aus dem Gesetz von 1988 die Registrierung von Fischereifahrzeugen im Vereinigten Königreich stellte, mit dem Gemeinschaftsrecht vereinbar waren.

---

172 Vgl. mit: EuGH, Urteil v. 01.02.2011, Rs. C-108/96 (Mac Queen), ECLI:EU:C:2001:67, Rn. 26; EuGH, Urteil v. 09.03.1999, Rs. C-212/97 (Centros), ECLI:EU:C:1999:126, Rn. 27; EuGH, Urteil v. 11.12.2003, Rs. C-289/02 (Amok Verlags GmbH), ECLI:EU:C:2003:669, Rn. 36; EuGH, Urteil v. 18.03.2004, Rs. C-8/02 (Leichtle v. Bundesanstalt für Arbeit), ECLI:EU:C:2004:161, Rn. 32; EuGH, Urteil v. 06.07.2006, Rs. C-346/04 (Conijin v. Finanzamt Hamburg-Nord), ECLI:EU:C:2006:445; EuGH, Urteil v. 09.11.2006, Rs. C-433/04 (Commission v. Belgium), ECLI:EU:C:2006:702; EuGH, Urteil v. 31.03.1993, Rs. C-19/92 (Kraus v. Land Baden-Würrtemberg), ECLI:EU:C:1993:125; EuGH, Urteil v. 11.03.2010, Rs. C-384/08 (Attanasio Group), ECLI:EU:C:2010:133, Rn. 43; *Craig/de Burca, EU Law – Texts, Cases and Materials, p. 806 f.*

173 EuGH, Urteil v. 25.07.1991, Rs. C-221/89 (The Queen/Secretary of State for Transport, ex parte Factortame), ECLI:EU:C:1991:320, Rn. 32.

In der Rechtssache *Kommission/Spanien*[174] ging es um die Frage, ob eine spanische Regelung, nach der eine Erlaubnis zur Ausübung von Tätigkeiten privater Sicherheitsunternehmen nur dann erteilt wird, wenn sie spanische Unternehmen sind und ihre Geschäftsführer und Direktoren in Spanien wohnen, gegen den EG-Vertrag verstößt. Die spanische Regelung war eine unterschiedslos anwendbare Norm. Der EuGH stellte aber fest, dass diese Regelung die Niederlassungsfreiheit dennoch behindert.[175] Er sah die spanische Regelung auch nicht als gerechtfertigt an. Der EuGH argumentierte, dass diese Regelung nicht erforderlich war, um die öffentliche Sicherheit in dem betroffenen Mitgliedstaat zu gewährleisten.[176] Überdies sei nicht ersichtlich, dass die Gefahr besteht, dass ohne diese Regelung die spanischen Behörden die privaten Sicherheitsdienste nicht wirksam kontrollieren können.[177]

Im Urteil *Caixa Bank France*[178] urteilte der EuGH, dass die Niederlassungsfreiheit die Aufhebung der Beschränkungen der Niederlassungsfreiheit vorschreibt. Als solche Beschränkungen sind „alle Maßnahmen anzusehen, die die Ausübung dieser Freiheit verbieten, behindern oder weniger attraktiv machen".[179]

In der Rechtssache *Kommission/Italien* bestätigte der EuGH den Begriff der Beschränkung im Sinne von Maßnahmen, die „die Ausübung der Niederlassungsfreiheit oder des freien Dienstleistungsverkehrs verbieten, behindern oder weniger attraktiv machen".[180] Der Gerichtshof erklärte weiter, dass der Begriff der Beschränkung die von einem Mitgliedstaat getroffenen Maßnahmen umfasst, die, obwohl sie unterschiedslos anwendbar sind, den Marktzugang von Unternehmen aus anderen Mitgliedstaaten betreffen und somit den innergemeinschaftlichen Handel behindern.[181]

---

174 EuGH, Urteil v. 29.10.1998, Rs. C-114/97 (Kommission/Spanien), ECLI:EU:C:1998:519 I-6717.

175 EuGH, Urteil v. 29.10.1998, Rs. C-114/97 (Kommission/Spanien), ECLI:EU:C:1998:519 I-6717, Rn. 44.

176 EuGH, Urteil v. 29.10.1998, Rs. C-114/97 (Kommission/Spanien), ECLI:EU:C:1998:519 I-6717, Rn. 45.

177 EuGH, Urteil v. 29.10.1998, Rs. C-114/97 (Kommission/Spanien), ECLI:EU:C:1998:519 I-6717, Rn. 46.

178 EuGH, Urteil v. 05. 10. 2004, Rs. C-442/02 (CaixaBank France), ECLI:EU:C:2004:586.

179 EuGH, Urteil v. 05. 10. 2004, Rs. C-442/02 (CaixaBank France), ECLI:EU:C:2004:586, Rn. 11.

180 EuGH, Urteil v. 28.04.2009, Rs. C-18/06 (Kommission/Italien), ECLI:EU:C:2009:270, Rn. 62.

181 EuGH, Urteil v. 28.04.2009, Rs. C-18/06 (Kommission/Italien), ECLI:EU:C:2009:270, Rn. 64.

In seinem neuesten Urteil in der Rechtssache *IO gegen Wallonische Region*[182] hat der EuGH bestätigt, dass „Art. 49 AEUV jeder nationalen Maßnahme entgegensteht, die zwar ohne Diskriminierung aus Gründen der Staatsangehörigkeit anwendbar ist, aber geeignet ist, die Ausübung der Niederlassungsfreiheit durch die Unionsangehörigen zu behindern oder weniger attraktiv zu machen".[183]

c) Diskriminierungsverbot und Beschränkungsverbot – der aktuelle Stand der juristischen Literatur

Nicht nur der EuGH, sondern auch die juristische Literatur entnimmt Art. 49 und 54 AEUV heute über ein reines Diskriminierungsverbot hinaus ein allgemeines Beschränkungsverbot. So entnimmt beispielsweise *Müller-Graf* der Niederlassungsfreiheit ein weitreichendes Beschränkungsverbot[184], und nach *Forsthoff* erfasst die Niederlassungsfreiheit die mitgliedstaatlichen Beschränkungen, die sich auch aus Umfeldsregelungen ergeben.[185] Auch *Kainer* teilt dieses breite Verständnis der Niederlassungsfreiheit als Beschränkungsverbot[186], genauso wie *Korte.*[187] Nach *Tiedje* versteht sich die Niederlassungsfreiheit nicht nur als Gebot der Inländergleichbehandlung, sondern weiter darüber hinaus als ein Behinderungsverbot.[188]

Somit knüpft die Niederlassungsfreiheit weiter an die Gebote des Binnenmarkts und deren Anwendungsvoraussetzungen an. Wie in den folgenden Kapiteln näher dargestellt wird, ist der Umfang dieses Beschränkungsverbots immer noch nicht ohne rechtlichen Zweifel in der konkreten Anwendung. Dazu stellen sich auch die Fragen, wie weit dieses Beschränkungsverbot reicht und wie es zu bestimmen ist. So kann die Frage, ob bei einem konkreten Eingriff in die Niederlassungsfreiheit das Diskriminierungsverbot oder aber das Beschränkungsverbot eröffnet ist, fraglich sein. Von diesem Standpunkt betrachtet ist es nicht ohne Probleme den Umfang des Beschränkungsverbots dieser Grundfreiheit zu bestimmen. Insbesondere tritt wieder das Spannungsverhältnis des Art. 49 AEUV in den Kompetenzen zwischen der Union und der Mitgliedstaaten auf.[189] Zusätzlich sind die Besonderheiten der

---

182 EuGH, Urteil v. 23.09.2021, Rs. C-3/21 (Wallonische Region (Immatriculation d'un véhicule d'une société sans personnalité juridique)), ECLI:EU:C:2021:770.

183 EuGH, Urteil v. 23.09.2021, Rs. C-23/21 (Wallonische Region (Immatriculation d'un véhicule d'une société sans personnalité juridique)), ECLI:EU:C:2021:770, Rn. 28.

184 Vgl. mit *Müller-Graff* in *Streinz,* EUV/AEUV, Art. 49 AEUV, Rn. 57.

185 *Forsthoff* in *Grabitz/Hilf/Nettesheim,* Das Recht der Europäischen Union, Art. 49, Rn. 67.

186 *Kainer in* Frankfurter Kommentar EUV/GRC/AEUV, Art. 49 AEUV Rn. 44–46.

187 *Korte* in *Calliess/Ruffert,* EUV/AEUV, Art. 49, Rn. 59.

188 *Tiedje* in *von der Groeben/Schwarze/Hatje,* Europäisches Unionsrecht, Vorbemerkung zu den Artikeln 49 bis 55 AEUV, Rn. 11.

189 *Nachbaur,* Niederlassungsfreiheit, S. 15.

Niederlassungsfreiheit zu beachten, die im Vergleich mit anderen Grundfreiheiten eine viel weitreichendere Integration des betroffenen Unternehmens in ein nationales Rechtssystem erfordern. Diese Frage wird in den folgenden Kapiteln geprüft, v.a., wie weit der Gewährleistungsumfang dieser Freiheit reichen soll. An dieser Stelle ist noch zu erwähnen, dass die Beschränkungen nur unter bestimmten Voraussetzungen erlaubt sind und sich nach den Anforderungen der *Gebhard-Formel bestimmen:* Danach dürfen Beschränkungen der freien Niederlassungsfreiheit keinen diskriminierenden Charakter haben, sie müssen aus zwingenden Gründen des Allgemeininteresses gerechtfertigt, zur Verwirklichung des verfolgten Zieles geeignet und hierfür erforderlich sein.[190]

5. Bestimmung einer Beschränkung durch das Marktzugangskriterium

Das Beschränkungsverbot aus Art. 49 Abs. 1 AEUV beinhaltet zunächst ein Diskriminierungsverbot, das in Art. 49 Abs. 2 AEUV als Gebot der Gleichbehandlung mit den eigenen Staatsangehörigen gefasst ist.[191] Wie vorher schon gezeigt wurde, erfasst es auch alle sonstigen Behinderungen, und dies gilt auch für solche Maßnahmen, die in nichtdiskriminierender Weise unterschiedslos alle Wirtschaftsteilnehmer treffen.[192] Dabei besteht zwischen dem Beschränkungsverbot und einer Diskriminierung insoweit ein großer Unterscheid, da von einem Beschränkungsverbot nur die Rede sein kann, wenn der Marktzugang betroffen ist. Wenn es um die Anwendbarkeit der Niederlassungsfreiheit geht, ist davon auszugehen, dass Behinderungen unter Art. 49 AEUV fallen, wenn sie den Marktzugang betreffen. Nach Auffassung von *Kainer* ist „maßgebliches Kriterium für das Vorliegen einer Beschränkung, ob die Maßnahme entweder in die Wettbewerbsgleichheit eingreift oder den Marktzugang behindert".[193] *Korte* ist ähnlicher Auffassung und plädiert ebenfalls für den Marktzugang als „Gradmesser"[194], sieht aber das Problem der Abgrenzung, wann eine nicht diskriminierende nationale Maßnahme die Niederlassungsfreiheit behindert.[195]

Diese Unterscheidung ist schwierig zu bestimmen. Dies insbesondere aus dem Grund, dass die Unterscheidung, ob es sich um eine Diskriminierung oder

---

190 EuGH, Urteil v. 30.11.1995, Rs. C-55/94 (Gebhard/Consiglio dell'Ordine degli Avvocati e Procuratori di Milano), ECLI:EU:C:1995:411, Rn. 37; EuGH, Urteil v. 11.04.2004, Rs. C-9/02 (de Lasteyrie du Saillant), ECLI:EU:C:2004:138, Rn. 49; *Herdegen*, Europarecht, § 16, Rn. 34.

191 *Bamberger in:* Handlexikon der Europäischen Union, (Niederlassungsfreiheit).

192 *Bamberger in:* Handlexikon der Europäischen Union, (Niederlassungsfreiheit).

193 *Kainer in* Frankfurter Kommentar EUV/GRC/AEUV, Art. 49 AEUV, Rn. 45.

194 *Korte* in *Calliess/Ruffert*, EUV/AEUV, Art. 49 AEUV, Rn. 60.

195 *Korte* in *Calliess/Ruffert*, EUV/AEUV, Art. 49 AEUV, Rn. 60.

Ungleichbehandlung handelt, an dem Kriterium gemessen wird, ob die im konkreten Fall vorliegende Maßnahme die Wettbewerbsgleichheit beeinträchtigt oder sich auf den Marktzugang richtet und ihn behindert.[196] Im ersten Fall hat die in Frage stehende Maßnahme diskriminierenden, im zweiten Fall beschränkenden Charakter. Bei der Bestimmung einer Beschränkung ist von überragender Bedeutung, ob die konkrete Maßnahme den Marktzugang behindert.[197] Wie auch gezeigt wurde, ist es genauso denkbar, dass eine unterschiedslos anwendbare Maßnahme eine beschränkende Wirkung für die Ausübung der Niederlassungsfreiheit haben kann. Die Bestimmung, ob eine bestimmte Maßnahme, die einen bestimmten niederlassungsrechtlichen Vorgang diskriminiert oder behindert, hängt von vielen Faktoren des Einzelfalles ab, die in jedem konkreten Fall genau untersucht werden müssen.

Im Teil D II, 1–3 der Arbeit wird diese Problemstellung näherer dargestellt. Es wird sich zeigen, dass dieses Gebiet immer noch unklar ist, da keine abschließenden Regeln vorhanden sind. Es wird sich auch zeigen, dass selbst die EuGH Rechtsprechung noch keine klaren Kriterien entwickelt hat, so dass die Beurteilung, ob eine Marktzugangsbeschränkung vorliegt, bzw. ob der Zweck der Niederlassungsfreiheit der Anwendbarkeit des Art. 49, bzw. 54 AEUV im Wege steht in, jedem konkreten Fall genau zu bestimmen ist. Es wird deswegen in der vorliegenden Arbeit versucht Erklärungen zu finden, bzw. zumindest nach nachvollziehbaren Anknüpfungspunkten gesucht, die in diesem Rechtsbereich Rechtsicherheit gewährleisten sollen.

Es wird sich zeigen, dass der EuGH in seiner bisherigen Rechtsprechung der Rechtsicherheit nicht genügend Aufmerksamkeit gewidmet hat, die sich aber für die grenzüberschreitende Vorgänge als ein absolutes Gebot darstellt, das eine grundlegende Plattform für die niederlassungsrechtlichen Vorhaben ist.

a) Gerichtspraxis des EuGH

In der folgenden Darstellung der ausgewählten Urteile werden die vorher theoretischen Ansätze zur Bestimmung, bzw. Unterscheidung zwischen dem Diskriminierungsverbot und dem Marktzugang näher aufgezeigt. Es wird sich zeigen, dass diese Unterscheidung, bzw. die Bestimmung immer noch großen Herausforderungen ausgesetzt ist.

aa) Das Urteil Choquet

In der Rechtsache *Choquet*[198] wurde dem EuGH die Frage vorgelegt, ob es mit dem europäischen Gemeinschaftsrecht vereinbar ist, wenn ein EG-Mitgliedstaat von den

196 *Kainer in* Frankfurter Kommentar EUV/GRC/AEUV, Art. 49 AEUV, Rn. 45.
197 *Müller-Graff* in *Streinz*, EUV/AEUV, Art. 49 AEUV, Rn. 58.
198 EuGH, Urteil v. 28.11.1978, Rs. 16/78 (Choquet), ECLI:EU:C:1978:210.

Bürgern der anderen Mitgliedstaaten für das Führen von Kraftfahrzeugen den Erwerb einer innerstaatlichen Fahrerlaubnis verlangen und sie für den Fall, dass sie einen solchen nicht erworben haben, wegen Fahrens ohne diese Fahrerlaubnis bestrafen darf, obwohl diese Gemeinschaftsangehörigen nach Art. 48 ff. EWGV aufenthaltsberechtigt und im Besitz einer vergleichbaren nationalen Fahrerlaubnis sind.

Der Gerichtshof entschied, dass es „grundsätzlich nicht unvereinbar mit dem Gemeinschaftsrecht ist, dass ein Mitgliedstaat von den Angehörigen der anderen Mitgliedstaaten bei dauernder Niederlassung in seinem Hoheitsgebiet für das Führen von Kraftfahrzeugen den Erwerb einer nationalen Fahrerlaubnis verlangt, selbst wenn sie Inhaber einer von den Behörden ihres Herkunftslandes erteilten Fahrerlaubnis sind vorausgesetzt, dass innerstaatliche Bestimmungen mit der Bedürfnissen der Sicherheit des Straßenverkehrs in Verbindung stehen".[199]

Die deutschen Rechtsvorschriften, die von einem Angehörigen eines anderen Mitgliedstaats, der eine nationale Fahrerlaubnis seines Heimatlandes besitzt, verlangten, dass dieser nach einjährigem Aufenthalt in Deutschland die deutsche Fahrerlaubnis erwirbt, stellten kein Hindernis für die wirksame Ausübung der Niederlassungsfreiheit dar. Damit verstießen die deutschen Rechtsvorschriften nicht gegen die Niederlassungsfreiheit, weil sie für die dauerhafte Ausübung des Berufs den nochmaligen Nachweis einer Befähigung verlangten. Eine solche Vorschrift war damit weder diskriminierend (da sie unterschiedslos auf Gebietsansässige und Gebietsfremde angewendet wurde) noch marktzugangsbeschränkend, da sie kein Hindernis für die Ausübung der Niederlassungsfreiheit in der Bundesrepublik Deutschland darstellte.

bb) Das Urteil CaixaBank France

In dieser Rechtsache[200] ging es um die Frage, ob Art. 43 EG der Regelung eines Mitgliedstaats entgegensteht, die es einem Kreditinstitut, das eine Tochtergesellschaft einer in einem anderen Mitgliedstaat niedergelassenen Gesellschaft ist, verbietet, die auf Euro lautenden Sichteinlagenkonten zu verzinsen, die von im ersten Mitgliedstaat Gebietsansässigen eingerichtet werden.[201]

Die Vorlagefrage geht auf folgenden Sachverhalt zurück: *CaixaBank France* war eine Gesellschaft französischen Rechts mit Sitz in Frankreich und Tochtergesellschaft der Caixa Holding, einer Gesellschaft spanischen Rechts mit Sitz in Spanien. Diese Bank vermarktete in Frankreich ein Sichteinlagenkonto mit einer jährlichen Verzinsung von 2 % ab einem Bestand von 1.500 Euro.[202] Der *CaixaBank* wurde in Frankreich mit Beschluss der *Commission bancaire et financière* untersagt, mit Gebietsansässigen

199 EuGH, Urteil v. 28.11.1978, Rs. 16/78 (Choquet), ECLI:EU:C:1978:210, Rn. 9.

200 EuGH, Urteil v. 05. 10. 2004, Rs. C-442/02 (CaixaBank France), ECLI:EU:C:2004:586.

201 EuGH, Urteil v. 05. 10. 2004, Rs. C-442/02 (CaixaBank France), ECLI:EU:C:2004:586, Rn. 8.

202 EuGH, Urteil v. 05. 10. 2004, Rs. C-442/02 (CaixaBank France), ECLI:EU:C:2004:586, Rn. 5.

neue Verträge über auf Euro lautende verzinste Sichtkonten zu schließen, und es wurde ihr aufgegeben, die Klauseln der bereits geschlossenen Verträge, die die Verzinsung solcher Konten vorsahen, zu kündigen.[203] Die vom EuGH zu entscheidende Frage war, ob diese französische Maßnahme eine Beschränkung der Niederlassungsfreiheit darstellte. Konkret ging es um die Frage, ob der Art. 43 EGV der französischen Regelung entgegenstand, die es der *CaixaBank* untersagte, die auf Euro lautenden Sichteinlagenkonten zu verzinsen, die von im ersten Mitgliedstaat Gebietsansässigen eingerichtet wurden.

Der EuGH erinnerte in seiner Argumentation an die Gebhard Formel, nach der Beschränkungen der Niederlassungsfreiheit alle Maßnahmen sind, die die Ausübung dieser Freiheit verbieten, behindern oder weniger attraktiv machen.[204] Daran gemessen stellte das Verbot, welches der *CaixaBank* auferlegt wurde, ein Hindernis für die Ausübung ihrer Niederlassungsfreiheit dar.[205] Denn durch diese Maßnahme wurde die *CaixaBank* an der Sammlung von Kapital gehindert, indem es ihr verwehrt wurde, mit den im Niederlassungsmitgliedstaat ansässigen Kreditinstituten Kapital zu sammeln und durch eine Verzinsung der Sichteinlagenkonten wirksamer in Wettbewerb zu treten.[206]

Die Maßnahme der *Commission bancaire et financière* konnte, nach ständiger Rechtsprechung des EuGH, unter der Voraussetzung gerechtfertigt sein, dass sie zwingenden Gründen des Allgemeininteresses entsprach, geeignet war, die Verwirklichung des mit ihr verfolgten Ziels zu gewährleisten, und nicht über das hinausging, was zur Erreichung dieses Zieles erforderlich war.[207] Der EuGH prüfte diese Kriterien. In diesem Fall wurde eine unterschiedslos anwendbare Regelung auf Gebietsfremde und Gebietsansässige angewendet. Der EuGH fand, dass das Rechtfertigungsargument der französischen Behörden – nämlich langfristiges Sparen zu fördern – zwar geeignet war, einen Anreiz für mittel- und langfristiges Sparen zu schaffen, aber über das hinausging, was zur Erreichung dieses Zieles erforderlich war. Demzufolge stellte der EuGH eine Beschränkung der Niederlassungsfreiheit fest. Praktisch hatte die französische Regelung die ausländischen Konten nicht als solche anerkannt und ins eigene

203 EuGH, Urteil v. 05. 10. 2004, Rs. C-442/02 (CaixaBank France), ECLI:EU:C:2004:586, Rn. 5.

204 EuGH, Urteil v. 05. 10. 2004, Rs. C-442/02 (CaixaBank France), ECLI:EU:C:2004:586, Rn. 11.

205 EuGH, Urteil v. 05. 10. 2004, Rs. C-442/02 (CaixaBank France), ECLI:EU:C:2004:586, Rn. 12.

206 EuGH, Urteil v. 05. 10. 2004, Rs. C-442/02 (CaixaBank France), ECLI:EU:C:2004:586, Rn. 13.

207 EuGH, Urteil v. 05.10.2004, Rs. C-442/02 (CaixaBank France), ECLI:EU:C:2004:586, Rn. 13; Vgl. mit EuGH, Urteil v. 04.07.2000, Rs. C-424/97 (Haim), ECLI:EU:C:2000:357, Rn. 57; EuGH, Urteil v. 01.02.2001, Rs. C-108/96, ECLI:EU:C:2001:67, Rn. 26; EuGH, Urteil v. 15.01.2002, Rs. C-439/99 (Kommission/Italien), ECLI:EU:C:2002:14, Rn. 23.

Banksystem unter in dem ersten Mitgliedstaat geltenden Bedingungen gelassen hat, was im konkreten Fall als Marktzugangshindernis beurteilt wurde. Die Bedingung der *Commission bancaire et financière* war geeignet, die Ausübung der Niederlassungsfreiheit weniger attraktiver zu machen.

b) Bestimmung des Marktzugangs

aa) Die Problematik

Die Anwendbarkeit des Art. 49 AEUV auf Behinderungen durch unterschiedslos anwendbare Maßnahmen und Regeln ohne verdeckte Diskriminierung ist auf dessen Normzweck zu begrenzen. Richtet man sich nach den unionsrechtlichen Grundfreiheiten, so ist, nach *Kainer*, „eine Auslegung der Niederlassungsfreiheit als Beschränkungsverbot dem Normzweck der Grundfreiheiten gerecht".[208] Dementsprechend stellen alle innerstaatlichen Maßnahmen, die den Marktzugang behindern, Eingriffe in der Schutzbereich der Niederlassungsfreiheit dar.[209]

Bei einer rechtlichen Einstufung, ob eine Beschränkung vorliegt, ist zunächst die hinderliche Beurteilung des Marktzugangs entscheidend, so dass auch unterschiedslos auf Gebietsansässige und Gebietsfremde anwendbare Regeln Beschränkungen sein können.[210] So wird in der Literatur hervorgehoben, dass „sich das Verbot der Diskriminierung in seiner Wertigkeit deutlich vom Behinderungsverbot unterscheidet, das je nach dem Sinn und Zweck der tangierten Grundfreiheit ausgestaltet ist und für jede Grundfreiheit spezifisch zu ermitteln ist".[211] Nach ständiger Rechtsprechung des EuGH wirken als marktzugangssperrend oder beschränkend folgende Regelungen/ Praxen der Mitgliedstaaten[212]:

- Anforderungen an die Rechtsform in der die Tätigkeit ausgeübt werden kann[213],
- Anforderungen an die Struktur der Verwaltungsorgane[214],

208 *Kainer* in *Müller-Graff*, Europäisches Binnenmarkt- und Wirtschaftsordnungsrecht, § 49, Rn. 36.

209 *Kainer* in *Müller-Graff*, Europäisches Binnenmarkt- und Wirtschaftsordnungsrecht, § 49, Rn. 36.

210 *Müller-Graff* in *Streinz*, EUV/AEUV, Art. 49 AEUV, Rn. 39.

211 *Tiedje* in *von der Groeben/Schwarze/Hatje*, Europäisches Unionsrecht, Art. 49 AEUV, Rn. 155.

212 *Ludwigs* in *Dauses/Ludwigs*, EU-Wirtschaftsrecht, E. I. Grundregeln, Rn. 86 ff.

213 EuGH, Urteil v. 21.12.2016, Rs. C-503/14 (Kommission/Portugal), ECLI:EU:C:2016:979, Rn. 42; EuGH, Schlussanträge des GA Colomer v. 30.03.2006, Rs. 451/03 (Servizi Ausiliari Dottori Commercialisti), ECLI:EU:C:2005:410, Rn. 43, übernommen von *Ludwigs* in *Dauses/Ludwigs*, EU-Wirtschaftsrecht, E. I. Grundregeln, Rn. 89.

214 EuGH, Urteil v. 14.10.2004, Rs. C-299/02 (Kommission gegen Niederlande), ECLI:EU:C:2004:620, Rn. 19, übernommen von *Ludwigs* in *Dauses/Ludwigs*, EU-Wirtschaftsrecht, E. I. Grundregeln, Rn. 89.

- Vorgaben über das Mindestkapital oder an die Gesellschafter[215],
- Die Auswahl bei der Ausübung der sekundären Niederlassungsfreiheit[216]
- Hemmnisse für den Erwerb von Beteiligungen an Gesellschaften, für die grenzüberschreitende Verlegung des Tätigkeitsortes, für die Errichtung einer Sekundärniederlassung[217]
- Zulassungsverfahren[218] und Qualifikationsanforderungen[219]
- Kumulierende Regelungen der Mitgliedstaaten die zu einer Doppelbelastung im sozial-, steuer- oder abgabenrechtlichen Bereich führen[220]
- Die Nichtanerkennung der Identitätsausstattung des Unternehmens, sowie die Regelungen hinsichtlich der Ausübung der Tätigkeit.[221]

---

215 EuGH, Urteil v. 14.10.2004, Rs. C-299/02 (Kommission gegen Niederlande), ECLI:EU:C:2004:620, Rn. 19, übernommen von *Ludwigs* in *Dauses/Ludwigs*, EU-Wirtschaftsrecht, E. I. Grundregeln, Rn. 89.

216 EuGH, Urteil v. 30.04.1986, Rs. 96/85 (Kommission gegen Frankreich), ECLI:EU:C:1986:189, Rn. 18; EuGH, Urteil v. 06.06.1996, Rs. C-101/94 (Kommission gegen Italien), ECLI:EU:C:1996:221, Rn. 25; EuGH, Urteil v. 21.09.1999, Rs. 307/97 (Saint-Gobain), ECLI:EU:C:1999:438, Rn. 43.

217 EuGH, Urteil v. 30.04.1986, Rs. C-96/85 (Kommission gegen Frankreich), ECLI:EU:C:1986:189, Rn. 18; EuGH, Urteil v. 06.06.1996, Rs. C.101/94 (Kommission gegen Italien), ECLI:EU:C:1996:221, Rn. 25, EuGH, Urteil v. 21.09.1999, Rs. 307/97 (Saint-Gobain), ECLI:EU:C:1999:438, Rn. 43.

218 EuGH, Urteil v. 14.10.2004, Rs. 113/02 (Kommission gegen Niederlande), ECLI:EU:C:2004:616, Rn. 20, 21, übernommen von *Ludwigs* in *Dauses/Ludwigs*, EU-Wirtschaftsrecht, E. I. Grundregeln, Rn. 89.

219 EuGH, Urteil v. 07.05.1991, Rs. C-340/89 (Vlassopoulou/Ministerium für Justiz, Bundes- u. Europaangelegenheiten Baden-Württemberg), ECLI:EU:C:1991:193, Rn. 15, übernommen von *Ludwigs* in *Dauses/Ludwigs*, EU-Wirtschaftsrecht, E. I. Grundregeln, Rn. 90.

220 EuGH, Urteil v. 07.05.1991, Rs. C-340/89 (Vlassopoulou/Ministerium für Justiz, Bundes- u. Europaangelegenheiten Baden-Württemberg), ECLI:EU:C:1991:193, Rn. 15, übernommen von *Ludwigs* in *Dauses/Ludwigs*, EU-Wirtschaftsrecht, E. I. Grundregeln, Rn. 90.

221 EuGH, Urteil v. 30.03.1993, Rs. C-168/91 (Konstantinidis/Stadt Altensteig und Landratsamt Calw), ECLI:EU:C:1993:115, Rn. 12 f, übernommen von *Ludwigs* in *Dauses/Ludwigs*, EU-Wirtschaftsrecht, E. I. Grundregeln, Rn. 89.

bb) Marktzugang und das Prinzip der gegenseitigen Anerkennung als potenziellen Lösungsansätze

Die juristische Literatur hat sich klar für eine weite Auslegung und die Anwendung eines Beschränkungsverbots ausgesprochen.[222] *Müller-Graf* sieht Beschränkungen der Niederlassungsfreiheit als Bestandteil des Art. 49 AEUV.[223] Nach Auffassung von *Korte* sind die Marktzugangsbeeinträchtigungen ein zusätzliches Kriterium das neben dem Diskriminierungsverbots, eine „gemeinsame Schnittmenge" ermöglichen sollen.[224] Das Problem ist aber, dass in der Rechtsprechung des EuGH eine Übertragbarkeit der Keck-Formel auf die Niederlassungsfreiheit noch nicht abschließend geklärt ist.[225]

Sucht man nach den Möglichkeiten für potenzielle Lösungsansätze, kann das Prinzip der gegenseitigen Anerkennung einen Ansatz bieten. Als eines der Grundprinzipien für die freie Ausübung der Niederlassungsfreiheit trägt das Prinzip der gegenseitigen Anerkennung dazu bei, die Beschränkungen der Niederlassungsfreiheit zu beseitigen. Dies gilt insbesondere für spezielle Berufe, v.a. für Rechtsanwälte oder Ärzte, die aufgrund der Natur ihres Berufes ihre Tätigkeit in mehreren Mitgliedstaaten ausüben. Vor diesem Hintergrund sollte dieses Prinzip dazu beitragen, dass der niederlassungswillige Anwalt oder Arzt seine erworbenen Qualifikationen in einem anderen Mitgliedstaat anerkennen lassen kann. Das gleiche gilt auch für niederlassungswillige Unternehmen, die ihre Rechtspersönlichkeit in anderen Mitgliedstaaten anerkennen lassen möchten. Die Mitgliedstaaten sind verpflichtet ihre nationalen Regelungen unter Berücksichtigung des Europäischen Rechts zu fassen. Die Analyse der Rechtsprechung des EuGH hat gezeigt, dass der EuGH keine Lösungsansätze für eine reibungslose, einheitliche und abschließende Ausübung der Niederlassungsfreiheit bietet. Eine Wende in seiner Rechtsprechung ist nicht zu erwarten. Dem EuGH fehlt ein klarer Faden in seiner Rechtsprechung, so dass „das Warten" auf die Weiterentwicklung der Niederlassungsfreiheit durch die Rechtsprechung des EuGH keine Lösung ist.

---

222 Dazu: vgl. mit Unterschieden im Einzelnen Classen EuR 2004, 416, 417, 423 f. (allg. für eine enge Fassung des Marktzugangsbegriffs bei den Personenverkehrsfreiheiten); Eberhartinger EWS 1997, 43, 49; Everling, GS Knobbe-Keuk, 1997, 607, 617; Jarass EuR 2000, 705, 710 f.; Kingreen Struktur der Grundfreiheiten S. 122; Nettesheim NVwZ 1996, 342, 344; Forsthoff in Grabitz/Hilf/Nettesheim, Art. 49 AEUV, Rn. 96 ff.; W.-H. Roth, GS Knobbe-Keuk, 1997, 729, 737; Generalanwalt Mischo, Schlussanträge Slg. 2001, I-837 Rn. 43 f. – Mac Quen; Generalanwalt Tizzano, Schlussanträge Rs. C-442/02 Rn. 58, 66 ff.; Tiedje in von der Groeben/Schwarze/Hatje, Art. 49 AEUV, Rn. 111; Müller-Graff in Streinz, EUV/AEUV, Art. 49 AEUV, Rn. 58, 62.

223 *Müller-Graff* in *Streinz*, EUV/AEUV, Art. 49 AEUV, Rn. 57.

224 *Korte* in *Calliess*/Ruffert, EUV/AEUV, Art. 49 AEUV, Rn. 68.

225 *Ludwigs* in *Dauses/Ludwigs*, EU-Wirtschaftsrecht, 38. EL 2015, E. I. Grundregeln, Rn. 89.

In Ermangelung einer einheitlichen Rechtsprechung des EuGH ist eine abschließende sekundärrechtliche Regelung in diesem Bereich notwendig. Diese soll zunächst das Prinzip der gegenseitigen Anerkennung nochmals niederlegen und anschließend das Beschränkungsverbot als untrennbarer Bestandteil der Niederlassungsfreiheit hervorheben (dazu unter IV). Auf diese Weise wären die praktischen Schwierigkeiten und insbesondere die herrschende Rechtsunsicherheit in der Ausübung der Niederlassungsfreiheit beseitigt.

6. Das Recht oder der Anspruch auf Gleichstellung?

Die primäre Zielsetzung der Niederlassungsfreiheit ist es, zur Erreichung der Binnenmarktsziele beizutragen. Hiernach soll die Durchführung von wirtschaftlichen Tätigkeiten in einem anderen Mitgliedstaat entweder in der Form einer primären oder sekundären Niederlassungsfreiheit den Wettbewerb zwischen den Unternehmen als auch zwischen den Mitgliedstaaten fördern, was schließlich zu mehr Effektivität, Produktivität und Rationalität bei dem Gebrauch von Ressourcen führen soll.

Dies ist der Hauptgrund, warum die unternehmerischen grenzüberschreitenden Aktivitäten immer mehr an Bedeutung gewinnen. Wenn mehr Wettbewerb zwischen Unternehmen das Ziel ist, dann sollten keine inneren Handelshindernisse bestehen. Einem Unternehmen soll sichergestellt sein, sich innerhalb der Union frei zu bewegen und in nationale Rechtsysteme reinzukommen unter gleichen Bedingungen wie bereits ansässige juristische bzw. natürliche Personen.

Der unionsrechtliche Rechtsrahmen gewährt den Unternehmen das Recht, in ein nationales Rechtssystem diskriminierungsfrei einzutreten und räumt Hindernisse, die dies erschweren oder erschweren könnten, beiseite. Somit hat ein EU-ausländisches Unternehmen den Anspruch, unter gleichen Bedingungen wie ein inländisches bzw. in dem Aufnahmestaat ansässiges Unternehmen tätig zu sein. Der Anspruch auf Gleichbehandlung reicht aber nicht aus für die reibungslose Ausübung der Niederlassungsfreiheit. Es ist vielmehr die Frage, ob man von einem Anspruch auf Gleichstellung für eine Ausübung der Niederlassungsfreiheit ohne Beschränkungen reden kann. Die Antwort auf diese Frage setzt die Bestimmung der Reichweite des Beschränkungsverbots voraus, was in folgenden Kapiteln problematisiert wird.

IV. Entwicklung des niederlassungsrechtlichen Rechtsrahmens

1. Grundlagen in den Primärverträgen

Rechtsnormen zur Niederlassungsfreiheit wurden in die Primärverträge bereits mit dem Vertrag zur Gründung der Europäischen Wirtschaftsgemeinschaft vom 25. März 1957 eingeführt. Die Niederlassungsfreiheit regelte der damalige Art. 52 des Vertrages zur Gründung der Europäischen Wirtschaftsgemeinschaft, nach dem die

Beschränkungen der freien Niederlassung von Staatsangehörigen eines Mitgliedstaates im Hoheitsgebiet eines anderen Mitgliedstaates während der Übergangszeit nach Maßgabe der folgenden Bestimmungen schrittweise aufgehoben wurden. Das Gleiche galt für Beschränkungen der Gründung von Agenturen, Zweigniederlassungen oder Tochtergesellschaften durch Angehörige eines Mitgliedstaates, die im Hoheitsgebiet eines Mitgliedstaates ansässig sind. Die Niederlassungsfreiheit umfasste auch die Aufnahme und Ausübung selbständiger Erwerbstätigkeiten sowie die Gründung und Leitung von Unternehmen, insbesondere von Gesellschaften nach den Bestimmungen des Aufnahmestaates für seine eigenen Angehörigen. Die aktuelle Fassung des Art. 49 AEUV wurde durch den Vertrag von Lissabon eingeführt und bildet mit Art. 54 AEUV die zentralen niederlassungsrechtlichen Normen der Europäischen Union.

2. Das allgemeine Programm zur Aufhebung der Beschränkungen der Niederlassungsfreiheit innerhalb der Europäischen Wirtschaftsgemeinschaft

Die erste Konkretisierung der primärrechtlichen Bestimmungen, die die Niederlassungsfreiheit innerhalb der Europäischen Union regeln, begann mit dem allgemeinen Programm zur Aufhebung der Beschränkungen der Niederlassungsfreiheit innerhalb der Europäischen Wirtschaftsgemeinschaft, das der Rat der Europäischen Wirtschaftsgemeinschaft am 18. Dezember 1961 beschlossen hat.[226]

Die rechtliche Grundlage für den Erlass des Programmes wurzelte in den primärrechtlichen Bestimmungen, u.a. im damaligen Art. 54 EWGV, der zusammen mit anderen Normen des EWG-Vertrages die Niederlassungsfreiheit regelte. Art. 54 EWGV sah vor, dass vor dem Ende der ersten Stufe der Rat einstimmig auf Vorschlag der Kommission und nach Anhörung des Wirtschafts- und Sozialausschusses und der Versammlung ein allgemeines Programm zur Aufhebung der Beschränkungen der Niederlassungsfreiheit innerhalb der Gemeinschaft aufstellt. Das Programm legte für jede Art von Tätigkeit die allgemeinen Voraussetzungen und insbesondere die Stufen für die Verwirklichung der Niederlassungsfreiheit fest. Mit dem Programm hat der Europäische Gesetzgeber die näheren Bestimmungen für die Ausübung der Niederlassungsfreiheit, insbesondere der näheren Beschränkungsverbote geregelt, und zwar in Form einer *exempli gratia* Regelung.[227]

---

226 Amtsblatt der Europäischen Gemeinschaften, 36/62 vom 15.1.1962, abgerufen auf: https://op.europa.eu/de/publication-detail/-/publication/14cde514-fed6-494f-8d44-49e7f7af91cd/language-de/format-PDF/source-search am 16.01.2022.

227 Abschnitt 3 des allgemeinen Programmes zur Aufhebung der Beschränkungen der Niederlassungsfreiheit innerhalb der Europäischen Wirtschaft enthält eine *exempli gratia* Liste der Beschränkungen vorbehaltlich der im Vertrag vorgesehenen Ausnahmen oder Sonderbestimmungen, insbesondere – des Artikels 55 EWGV über Tätigkeiten, die in einem Mitgliedstaat mit der Ausübung öffentlicher Gewalt

Abschnitt III des Programmes listet bestimmte beschränkende Vorschriften und Praktiken auf. Folgenden Vorschriften und Praktiken sind aufzuheben, „die allein für Ausländer:

a) die Aufnahme oder Ausübung einer selbständigen Tätigkeit verbieten,
b) die Aufnahme oder Ausübung einer selbständigen Tätigkeit von einer Genehmigung oder der Ausstellung einer Bescheinigung, wie zum Beispiel eines Gewerbeausweises für ausländische Kaufleute oder eines Ausweises für ausländische Berufstätige, abhängig machen,
c) die Erteilung der für die Aufnahme oder Ausübung einer selbständigen Tätigkeit erforderlichen Genehmigung von zusätzlichen Bedingungen abhängig machen,
d) die Aufnahme oder Ausübung einer selbständigen Tätigkeit von einem vorherigen Aufenthalt oder einer vorherigen beruflichen Probezeit im Aufnahmeland abhängig machen,
e) die Aufnahme oder Ausübung einer selbständigen Tätigkeit durch steuerliche oder andere Lasten, wie zum Beispiel die Hinterlegung einer Summe oder die Gestellung einer Kaution im Aufnahmeland, finanziell erschweren,
f) den Zugang zu den Versorgungsquellen oder zu den Absatzwegen dadurch beschränken oder behindern, dass sie ihn kostspieliger gestalten oder erschweren,
g) den Zugang zu der für die Ausübung einer selbständigen Tätigkeit erforderlichen oder dienlichen Berufsausbildung verbieten oder behindern,
h) die Beteiligung an Gesellschaften, vor allem im Hinblick auf die Tätigkeit der Gesellschafter, ausschließen oder beschränken,
i) das Recht auf Teilnahme an den Einrichtungen der sozialen Sicherheit, vor allem der Kranken-, Unfall-, Invaliden- und Altersversicherung, sowie auf Berücksichtigung bei der Gewährung von Familienzulagen verwehren oder einschränken,
j) eine weniger günstige Behandlung für den Fall einer Überführung in Gemeineigentum, Enteignung oder Beschlagnahme gewähren".[228]

Zudem sieht Abschnitt III des Programms vor, dass die gleichen Bestimmungen auch für Vorschriften und Praktiken gelten, „die allein für Ausländer die Befugnis

---

verbunden sind und des Artikels 56 über Vorschriften, die eine Sonderregelung für Ausländer vorsehen und aus Gründen der öffentlichen Ordnung, Sicherheit und Gesundheit gerechtfertigt sind.

228 Abschnitt III des Allgemeinen Programmes zur Aufhebung der Beschränkungen der Niederlassungsfreiheit innerhalb der Europäischen Wirtschaft, Amtsblatt der Europäischen Gemeinschaften, 36/62 vom 15.1.1962, abgerufen auf: https://op.europa.eu/de/publication-detail/-/publication/14cde514-fed6-494f-8d44-49e7f7af91cd/language-de/format-PDF/source-search am 16.01.2022.

zur Ausübung der normalerweise mit einer selbständigen Tätigkeit verbundenen Rechte ausschließen, beschränken oder von bestimmten Voraussetzungen abhängig machen, und zwar insbesondere die Befugnis:

(a) Verträge abzuschließen, vor allem Werk- und Mietverträge, ferner Dienstverträge und Pachtverträge im gewerblichen und landwirtschaftlichen Bereich, sowie alle aus diesen Verträgen sich ergebenden Rechte in Anspruch zu nehmen,
(b) Angebote einzureichen und sich als direkter Vertragspartner oder im Wege des Untervertrags an den vom Staat oder von anderen juristischen Personen des öffentlichen Rechts vergebenen Aufträgen zu beteiligen,
(c) Konzessionen oder Genehmigungen zu erwerben, die vom Staat oder von anderen juristischen Personen des öffentlichen Rechts vergeben werden,
(d) Rechte sowie bewegliches und unbewegliches Vermögen zu erwerben, zu nutzen oder darüber zu verfügen,
(e) Immaterialgüterrechte (geistiges Eigentum) und die damit verbundenen Rechte zu erwerben, zu nutzen oder darüber zu verfügen,
(f) Anleihen aufzunehmen und vor allem Zugang zu den verschiedenen Arten von Krediten zu erhalten,
(g) direkte oder indirekte staatliche Beihilfen in Anspruch zu nehmen,
(h) Zugang zu den Gerichten zu beanspruchen und alle Rechtsmittel und Rechtsbehelfe bei den Verwaltungsbehörden geltend zu machen,
(i) Berufsvereinigungen beizutreten, soweit die berufliche Tätigkeit des Betreffenden die Ausübung dieser Befugnis mit sich bringt.

Zu den genannten Vorschriften und Praktiken gehören ferner alle diejenigen, welche den Eintritt des Personals aus der Hauptniederlassung in einem Mitgliedstaat in die Leitungs- oder Überwachungsorgane der Agenturen, Zweigniederlassungen oder Tochtergesellschaften in einem anderen Mitgliedstaat beschränken oder behindern".[229]

Nach Art. 54 Abs. 2 EWGV entscheidet der Rat zur Durchführung dieses Programms über Richtlinien zur Durchführung der Niederlassungsfreiheit für die einzelnen Tätigkeiten. Überdies hat der Rat die Aufgabe, nach Artikel 57 EWGV Richtlinien für die gegenseitige Anerkennung der Diplome, Prüfungszeugnisse und sonstigen Befähigungsnachweise sowie zur Koordinierung der Rechts- und Verwaltungsvorschriften der Mitgliedstaaten über die Aufnahme und Ausübung selbständiger Tätigkeiten zu erlassen.

---

229 Abschnitt III des Allgemeinen Programmes zur Aufhebung der Beschränkungen der Niederlassungsfreiheit innerhalb der Europäischen Wirtschaft, Amtsblatt der Europäischen Gemeinschaften, 36/62 vom 15.1.1962, abgerufen auf: https://op.europa.eu/de/publication-detail/-/publication/14cde514-fed6-494f-8d44-49e7f7af91cd/language-de/format-PDF/source-search am 16.01.2022.

Das im Jahr 1961 erlassene Niederlassungsprogramm hat aber noch heute Bedeutung, denn die Regelungen, die darin enthalten sind bzw. die darin verbotenen Beschränkungen gelten noch heute in gleicher Form. So verwendet der EuGH in seiner ständigen Rechtsprechung immer noch die Formel, nach der die niederlassungsrechtliche Beschränkungen alle Maßnahmen sind, die die Ausübung der Niederlassungsfreiheit „unterbinden, behindern oder weniger attraktiv machen.[230] Gerade in diesem Ausdruck lassen sich viele in dem Programm aufgelistete Maßnahmen erkennen.[231]

Es wurde bis heute kein Programm erlassen (mit einem ausdrücklichen niederlassungsrechtsbezogenen Titel), das sich mit der niederlassungsrechtlichen Problematik so tiefgreifend, weitreichend und speziell auseinandersetzt. Das Programm enthält mit seiner normativen Gestaltung auch viel Spielraum für die Einführung weiterer verbotener Beschränkungen. Eine Ergänzung des Programmes erfolgte bis heute jedoch nicht.

3. Richtlinie des Rates vom 25. Februar 1964 (64/225/EWG)

Das in den sechziger Jahren des letzten Jahrhunderts vorherrschende politische und gesetzgeberische „Klima" beeinflusste auch die Entwicklung der niederlassungsrechtlichen Normen positiv. Denn nach dem allgemeinen Programm zur Aufhebung der Beschränkungen der Niederlassungsfreiheit hat der Rat der Europäischen Wirtschaftsgemeinschaft mit der Niederlassungsrichtlinie vom 25. Februar 1964 (64/225/EWG) die Gesellschaften mit den natürlichen Personen, die Staatsangehörige der Mitgliedstaaten sind, gleichgestellt.[232] Die Richtlinie des Rates vom 25. Februar 1964 zur Aufhebung der Beschränkungen der Niederlassungsfreiheit und des freien Dienstleistungsverkehrs auf dem Gebiet der Rückversicherung und Retrozession dehnte den Anwendungsbereich des allgemeinen

---

230 *Müller-Graff* in *Streinz*, EUV/AEUV, Art. 49 AEUV, Rn. 39.

231 Die Ähnlichkeit des vom EuGH verwendeten Ausdrucks lässt sich durch viele Bestimmungen des Allgemeinen Programmes zur Aufhebung der Beschränkungen der Niederlassungsfreiheit innerhalb der Europäischen Wirtschaft erkennen. So z.B. ist im Abschnitt III: Beschränkungen im Paragraf 2 des Programmes folgende Formulierung enthalten: „... Vorschriften und Praktiken, die allein für Ausländer die Befugnis zur Ausübung der normalerweise mit einer selbständiger Tätigkeit verbundenen Rechte ausschließen, beschränken oder von bestimmten Voraussetzungen abhängig machen..."

232 Richtlinie des Rates vom 25. Februar 1964 zur Aufhebung der Beschränkungen der Niederlassungsfreiheit und des freien Dienstleistungsverkehrs auf dem Gebiet der Rückversicherung und Retrozession (64/225/EWG), Amtsblatt der Europäischen Gesellschaften 878/64 von 04.04.1964, verfügbar unter: https://op.europa.eu/de/publication-detail/-/publication/44163452-fcad-4123-9ca1-ecc93631dcb1, abgerufen am 05.02.2022.

Programms zur Aufhebung der Beschränkungen der Niederlassungsfreiheit auf das Gebiet der Rückversicherung und Retrozession aus.

Die Richtlinie hat zum ersten Mal eine ausdrückliche Bestimmung eingeführt, nach der „die Gleichstellung[233] der Gesellschaften mit den natürlichen Personen, die Staatsangehörige der Mitgliedstaaten sind, lediglich den Bedingungen des Art. 58 und gegebenenfalls der Bedingung einer tatsächlichen und fortdauernden Verbindung mit der Wirtschaft eines Mitgliedstaats unterliegt; es darf daher keine zusätzliche Bedingung, insbesondere keine Sondergenehmigung, die nicht auch von den inländischen Gesellschaften für die Ausübung einer wirtschaftlichen Tätigkeit verlangt würde, gefordert werden, damit ihnen die Rechtsvorteile dieser Bestimmungen zugutekommen; diese Gleichstellung[234] steht jedoch dem Umstand nicht entgegen, dass die Mitgliedstaaten verlangen können, dass die Kapitalgesellschaften in ihrem Land unter der Bezeichnung auftreten, die die Rechtsvorschriften des Mitgliedstaats vorsehen, nach denen sie gegründet wurden und auf den im Aufnahme-Mitgliedstaat verwendeten Geschäftspapieren die Höhe des gezeichneten Kapitals angeben“.[235] Obwohl in der Stellungnahme des Wirtschafts- und Sozialausschusses zu dem Vorschlag einer Richtlinie über die Einzelheiten zur Verwirklichung der Niederlassungsfreiheit und des freien Dienstleistungsverkehrs auf dem Gebiet der Rückversicherung und Retrozession ganz klar die Aufhebung *aller* Beschränkungen niedergelegt wurde[236], verpflichtet Art. 1 der letztlich in Kraft getretenen Richtlinie die Mitgliedstaaten nur zur Aufhebung der in Abschnitt III der Allgemeinen Programme zur Aufhebung der Beschränkungen der Niederlassungsfreiheit und des freien Dienstleistungsverkehrs genannten Beschränkungen hinsichtlich der Aufnahme und der Ausübung der in Art. 2 erwähnten Tätigkeiten zugunsten der in Abschnitt I dieser Programme bezeichneten natürlichen Personen und Gesellschaften.

Nach Art. 2 der Richtlinie ist ihr Anwendungsbereich auf die selbstständigen Rückversicherung- und Retrozessionstätigkeiten, die im Allgemeinen Programm zur Aufhebung der Beschränkungen der Niederlassungsfreiheit (Anlage I, Gruppe „aus 630“) aufgeführt sind, sowie für bestimmte natürliche Personen

---

233 Es ist davon auszugehen, dass der damalige Richtliniengeber den Begriff der „Gleichstellung“ in einem anderen Sinne verwendet hat, als dies heute üblich ist, so dass mit „Gleichstellung“ tatsächlich „Gleichbehandlung“ im heutigen Sinne gemeint ist.

234 S. Fn. 232.

235 Erwägungsgrund 3 der Richtlinie des Rates vom 25. Februar 1964 (64/225/EWG).

236 Stellungnahme des Wirtschafts- und Sozialausschusses zu dem „Vorschlag einer Richtlinie über die Einzelheiten zur Verwirklichung der Niederlassungsfreiheit und des freien Dienstleistungsverkehrs auf dem Gebiet der Rückversicherung und Retrozession“ vom 30. Januar 1963 ist der Bestandteil der o.g. Richtlinie; Amtsblatt der Europäischen Gesellschaften 878/64 von 04.04.1964, verfügbar unter: https://op.europa.eu/de/publication-detail/-/publication/44163452-fcad-4123-9ca1-ecc93631dcb1.

und Gesellschaften, soweit sie gleichzeitig das Direktversicherungs- und Retrozessionsgeschäft betreiben, beschränkt. Dies bedeutet praktisch, dass auf diese Tätigkeitsgruppen die im Abschnitt III des Allgemeinen Programmes zur Aufhebung der Beschränkungen der Niederlassungsfreiheit *exempli gratia* genannten Praxen oder Vorschriften Anwendung finden. Wie bereits dargestellt wurde (B, IV, 2), hebt Abschnitt III des Allgemeinen Programmes bestimmten Beschränkungen auf und verbietet insbesondere jede Behinderung von Staatsangehörigen anderer Mitgliedstaaten auf Grund einer Rechts- oder Verwaltungsvorschrift eines Mitgliedstaats. Diese beschränkenden Vorschriften und Praktiken sind z.B. Verbote gegenüber Ausländern betreffend der Aufnahme oder Ausübung einer selbständigen Tätigkeit[237] oder Vorschriften, welche die Erteilung der für die Aufnahme oder Ausübung einer selbständigen Tätigkeit erforderlichen Genehmigung von zusätzlichen Bedingungen abhängig machen.[238] Zu nennen sind auch Vorschriften oder Praktiken, die die Aufnahme oder Ausübung einer selbständigen Tätigkeit durch steuerliche oder andere Lasten, wie zum Beispiel die Hinterlegung einer Summe oder die Stellung einer Kaution im Aufnahmeland, finanziell erschweren.[239] Schließlich sind auch Vorschriften und Praktiken aufzuheben, die den Zugang zu der für die Ausübung einer selbständigen Tätigkeit erforderlichen oder dienlichen Berufsausbildung verbieten oder behindern[240] oder die Beteiligung an Gesellschaften, vor allem im Hinblick auf die Tätigkeit der Gesellschafter, ausschließen oder beschränken.[241]

Seit Verabschiedung dieser Richtlinie erfolgte bis heute keine umfassende und grundlegende unionsrechtliche Regelung, unter welchen Voraussetzungen eine Beschränkung der Niederlassungsfreiheit vorliegt. Grund hierfür sind die politischen Umstände und die Bereitschaft zu Kompromissen. Das zeigt exemplarisch die Entstehungsgeschichte der Richtlinie vom 25. Februar 1964: Während der Wirtschafts- und Sozialausschuss eine umfassende Regelung befürwortete, sprachen sich die Regierungs- und Staatsoberhauptenvertreter *gegen* eine Regelung aus, die nicht nur bestimmten *exempli gratia* aufgelisteten, sondern weiter darüber hinaus *alle*[242] niederlassungsrechtlichen Beschränkungen enthielt. Weil das auch heute

237 Abschnitt III des Allgemeinen Programm zur Aufhebung der Beschränkungen der Niederlassungsfreiheit, lit. a.

238 Abschnitt III des Allgemeinen Programms zur Aufhebung der Beschränkungen der Niederlassungsfreiheit, lit. c.

239 Abschnitt III des Allgemeinen Programms zur Aufhebung der Beschränkungen der Niederlassungsfreiheit, lit. e.

240 Abschnitt III des Allgemeinen Programms zur Aufhebung der Beschränkungen der Niederlassungsfreiheit, lit. g.

241 Abschnitt III des Allgemeinen Programms zur Aufhebung der Beschränkungen der Niederlassungsfreiheit, lit. h.

242 Hervorhebung durch Verfasserin.

noch nicht anders ist, obliegt es dem EuGH, das Vorliegen einer Beschränkung durch Auslegung und Weiterentwicklung der primärrechtlichen niederlassungsrechtlichen Regelungen zu bestimmen. Das ist unbefriedigend, denn eine umfassende unionsrechtliche Regelung würde mehr Rechtssicherheit bringen. Es wäre besser, der europäische Gesetzgeber und die Mitgliedstaaten würden aktiv werden und die notwendige Kompromiss- und Konsensbereitschaft zeigen. Damit wäre ein weiterer Schritt zum Verständnis des Konzeptes der Beschränkung gemacht, was für ein umfassendes Verständnis dieser Grundfreiheit wichtig wäre. Eine weitere Entwicklung der Niederlassungsfreiheit, die nur dem EuGH überlassen wäre, ist nicht und kann nicht ausreichend sein.

4. Richtlinie des Rates vom 21. Dezember 1988 über eine allgemeine Regelung zur Anerkennung der Hochschuldiplome, die eine mindestens dreijährige Berufsausbildung abschließen (89/48/EWG)

Diese Richtlinie[243] wurde u.a. erlassen, um es den Angehörigen der Mitgliedstaaten zu ermöglichen, als Selbständige oder abhängig Beschäftigte einen Beruf in einem anderen Mitgliedstaat als dem auszuüben, in dem sie ihre beruflichen Qualifikationen erworben haben. Die bisher vom Rat erlassenen Vorschriften, nach denen die Mitgliedstaaten untereinander die in ihren Hoheitsgebieten ausgestellten Hochschuldiplome zu beruflichen Zwecken anerkennen, betrafen wenige Berufe. Das Niveau und die Dauer der Ausbildung, die Voraussetzung für den Zugang zu diesen Berufen war, auf ähnliche Weise in allen Mitgliedstaaten reglementiert oder Gegenstand einer Mindestharmonisierung, die zur Einführung dieser sektoralen Regelungen der gegenseitigen Anerkennung der Diplome notwendig war.[244]

Durch die Einführung einer allgemeinen Regelung zur Anerkennung der Hochschuldiplome, die eine mindestens dreijährige Berufsausbildung voraussetzen, wurde die Möglichkeit geschaffen, die Hochschuldiplome derjenigen europäischen Bürger anzuerkennen, die in einem anderen Mitgliedstaat als dem, in dem sie ihren Beruf ausüben wollen, ausgestellt wurden. Nach Art. 2 der Richtlinie galt sie für alle Angehörigen eines Mitgliedstaats, die als Selbständige oder abhängig Beschäftigte einen reglementierten Beruf in einem anderen Mitgliedstaat ausüben wollten, außer Berufe, die Gegenstand einer Einzelrichtlinie sind, mit der in den Mitgliedstaaten eine gegenseitige Anerkennung der Diplome eingeführt wird.

243 Richtlinie des Rates vom 21. Dezember 1988 über eine allgemeine Regelung zur Anerkennung der Hochschuldiplome, die eine mindestens dreijährige Berufsausbildung abschließen (89/48/EWG), Amtsblatt der Europäischen Gemeinschaften, Nr. L 19/16 vom 24.01.1989, verfügbar unter: https://eur-lex.europa.eu/legal-content/DE/TXT/PDF/?uri=CELEX:31989L0048&from=DE, abgerufen am 05.02.2022.

244 Erwägungsgrund 2. der Richtlinie (89/48/EWG).

Die Richtlinie unterscheidet aber nicht nach dem Gebiet oder der Typologie der betroffenen Diplome.[245] In den Anwendungsbereich der Richtlinie fielen Berufe, bei denen bereits das Hochschuldiplom die Befugnis zur Berufsausübung verliehen hat.[246] Die Richtlinie umfasste aber auch weitere Berufe, wie z.B. den Rechtsanwaltsberuf oder sonstige aus der Rechtsprechung des EuGH.[247] Dies waren z.B. die Tätigkeiten von Restauratoren von Kulturgütern[248], Maschinenbauingenieur[249], Fluglotse[250], Apotheker für Laboratoriumsmedizin[251], Steuerberater usw. Schließlich wurden auch öffentlichen Einrichtungen zur Beachtung der Bestimmungen dieser Richtlinie verpflichtet.[252]

Art. 3 der Richtlinie sah vor, dass wenn der Zugang zu einem reglementierten Beruf oder dessen Ausübung im Aufnahmestaat von dem Besitz eines Diploms abhängig gemacht wird, die zuständige Stelle einem Angehörigen eines Mitgliedstaats den Zugang zu diesem Beruf oder dessen Ausübung unter denselben Voraussetzungen wie bei Inländern nicht wegen mangelnder Qualifikation verweigern darf, wenn der Antragsteller das Diplom besitzt, das in einem anderen Mitgliedstaat erforderlich ist, um den Zugang zu diesem Beruf in seinem Hoheitsgebiet zu erhalten oder ihn dort auszuüben, und wenn dieses Diplom in einem Mitgliedstaat erworben wurde, oder wenn der Antragsteller diesen Beruf vollzeitlich zwei Jahre lang in den vorhergehenden zehn Jahren in einem anderen Mitgliedstaat ausgeübt hat, der diesen Beruf nicht gemäß Art. 1 Buchstabe c) und Buchstabe d) Absatz 1

245 *Stumpf* in Dauses/Ludwigs, Handbuch des EU-Wirtschaftsrechts, E. II. Freie Berufe und Handwerk, Rn. 144.

246 *Stumpf* in Dauses/Ludwigs, Handbuch des EU-Wirtschaftsrechts, E. II. Freie Berufe und Handwerk, Rn. 144.

247 *Stumpf* in Dauses/Ludwigs, Handbuch des EU-Wirtschaftsrechts, E. II. Freie Berufe und Handwerk, Rn. 144.

248 Vgl. mit EuGH, Urteil v. 08.07.1999, Rs. C-234/97 (Bobadilla), ECLI:EU:C:1999:367 (ob die Voraussetzungen der RL gegeben waren, war vom mitgliedstaatlichen Gericht zu prüfen), übernommen von *Stumpf* in Dauses/Ludwigs, Handbuch des EU-Wirtschaftsrechts, 54. EL 2021, E. II. Freie Berufe und Handwerk, Rn. 144.

249 EuGH, Urteil v. 14.07.2005, Rs. C-141/04 (Peros), ECLI:EU:C:2005:472, übernommen von *Stumpf* in Dauses/Ludwigs, Handbuch des EU-Wirtschaftsrechts, 54. EL 2021, E. II. Freie Berufe und Handwerk, Rn. 144.

250 EuGH, Urteil v. 16.10.2008, Rs. C-136/07 (Kommission/Spanien), ECLI:EU:C:2008:569, übernommen von *Stumpf* in Dauses/Ludwigs, Handbuch des EU-Wirtschaftsrechts, 54. EL 2021, E. II. Freie Berufe und Handwerk, Rn. 144.

251 EuGH, Urteil v. 10.07.2008, Rs. C-307/07 (Kommission/Portugal), ECLI:EU:C:2008:402, übernommen von *Stumpf* in Dauses/Ludwigs, Handbuch des EU-Wirtschaftsrechts, 54. EL 2021, E. II. Freie Berufe und Handwerk, Rn. 144.

252 *Stumpf* in Dauses/Ludwigs, Handbuch des EU-Wirtschaftsrechts, 54. EL 2021, E. II. Freie Berufe und Handwerk, Rn. 144.

reglementiert, sofern der Betreffende dabei im Besitz von einem oder mehreren Ausbildungsnachweisen war, die in einem Mitgliedstaat von einer nach dessen Rechts- und Verwaltungsvorschriften bestimmten zuständigen Stelle ausgestellt worden waren; aus denen hervorgeht, dass der Inhaber ein mindestens dreijähriges Studium oder ein dieser Dauer entsprechendes Teilzeitstudium an einer Universität oder einer Hochschule oder einer anderen Ausbildungseinrichtung mit gleichwertigem Niveau in einem Mitgliedstaat absolviert hatte und gegebenenfalls die über das Studium hinaus erforderliche berufliche Ausbildung abgeschlossen hatte und die er zur Vorbereitung auf die Ausübung dieses Berufs abgeschlossen hatte. Art. 3 hindert aber den Aufnahmestaat nicht daran, vom Antragsteller ebenfalls zu verlangen, dass er einen höchstens dreijährigen Anpassungslehrgang absolviert oder eine Eignungsprüfung ablegt.[253]

Obwohl sich die Richtlinie 89/48/EWG nicht an spezifische, enumerativ aufgelistete Berufe richtete, war sie ein wichtiges Instrument in der weiteren Entwicklung und insbesondere der Erweiterung des Schutzbereiches der Niederlassungsfreiheit. Diese Richtlinie hatte praktisch das System der gegenseitigen Anerkennung der Hochschuldiplome, die eine mindestens dreijährige Berufsausbildung abschließen, eingeführt. Die Mitgliedstaaten waren zwar weiterhin dafür zuständig, die Voraussetzungen für bestimmte Berufe festzulegen. Gleichwohl waren sie aber verpflichtet, Inhabern EU-ausländischer Abschlüsse mit mindestens dreijähriger Berufsausbildung den Zugang zu einem bestimmten Beruf und dessen Ausübung unter denselben Voraussetzungen wie eigenen Staatsbürgern zu ermöglichen. Diese Richtlinie wurde durch Richtlinie 2005/36/EG des Europäischen Parlaments und des Rates vom 7. September 2005 über die Anerkennung von Berufsqualifikationen aufgehoben (s. unter 7).

5. Richtlinie 92/51/EWG des Rates vom 18. Juni 1992 über eine zweite allgemeine Regelung zur Anerkennung beruflicher Befähigungsnachweise in Ergänzung zur Richtlinie 89/48/EWG

Diese Richtlinie[254] erstreckt sich auf die Ausbildungsniveaus, die von der ersten allgemeinen Regelung nicht erfasst waren, nämlich auf sonstige Ausbildungsgänge im postsekundären Bereich und die dieser Ausbildung gleichgestellte Ausbildung sowie auf die Ausbildung, die einer kurzen oder langen Sekundarschulausbildung

253 Art. 4, Abs. 1, lit. b) der Richtlinie 89/48/EWG.

254 Richtlinie 92/51/EWG des Rates vom 18. Juni 1992 über eine zweite allgemeine Regelung zur Anerkennung beruflicher Befähigungsnachweise in Ergänzung zur Richtlinie 89/48/EWG, Amtsblatt der Europäischen Gemeinschaften, Nr. L 209/25 vom 24.07.1992, verfügbar unter: https://eur-lex.europa.eu/legal-content/DE/TXT/PDF/?uri=CELEX:31992L0051&from=DE, abgerufen am 05.02.2022.

entspricht und gegebenenfalls durch eine Berufsausbildung oder durch Berufspraxis ergänzt wird.[255] Sie soll, als ergänzende allgemeine Regelung, auf denselben Grundsätzen beruhen, wie die Richtlinie 89/48/EWG und enthält Vorschriften, die denen der ersten allgemeinen Regelung entsprechen.[256] Diese Richtlinie beabsichtigt, Hindernisse für den Zugang zu reglementierten Berufen und für deren Ausübung zu beseitigen.[257] Die Richtlinie gilt für alle Angehörigen eines Mitgliedstaats, die als Selbständige oder abhängig Beschäftigte einen reglementierten Beruf in einem Aufnahmestaat ausüben wollen. Sie gilt aber nicht für Berufe, die Gegenstand einer Einzelrichtlinie sind, mit der in den Mitgliedstaaten eine gegenseitige Anerkennung der Diplome eingeführt wird, und auch nicht für Tätigkeiten, die Gegenstand einer in Anhang A aufgeführten Richtlinie sind.[258]

Systematisch regelt Kapitel III die Anerkennungsregelung, wenn der Aufnahmestaat ein Diplom im Sinne dieser Richtlinie oder der Richtlinie 89/48/EWG fordert, Kapitel IV bezieht sich auf die Anerkennungsregelung, wenn der Aufnahmestaat ein Diplom fordert und der aus einem anderen Mitgliedstaat stammende Antragsteller ein Prüfungszeugnis oder einen entsprechenden Ausbildungsnachweis besitzt, während die Kapitel V Anerkennungsregelung, wenn der Aufnahmestaat ein Prüfungszeugnis fordert, regelt. In Kapitel VI befinden sich die Sonderregelungen für die Anerkennung sonstiger Qualifikationen, bzw. sonstige Maßnahmen zur Erleichterung der tatsächlichen Inanspruchnahme der Niederlassungsfreiheit, des freien Dienstleistungsverkehrs und der Freizügigkeit der Arbeitnehmer in Kapitel VII.

Richtlinie 92/51/EWG etablierte ein weiteres Schutzsystem, welches über dasjenige des Ersten Allgemeinen Systems, das durch die Richtlinie 89/48/EWG eingeführt wurde, hinausging. Sein Anwendungsbereich erstreckte sich auf die Besteigung der Hindernisse für eine weitere Kategorie von Berufen, und zwar für diejenigen Ausbildungsgänge, die eine kürzere, in bestimmten Fällen auch keine akademische, sondern eine sonstige, z.B. etwa fachschulische Ausbildung voraussetzen und die nicht Gegenstand der Richtlinie 89/48/EWG waren.[259] Obwohl als ergänzende Regelung erlassen, trug die Richtlinie 92/51/EWG auch dazu bei, die weiteren Berufe/Berufsqualifikationen in den Schutz der Niederlassungsfreiheit einzubeziehen.

Diese Richtlinie wurde – ebenso wie die Richtlinie 89/48/EWG – durch die Richtlinie 2005/36/EG des Europäischen Parlaments und des Rates vom 7. September 2005 über die Anerkennung von Berufsqualifikationen aufgehoben.

---

255 Erwägungsgrund 9 der Richtlinie 92/51/EWG.

256 Erwägungsgrund 5 der Richtlinie 92/51/EWG.

257 Erwägungsgrund 18 der Richtlinie 92/51/EWG.

258 Art. 2 der Richtlinie 92/51/EWG.

259 *Tiedje* in *von der Groeben/Schwarze/Hatje*, Europäisches Unionsrecht, Art. 53 AEUV, Rn. 77.

6. Richtlinie 98/5/EG des Europäischen Parlaments und Rates vom 16. Februar 1998 zur Erleichterung der ständigen Ausübung des Rechtsanwaltsberufs in einem anderen Mitgliedstaat als dem, in dem die Qualifikation erworben wurde

Diese Richtlinie[260] soll die ständige Ausübung des Rechtsanwaltsberufs als Selbständiger oder abhängig Beschäftigter in einem anderen Mitgliedstaat als dem, in dem die Berufsqualifikation erworben wurde, erleichtern.[261] Aus den Erwägungsgründen 14 und 15 ergeben sich der Regelungszweck und das Ziel dieser Richtlinie. Die Richtlinie geht von dem Prinzip aus, Rechtsanwälten nicht nur zu gestatten, in einem anderen Mitgliedstaat unter der ursprünglichen Berufsbezeichnung tätig zu sein, sondern erleichtert es ihnen darüber hinaus, die entsprechende Berufsbezeichnung des Aufnahmestaats zu erlangen.

Die wichtigste Rechtsfolge der Richtlinie befindet sich im Art. 2, nach welchem jeder Rechtsanwalt das Recht hat, die in Art. 5 genannten Anwaltstätigkeiten auf Dauer in jedem anderen Mitgliedstaat unter seiner ursprünglichen Berufsbezeichnung auszuüben. Im Kern wird der Rechtsanwalt, der unter seiner ursprünglichen Berufsbezeichnung tätig ist und eine mindestens dreijährige effektive und regelmäßige Tätigkeit im Aufnahmestaat im Recht dieses Mitgliedstaats, einschließlich des Gemeinschaftsrechts, nachweist, für den Zugang zum Rechtsanwaltsberuf im Aufnahmestaat von den in Art. 4 Absatz 1 Buchstabe b) der Richtlinie 89/48/EWG vorgesehenen Voraussetzungen freigestellt.[262] Praktisch nimmt die Richtlinie an, dass nach dreijähriger effektiver und regelmäßiger Tätigkeit im Aufnahmestaat erwartet werden kann, dass der betreffende Rechtsanwalt die erforderliche Eignung erworben hat, um sich voll in den Berufsstand des Aufnahmestaats zu integrieren.[263] Er kann somit, unter Berufung auf die Richtlinie 89/48/EWG jederzeit die Anerkennung seines Diploms beantragen, um zum Rechtsanwaltsberuf im Aufnahmestaat zugelassen zu werden und ihn unter der entsprechenden Berufsbezeichnung dieses Mitgliedstaats auszuüben.[264] Für den Fall, dass der Rechtsanwalt im Recht des Aufnahmestaats jedoch nur während eines kürzeren Zeitraums tätig

---

260 Richtlinie 98/5/EG des Europäischen Parlaments und Rates vom 16. Februar 1998 zur Erleichterung der ständigen Ausübung des Rechtsanwaltsberufs in einem anderen Mitgliedstaat als dem, in dem die Qualifikation erworben wurde, Amtsblatt der Europäischen Gemeinschaften, L 77/36 vom 14.03.1998, verfügbar unter https://eur-lex.europa.eu/legal-content/DE/TXT/PDF/?uri=CELEX:31998L0005&from=DE, abgerufen am 05.02.2022.

261 Art. 1, Abs. 1 der Richtlinie 98/5/EG.

262 Art. 10, Abs. 1 der Richtlinie 98/5/EG.

263 Erwägungsgrund 14 der Richtlinie 98/5/EG.

264 Art. 10, Abs. 2 der Richtlinie 98/5/EG.

war, kann er bei der zuständigen Stelle dieses Mitgliedstaats die Zulassung zum Rechtsanwaltsberuf im Aufnahmestaat und das Recht erlangen, diesen unter der entsprechenden Berufsbezeichnung dieses Mitgliedstaats auszuüben, ohne dass die Voraussetzungen der Richtlinie 89/48/EWG Art. 4 Absatz 1 Buchstabe b) auf ihn Anwendung finden.[265] Dafür gelten Sonderbestimmungen des Art. 10 Abs. 3 lit. a. und b.

Zusammen mit der Richtlinie 89/48/EWG erleichtert die Richtlinie 98/5/EG die Ausübung des Rechtsanwaltsberufs innerhalb der Europäischen Union und trägt zur Verwirklichung der Niederlassungsfreiheit bei. Wenn man sich vor Augen führt, dass noch vor ein paar Jahrzehnten nicht vorstellbar war, dass ein deutscher Rechtsanwalt seine Tätigkeit in Schweden, Österreich oder heute sogar in Slowenien oder Kroatien anerkennen und ausüben kann, zeigt sich die überragende Bedeutung dieser Richtlinie.

265 Art. 10, Abs. 3 der Richtlinie 98/5/EG.

7. Richtlinie 2005/36/EG des Europäischen Parlaments und des Rates vom 7. September 2005 über die Anerkennung von Berufsqualifikationen

Diese Richtlinie[266] setzt die Ausübung der Niederlassungsfreiheit praktisch um. Sie regelt die Anerkennung von in anderen Mitgliedstaaten erworbenen Berufsqualifikationen durch die Mitgliedstaaten. Die Richtlinie legt die Vorschriften fest, nach denen der Aufnahmemitgliedstaat die im Herkunftsmitgliedstaat erworbenen Berufsqualifikationen anerkennt, die ihren Inhaber berechtigen, dort denselben Beruf auszuüben.[267] Sie bezieht sich auf den Zugang zu einem reglementierten Beruf oder einer beruflichen Tätigkeit oder eine Gruppe beruflicher Tätigkeiten, bei der die Aufnahme oder Ausübung oder eine der Arten der Ausübung direkt oder indirekt durch Rechts- und Verwaltungsvorschriften an den Besitz bestimmter Berufsqualifikationen gebunden ist.[268]

„Die Richtlinie gilt für alle Staatsangehörigen eines Mitgliedstaats, die als Selbstständige oder abhängig Beschäftigte, einschließlich der Angehörigen der freien Berufe, einen reglementierten Beruf in einem anderen Mitgliedstaat als dem, in dem sie ihre Berufsqualifikationen erworben haben, ausüben wollen".[269] Jeder Mitgliedstaat kann in seinem Hoheitsgebiet nach Maßgabe seiner Vorschriften den Staatsangehörigen der Mitgliedstaaten, die eine Berufsqualifikation gemäß Art. 3 Abs. 1 Buchstabe a vorweisen können, die nicht in einem Mitgliedstaat erworben wurde, die Ausübung eines reglementierten Berufs gestatten. Für die Berufe in Titel III Kapitel III erfolgt diese erste Anerkennung unter Beachtung der dort genannten Mindestanforderungen an die Ausbildung.[270]

Systematisch enthält Kapitel I die allgemeinen Regelungen für die Anerkennung von Ausbildungsnachweisen, insbesondere diejenigen zum Anwendungsbereich des Kapitels (Art. 10), Qualifikationsniveaus (Art. 11), Anerkennungsbedingungen (Art. 13). Kapitel II regelt die Bestimmungen über die Anerkennung der Berufserfahrung, während Kapitel III die Anerkennung auf der Grundlage der Koordinierung der Mindestanforderungen an die Ausbildung regelt. Im Prinzip wird durch die Richtlinie das Prinzip der gegenseitigen Anerkennung eingeführt für eine begrenzte Zahl von Berufen auf der Grundlage harmonisierter Mindestanforderungen an die Berufsausbildung, ein allgemeines System zur Anerkennung von

266 Richtlinie 2005/36/EG des europäischen Parlaments und des Rates vom 7. September 2005 über die Anerkennung von Berufsqualifikationen, Amtsblatt der Europäischen Union, L 255/22 vom 30.09.2005, verfügbar unter: https://eur-lex.europa.eu/LexUriServ/LexUriServ.do?uri=OJ:L:2005:255:0022:0142:DE:PDF, abgerufen am 05.02.2022.

267 Art. 1 der Richtlinie 2005/36/EG.

268 Art. 2, Abs. 1, lit. a der Richtlinie 2005/36/EG.

269 Art. 2, Abs. 1 der Richtlinie 2005/36/EG.

270 Art. 2 Abs. 2. der Richtlinie 2005/36/EG.

Ausbildungsnachweisen und eine automatische Anerkennung von Berufserfahrung vorgesehen. Es wird ein neues System des freien Dienstleistungsverkehrs geschaffen und unter Titel III die besonderen Regelungen über die Niederlassungsfreiheit, v.a. die allgemeinen Regelungen für die Anerkennung von Ausbildungsnachweisen niedergelegt. Somit wurden weitere Normen für die Ausübung der wirtschaftlichen Tätigkeiten innerhalb des Europäischen Raumes ohne Beschränkungen eingeführt.

Die Anerkennung von Berufsqualifikationen spielt für die Niederlassungsfreiheit eine überragend wichtige Rolle, da dieses Prinzip v.a. die diskriminierungsfreie Eingliederung in das Wirtschaftsleben eines anderen EU-Mitgliedstaates ermöglicht. Die Anerkennung von Berufsqualifikationen dient der Erreichung der weiteren Ziele des Binnenmarkts. Insofern, als die EU-Bürger ihre in ihren Heimatsländern erworbenen Qualifikationen überall innerhalb des Binnenmarkts anerkennen lassen können und aufgrund dessen ihre Berufstätigkeiten in jedem EU-Land ihrer Wahl ausüben können, kann man an dieser Stelle auch von einer Standortwahlfreiheit sprechen, die einem der Ziele der Niederlassungsfreiheit entspricht. Diese Richtlinie wurde durch Richtlinie 2013/55/EU des Europäischen Parlaments und des Rates vom 20. November 2013 zur Änderung der Richtlinie 2005/36/EG über die Anerkennung von Berufsqualifikationen und der Verordnung (EU) Nr. 1024/2012 über die Verwaltungszusammenarbeit mit Hilfe des Binnenmarkt-Informationssystems („IMI-Verordnung") modernisiert und aktualisiert.

8. Richtlinie 2006/123/EG des Europäischen Parlaments und des Rates vom 12. Dezember 2006 über Dienstleistungen im Binnenmarkt

Die im Jahr 2006 erlassene Dienstleistungsrichtlinie RL 2006/123/EG über Dienstleistungen im Binnenmarkt[271] findet in ihrem Anwendungsbereich als Sekundärrecht Anwendung auf die Niederlassungsfreiheit der Dienstleistungserbringer.[272] Ihre Grundlagen beruhen auf der Rechtsprechung des EuGH zur Niederlassungsfreiheit und zur Dienstleistungsfreiheit.[273] Ziel der Richtlinie ist „die Schaffung eines Rechtsrahmens, der die Niederlassungsfreiheit und den freien Dienstleistungsverkehr zwischen den Mitgliedstaaten garantiert"[274] sowie „die Beseitigung

271 Richtlinie 2006/123/EG des Europäischen Parlaments und des Rates vom 12. Dezember 2006 über Dienstleistungen im Binnenmarkt, Amtsblatt der Europäischen Union, L 376/36 vom 27.12.2006, verfügbar unter: https://eur-lex.europa.eu/LexUriServ/LexUriServ.do?uri=OJ:L:2006:376:0036:0068:de:PDF.

272 *Müller-Graff* in *Streinz*, EUV/AEUV, Art. 49 AEUV, Rn. 7.

273 Handbuch zur Umsetzung der Dienstleistungsrichtlinie, Dienststellen der Kommission, 2007, S. 7, verfügbar unter: https://op.europa.eu/de/publication-detail/-/publication/a4987fe6-d74b-4f4f-8539-b80297d29715.

274 Erwägungsgrund 12 der Richtlinie 2006/123/EG.

von Beschränkungen der Niederlassungsfreiheit von Dienstleistungserbringern in den Mitgliedstaaten und für den freien Dienstleistungsverkehr zwischen den Mitgliedstaaten".[275]

Die Richtlinie enthält allgemeine Bestimmungen, die die Ausübung der Niederlassungsfreiheit durch Dienstleistungserbringer sowie den freien Dienstleistungsverkehr erleichtern sollen. Sie regelt aber nicht die Liberalisierung von Dienstleistungen von allgemeinem wirtschaftlichem Interesse, die öffentlichen oder privaten Einrichtungen vorbehalten sind, noch die Privatisierung öffentlicher Einrichtungen, die Dienstleistungen erbringen. Durch diese Richtlinie werden aber weder die Abschaffung von Dienstleistungsmonopolen noch die von den Mitgliedstaaten gewährten Beihilfen, die unter die gemeinschaftlichen Wettbewerbsvorschriften fallen, berücksichtigt. Darüber hinaus schränkt diese Richtlinie nicht die Rechte der Mitgliedstaaten ein, im Einklang mit dem Gemeinschaftsrecht festzulegen, welche Leistungen sie als von allgemeinem wirtschaftlichem Interesse erachten, wie diese Dienstleistungen unter Beachtung der Vorschriften über staatliche Beihilfen organisiert und finanziert werden und schließlich welchen spezifischen Verpflichtungen sie unterliegen sollten.

Gemäß Art. 2 gilt diese Richtlinie für Dienstleistungen, die von einem in einem Mitgliedstaat niedergelassenen Dienstleistungserbringer angeboten werden.[276] Obwohl der Titel der Richtlinie nur den Dienstleistungsbereich umfasst, ist sie auch für die Weiterentwicklung und Umsetzung der Ziele der Niederlassungsfreiheit von Bedeutung. Die Art. 9 bis 15 enthalten Regelungen zur unternehmerischen Niederlassungsfreiheit, d.h. Situationen, in denen ein Dienstleistungsunternehmen ein neues Unternehmen gründen oder eine Niederlassung eröffnen möchte.[277] Art. 9 der Richtlinie normiert, dass die Mitgliedstaaten die Aufnahme und die Ausübung der Niederlassungsfreiheit der Dienstleistungserbringer nur dann Genehmigungsregelungen unterwerfen dürfen, wenn bestimmte Voraussetzungen erfüllt sind. Insbesondere dürfen die Genehmigungsregelungen für den betreffenden Dienstleistungserbringer nicht diskriminierend sein.[278] Art. 14 Ziff. 1 enthält ein ausdrückliches Diskriminierungsverbot, nach dem direkte und indirekte Diskriminierungen aufgrund der Staatsangehörigkeit, bzw. des Unternehmenssitzes verboten sind.[279] Weiterhin sind Beschränkungen der Wahlfreiheit des

---

275 Erwägungsgrund 116 der Richtlinie 2006/123/EG.

276 Art. 2, Abs. 2 der Richtlinie 2006/123/EG listet die Tätigkeiten auf die die Richtlinie keine Anwendung findet. Aus dem Anwendungsbereich ist, gem. Abs. 3. der Richtlinie, auch das Steuergebiet ausgenommen.

277 Handbuch zur Umsetzung der Dienstleistungsrichtlinie, Dienststellen der Kommission, 2007, S. 28, verfügbar unter: https://op.europa.eu/de/publication-detail/-/publication/a4987fe6-d74b-4f4f-8539-b80297d29715 8, abgerufen am 05.02.2022.

278 Art. 9, Abs. 1, Lit. a–c. der Richtlinie 2006/123/EG.

279 S. auch dazu: Handbuch zur Umsetzung der Dienstleistungsrichtlinie, Dienststellen der Kommission, 2007, S. 34, verfügbar unter: https://op.europa.eu/de/publicat

Dienstleistungserbringers zwischen einer Hauptniederlassung und einer Zweitniederlassung verboten. Nach Art. 15 der Richtlinie prüfen die Mitgliedstaaten, ob ihre Rechtsordnungen die in der Richtlinie vorgesehenen Anforderungen erfüllen und stellen sicher, dass diese Anforderungen erfüllt sind.

Seit der Richtlinie des Rates vom 25. Februar 1964 (64/225/EWG) ist diese Richtlinie die erste „große" Regelungsmaßnahme – jedoch mit eingeschränkter Wirkung. Die Richtlinie trägt auch zur Verwirklichung der Ziele und des Normzwecks der Niederlassungsfreiheit bei und ist demensprechend ein wichtiges Instrument zur Konkretisierung der primärrechtlichen Bestimmungen.

Da weiterhin eine große Zahl von Dienstleistungen von der Richtlinie ausgenommen sind, wäre für die weitere Entwicklung die Schaffung einer stringenteren und mit weniger Ausnahmen vorgesehenen unionsrechtlichen Regelung wünschenswert. Dies würde aber eine gegenwärtig nicht vorhandene hohe Kompromissbereitschaft der Mitgliedstaaten erfordern. Die Richtlinie wurde auch insoweit kritisiert, als nach wie vor die Mitgliedstaaten nicht unerhebliche Möglichkeiten haben, an niederlassungswilligen Unternehmen Anforderungen zu stellen, die „schwere Hindernisse für die Niederlassungsfreiheit sein können".[280]

9. Richtlinie 2012/17/EU des Europäischen Parlaments und des Rates vom 13. Juni 2012 zur Änderung der Richtlinie 89/666/EWG des Rates sowie der Richtlinien 2005/56/EG und 2009/101/EG des Europäischen Parlaments und des Rates in Bezug auf die Verknüpfung von Zentral-, Handels- und Gesellschaftsregistern

Diese Änderungsrichtlinie[281] führt u.a. eine Plattform zur Vernetzung der nationalen Unternehmensregister ein. Gem. § 4a der Richtlinie 2009/101/EG wird eine zentrale Europäische Plattform errichtet. Allerdings ist der Aufbau eines zentralen

---

ion-detail/-/publication/a4987fe6-d74b-4f4f-8539-b80297d29715, abgerufen am 17.01.2022.

280 Handbuch zur Umsetzung der Dienstleistungsrichtlinie, Dienststellen der Kommission, 2007, S. 38, verfügbar unter: //op.europa.eu/de/publication-detail/-/publication/a4987fe6-d74b-4f4f-8539-b80297d29715 8, abgerufen am 05.02.2022.

281 Richtlinie 2012/17/EU des Europäischen Parlaments und des Rates vom 13. Juni 2012 zur Änderung der Richtlinie 89/666/EWG des Rates sowie der Richtlinien 2005/56/EG und 2009/101/EG des Europäischen Parlaments und des Rates in Bezug auf die Verknüpfung von Zentral-, Handels- und Gesellschaftsregistern, Amtsblatt der Europäischen Union, L 156/1 vom 16.06.2012, verfügbar unter: https://eur-lex.europa.eu/LexUriServ/LexUriServ.do?uri=OJ:L:2012:156:FULL:DE:PDF, abgerufen am 05.02.2022.

Registers auf der EU-Ebene mit dieser Richtlinie nicht geplant.[282] Die Richtlinie errichtet eine zentrale Europäische Plattform (Art. 4a der Änderungsrichtlinie). Gemäß der gleichen Bestimmung besteht das System der Registervernetzung aus den Registern der Mitgliedstaaten, der Plattform und dem Portal, das als europäischer Zugangspunkt für den elektronischen Zugang dient.

In Deutschland wurde die BRIS-RL erst durch Gesetz vom 22.12.2014 mit Einführung des § 9b HGB umgesetzt. Leider ist mit der Richtlinie kein zentrales Unternehmensregister eingeführt, das auf EU-Ebene als maßgebliches Hauptregister dienen würde. Es bleibt zu hoffen, dass künftige Änderungen der Richtlinie oder eine ganz neue EU-Gesetzgebung ein solches Register etablieren werden.

10. Diskussionen über einem weiteren Harmonisierungsbedarf der Niederlassungsfreiheit

In der juristischen Literatur wie in der Praxis werden seit Jahren viele Diskussionen über den Harmonisierungsbedarf in dem Bereich der Niederlassungsfreiheit geführt. Die Idee einer Vollharmonisierung stammt aus den 70-er Jahren und wurde nie komplett umgesetzt. Die bislang letzte Änderung des Sekundärrechts erfolgte durch das sog. „Company law package", welches das Europäische Parlament am 18.04.2019 erlassen hat. Dadurch wurden zwei Richtlinien (eine zur Einführung digitaler Werkzeuge und Verfahren im Gesellschaftsrecht, die andere zu grenzüberschreitenden Umwandlungen, Verschmelzungen und Spaltungen), die den aktuellen Stand der Rechtsprechung des EuGH kodifizieren, erlassen. In Kraft getreten sind diese Richtlinien jeweils 20 Tage nach ihrer amtlichen Veröffentlichung, sind aber von den Mitgliedstaaten innerhalb von zwei Jahren (Richtlinie zur Digitalisierung) bzw. drei Jahren (Richtlinie über grenzüberschreitende Umwandlungen) umzusetzen. Die beiden Richtlinien wurden kurz nach dem, in den wissenschaftlichen Kreisen und in der Praxis, viel diskutierten *Polbud* Urteil erlassen. Da die Richtlinie zu grenzüberschreitenden Umwandlungen, Verschmelzungen und Spaltungen praktisch das Urteil *Polbud* in das Sekundärrecht umgesetzt hat, werden die beiden Richtlinie direkt nach der Analyse des *Polbud* Urteils dargestellt und kommentiert.

Darüber hinaus: Eine weitere Konkretisierung und Ausweitung des Allgemeinen Programmes zur Aufhebung der Beschränkungen der Niederlassungsfreiheit innerhalb der Europäischen Wirtschaft wäre wünschenswert. Sie würde einen weiteren Baustein zur Etablierung des niederlassungsrechtlichen Systems innerhalb der Union darstellen. Außerdem wäre eine Evaluierung der Richtlinie 2006/123/EG des Europäischen Parlaments und des Rates vom 12. Dezember 2006 über Dienstleistungen im Binnenmarkt zu begrüßen. Insbesondere wäre es wichtig, weitere

282 *Kindler in* Münchener Kommentar zum BGB, Teil 10. Internationales Handels- und Gesellschaftsrecht [Kaufleute, Juristische Personen und Gesellschaften], Rn. 31.

Dienstleistungen in den Anwendungsbereich der Richtlinie aufzunehmen und die Anzahl der Dienstleistungen, die von der Richtlinie ausgenommen sind zu reduzieren. Außerdem wäre auch eine Evaluierung der Anforderungen, die seitens der Mitgliedstaaten niederlassungswilligen Unternehmen auferlegt werden, notwendig. Angesichts der geübten Kritik an diesen Maßnahmen wäre es wünschenswert, wenn diese überprüft und eventuelle, die Niederlassungsfreiheit behindernden oder einschränkenden Maßnahmen, angepasst und flexibler gestalten würden.

V. Rechtliche Konstellationen in der praktischen Ausübung der Niederlassungsfreiheit innerhalb des Binnenmarkts durch Unternehmen

1. Darstellung der Problematik

Eine reibungslose und von rechtlichen Hemmnissen freie Ausübung der Niederlassungsfreit in der aktuellen Gestaltung ist für europäische Gesellschaften nicht unproblematisch. Einer der Gründe dafür ist das Spannungsverhältnis zwischen den unionsrechtlichen normativen Bestimmungen auf dem Gebiet der Grundfreiheiten und den nationalen Rechtssystemen der jeweiligen Mitgliedstaaten, welches zu praktischen Schwierigkeiten in der Ausübung dieser Freiheit führt. Dies verwundert nicht, weil sich die vorhandenen Unterschiede als logische Konsequenz des rechtlichen Zusammenspiels verschiedener nationaler Rechtsysteme darstellen.

Die unionsrechtlichen Grundfreiheiten (und somit auch die Niederlassungsfreiheit) richten sich auf die Verwirklichung ihrer jeweiligen Zielsetzungen im Wege einer negativen Integration. Die Grundfreiheiten bedeuten überdies für die natürlichen sowie juristischen Personen, dass ihnen die Grundfreiheiten ein subjektives Recht gewährleisten, deren Anwendung auch nicht unter dem Vorbehalt einer Harmonisierung steht.[283] Folglich stellen die Grundfreiheiten für ihre Träger unmittelbar anwendbare subjektive Rechte dar.[284] Diese subjektiven Rechte ermächtigen die Wirtschaftsteilnehmer innerhalb der Union und, im Falle der unternehmerischen Niederlassungsfreiheit den niederlassungswilligen Unternehmen, ihre subjektiven Rechte vor ihren nationalen Gerichten in Anspruch zu nehmen.[285]

Auf der anderen Seite dieses Spannungsverhältnisses befinden sich die nationalen Rechtssysteme. Sie unterscheiden sich nicht nur bei der Ausgestaltung der Gesellschaftsrechtsnormen, sondern auch bei deren Kollisionsrecht.[286] Da die

283 *Müller-Graff* in *Streinz*, EUV/AEUV, Art. 49 AEUV, Rn. 2.

284 *Müller-Graff* in *Streinz*, EUV/AEUV, Art. 49 AEUV, Rn. 2.

285 *Kainer in* Frankfurter Kommentar EUV/GRC/AEUV, Art. 49 AEUV, Rn. 3.

286 *Kainer* in *Müller-Graff*, Europäisches Binnenmarkt- und Wirtschaftsordnungsrecht, § 49, Rn. 14.

Grundfreiheiten keine Harmonisierungspflicht setzen, sondern die nationalen Rechtsysteme praktisch in ihren unterschiedlichen Rechts- und Gestaltungsformen unangetastet lassen, führt dies dazu, dass die europäischen Grundfreiheiten im Rahmen 27 verschiedener nationaler Ausübungsmodalitäten ausgeübt werden. Besonderes bei der Ausübung der Niederlassungsfreiheit der Unternehmen entstehen dadurch Probleme. Dies ist insbesondere der Tatsache geschuldet, dass bei der Inanspruchnahme der Niederlassungsfreiheit die Normen des Gesellschaftsrechts primär einschlägig sind. Insoweit stellt sich das Problem, dass sich die nationalen Rechtssysteme bei der Frage, wie ein Unternehmen mit dem Rechtsystem des jeweiligen Staates verbunden ist, ebenso wesentlich unterscheiden wie bzw. bei der Frage, ob die einzelnen Mitgliedstaaten strengere oder mehr flexible Bindungsegeln in dieser Hinsicht vorsehen. Nach dem aktuellen Stand des europäischen Rechts sind die juristischen Personen und an dieser Stelle konkret die Gesellschaften Geschöpfe der nationalen Rechtssysteme. Es gibt aktuell keine auf der EU-Ebene unifizierte oder harmonisierte Regelung, die die Anknüpfungspunkte zwischen Gesellschaften und dem jeweiligen Mitgliedstaat normiert. Das bedeutet, dass sich die Gesetzgebung der Mitgliedstaaten im Bereich des Gesellschafsrechts zwischen den einzelnen Mitgliedstaaten rechtsqualitativ und rechtsquantitativ unterscheidet. Das ist darauf zurückzuführen, dass diese Regelungen auf verschiedenen rechtlichen Theorien beruhen, die unterschiedliche Anknüpfungspunkte im nationalen Rechtsystem vorsehen und zu unterschiedlichen Rechtsfolgen führen. Dieser Umstand und das immer noch bestehende Spannungsverhältnis zwischen der Niederlassungsfreiheit und den nationalen Rechtssystemen der jeweiligen Mitgliedstaaten ist bei der Frage der Wegzugs- und Zuzugskonstellationen im Rahmen der Ausübung der Niederlassungsfreiheit besonderes gut zu erkennen. Insbesondere ist dieses Problem bei den sog. Wegzugsrechten problematisch, da die Mitgliedstaaten immer noch über viel Gestaltungsspielraum verfügen. Diese Problematik wird im folgenden Abschnitt näher erörtert.

2. Problem der Marktzugangs- und Marktausgangskomponenten

a) Die Problematik

Die Marktzugangs- und Marktausgangskomponenten auf dem Gebiet der Grundfreiheiten bilden zusammen ein verbundenes und voneinander abhängiges System. Sie befinden sich in einer symbiotischen Korrelation und beide spielen eine gleich wichtige Rolle für die Verwirklichung des Binnenmarkts.[287] Dies ist auch logisch, denn es könnte keine Rede von einem vollendeten Binnenmarkt sein, wenn es den Mitgliedstaaten z.B. frei überlassen wäre, Hindernisse für den Marktausgang

287 *Kainer/Herzog*, EuR 2018, 405, S. 407.

aufzuerlegen.[288] Wie schon dargestellt wurde, ist für die unternehmerische Niederlassungsfreiheit eine diskriminierungsfreie und weitgehend beschränkungsfreie Eingliederung in das Rechtssystem des Aufnahmemitgliedstaates von überragender Bedeutung. Wenn es um das Beschränkungsverbot geht, ist bei der Niederlassungsfreiheit aber genauso wichtig, dass auch keine Behinderungen oder Beschränkungen seitens des Herkunftsstaates bestehen oder entstehen. Im Unterschied zu den Marktzugangsbehinderungen spricht man in diesem Fall von Wegzugsbeschränkungen, oder im weiteren Sinne auch vom Marktwegzugsbeschränkungen. Das bedeutet praktisch, dass beim Marktausgang (genauso wie beim Marktzugang) diskriminierende oder beschränkende Hindernisse/Maßnahmen des Herkunftsstaates mit der Niederlassungsfreit nicht vereinbar sind.

Diese Arbeit wird sich der Frage der Umwandlung der Niederlassungsfreiheit in eine Gesellschaftsrechtswahlfreiheit unter Berücksichtigung einer Wegzugskonstellation widmen. Maßgeblich berücksichtigt werden dabei das Motiv und die konkrete Geschäftsidee eines Unternehmens, das sich in einem anderen Mitgliedstaat niederlassen möchte.

Als Beispiel für diese Darstellung wird das Urteil *Polbud* analysiert, und zwar von der Perspektive, ob das Unternehmen bei dem konkreten grenzüberschreitenden niederlassungsrechtlichen Vorgang in dem Aufnahmemitgliedstaat Luxemburg eine wirkliche wirtschaftliche Tätigkeit auszuüben beabsichtigte. Dem Unternehmen *Polbud* wurde eine Wegzugsbeschränkung seitens seines Heimatsstaates Polen auferlegt, in der der EuGH eine Beeinträchtigung der Niederlassungsfreiheit sah. Diesem Aspekt wird sich diese Arbeit bei der Darstellung des Urteils unter C. III. 4. nicht näher widmen, denn die Leitsätze und Argumentation des EuGH dazu liegen auf der einheitlichen Linie mit seiner ständigen Rechtsprechung und korrespondieren mit der herrschenden Meinung in der juristischen Literatur. Zuvor wird, zum Zweck der vollständigen Darstellung der Problematik, das Konzept des Marktausgangs näher dargestellt.

b) Marktausgangshindernis durch die Rechtsprechung des EuGH am Beispiel des Dienstleistungsverkehrs und der Arbeitnehmerfreizügigkeit

An einer kohärenten Behandlung der Marktausgang- und Marktzugangskomponenten der Grundfreiheiten fehlt es immer noch.[289] Der EuGH behandelte in seiner Rechtsprechung deutlich häufiger Konstellationen, in denen der Marktzugang beschränkt wurde, als solche in denen Marktausgangsmaßnahmen im Mittelpunkt standen.[290] Wie sogleich gezeigt wird, hat aber der EuGH in seiner Rechtsprechung

288 *Kainer/Herzog*, EuR 2018, 405, S. 407.

289 *Kainer/Herzog*, EuR 2018, 405, S. 419.

290 *Kainer/Herzog*, EuR 2018, 405, S. 408.

zu dem Marktausgangselement auch die Maßnahmen des Herkunftsmitgliedstaates in der Wegzugskonstellationen unter den Schutzschirm der Grundfreiheiten genommen.[291]

aa) Alpine Investment

Die Rechtssache C-384/93 (Alpine Investments)[292] betraf die Auslegung des Art. 59 EWGV, der den freien Dienstleistungsverkehr normiert hatte. Hintergrund der Vorlagefrage vor dem EuGH war ein Rechtsstreit zwischen der Klägerin *Alpine Investments BV*, einer in den Niederlanden ansässige Gesellschaft niederländischen Rechts, die auf Warenterminverträge spezialisiert war, und dem niederländischen Ministerium der Finanzen. Der Klägerin wurde ein Verbot des sogenannten *„cold calling"* ausgesprochen. Dabei handelt es sich um eine Praxis, bei der mit Privatleuten ohne deren vorherige schriftliche Zustimmung telefonisch Kontakt aufgenommen wird, um ihnen verschiedene Finanzdienstleistungen anzubieten.[293] Die Klägerin sah darin eine Beschränkung ihrer Dienstleistungsfreiheit, so dass das vorlegende Gericht den EuGH fragte, ob das Verbot des *„cold calling"* in den Anwendungsbereich des Art. 59 EWGV fiel und wenn ja, ob dieses Verbot gleichwohl gerechtfertigt sein kann.[294]

Der EuGH wies in seiner Antwort zunächst darauf hin, dass der freie Dienstleistungsverkehr illusorisch wäre, wenn nationale Regelungen das Anbieten von Dienstleistungen nach Belieben behindern könnten.[295] Die in Art. 59 Abs. 1 EWGV verankerte Dienstleistungsfreiheit verbietet nicht nur Beschränkungen des freien Dienstleistungsverkehrs, die vom Staat des Leistungsempfängers auferlegt werden, sondern auch diejenigen, die vom Staat des Leistungserbringers stammen.[296] Einem Unternehmen ist somit gestattet, sich gegenüber dem Staat, in dem es seinen Sitz hat, auf den freien Dienstleistungsverkehr zu berufen, sofern die Leistungen an Leistungsempfänger erbracht werden, die in einem anderen Mitgliedstaat ansässig sind.[297]

---

291 *Kainer/Herzog*, EuR 2018, 405, S. 408.

292 EuGH, Urteil v. 10.05.1995, Rs. C-384/93 (Alpine Investments/Minister van Financiën), ECLI:EU:C:1995:126.

293 EuGH, Urteil v. 10.05.1995, Rs. C-384/93 (Alpine Investments/Minister van Financiën), ECLI:EU:C:1995:126, Rn. 2.

294 EuGH, Urteil v. 10.05.1995, Rs. C-384/93 (Alpine Investments/Minister van Financiën), ECLI:EU:C:1995:126, Rn. 16.

295 EuGH, Urteil v. 10.05.1995, Rs. C-384/93 (Alpine Investments/Minister van Financiën), ECLI:EU:C:1995:126, Rn. 19.

296 EuGH, Urteil v. 10.05.1995, Rs. C-384/93 (Alpine Investments/Minister van Financiën), ECLI:EU:C:1995:126, Rn. 30.

297 EuGH, Urteil v. 10.05.1995, Rs. C-384/93 (Alpine Investments/Minister van Financiën), ECLI:EU:C:1995:126, Rn. 30.

Die niederländische Regelung stellte somit eine Beschränkung des freien Dienstleistungsverkehrs im Sinne des Art. 59 EWGV dar.[298] Der EuGH prüfte somit auch nationale Maßnahmen, die das „Herkunftsunternehmen“ in ihrer Dienstleistungsfreiheit behinderten, an der Dienstleistungsfreiheit.

bb) Graf

Die Rechtssache *Graf*[299] betraf einen Rechtsstreit zwischen dem deutschen Staatsangehörigen Volker Graf und der *Filzmoser Maschinenbau GmbH* mit Sitz in Wels (Österreich). Herr Graf klagte gegen die *Filzmoser Maschinenbau GmbH* auf Zahlung einer Kündigungsabfindung gemäß § 23 des österreichischen Angestelltengesetzes, nachdem er den Arbeitsvertrag mit der Beklagten gekündigt hatte, um in Deutschland eine Arbeit aufzunehmen.[300] Das österreichische Vorlagegericht legte dem EuGH zur Vorabentscheidung die Frage vor, ob Art. 48 EGWV dem österreichischen Angestelltengesetzes entgegenstand, nach dem ein Arbeitnehmer, der Staatsangehöriger eines Mitgliedstaats ist, bei Beendigung seines Dienstverhältnisses nur deshalb keinen „Abfertigungsanspruch“ (d.i. Abfindungsanspruch) hat, weil er dieses Dienstverhältnis durch Kündigung selbst aufgelöst hat, um in einem anderen Mitgliedstaat eine unselbständige Tätigkeit auszuüben.[301] Der EuGH entschied, dass die Vertragsbestimmungen über die Freizügigkeit den Gemeinschaftsangehörigen die Ausübung beruflicher Tätigkeiten aller Art im Gebiet der Gemeinschaft erleichtern sollen und deshalb Maßnahmen entgegenstehen, die die Gemeinschaftsangehörigen benachteiligen könnten, wenn sie eine Erwerbstätigkeit in einem anderen Mitgliedstaat ausüben wollen.[302] Die Staatsangehörigen der Mitgliedstaaten haben das Recht, ihr Herkunftsland zu verlassen, um sich zur Ausübung einer Erwerbstätigkeit in einen anderen Mitgliedstaat zu begeben und sich dort aufzuhalten. Das bedeutet, dass auch unterschiedslos anwendbare Bestimmungen, die einen Staatsangehörigen eines Mitgliedstaats daran hindern oder davon abhalten, sein Herkunftsland zu verlassen, um von seinem Recht auf Freizügigkeit Gebrauch zu machen, Beeinträchtigungen dieser Freiheit darstellen, allerdings nur wenn sie den Zugang der Arbeitnehmer zum Arbeitsmarkt beeinflussen.[303] In diesem Fall war Herr Graf nicht gehindert den deutschen Arbeitsmarkt zu betreten. Schließlich entschied der EuGH, dass die österreichische nationale Abfindungsregelung mit der europäischen Arbeitnehmerfreizügigkeit vereinbar ist. Nach dem Urteil *Alpine Investments,* in dem der EuGH eine nationale

---

298 EuGH, Urteil v. 10.05.1995, Rs. C-384/93 (Alpine Investments/Minister van Financiën), ECLI:EU:C:1995:126, Rn. 39.

299 EuGH, Urteil v. 27.01.2000, Rs. C-190/98 (Graf), ECLI:EU:C:2000:49.

300 EuGH, Urteil v. 27.01.2000, Rs. C-190/98 (Graf), ECLI:EU:C:2000:49, Rn. 2.

301 EuGH, Urteil v. 27.01.2000, Rs. C-190/98 (Graf), ECLI:EU:C:2000:49, Rn. 12.

302 EuGH, Urteil v. 27.01.2000, Rs. C-190/98 (Graf), ECLI:EU:C:2000:49, Rn. 21.

303 EuGH, Urteil v. 27.01.2000, Rs. C-190/98 (Graf), ECLI:EU:C:2000:49, Rn. 23.

Regelung als Wegzugsbeschränkung erklärt hatte, entschied der Gerichtshof im Fall *Graf*, dass auch auf dem Gebiet der Arbeitnehmerfreizügigkeit nationale Maßnahmen die Wegzugfreiheit nicht beschränken dürfen.

3. Marktausgangskomponente der Niederlassungsfreiheit

a) Die Problematik

Die Marktausgangskomponente der Niederlassungsfreiheit erfuhr bislang weniger Aufmerksamkeit als die Marktzugangskomponente.[304] Traditionell ist bei der Untersuchung der Niederlassungsfreiheit der Schwerpunkt auf dem Element des Marktzugangs, bzw. bei der Frage, ob und wann eine Behinderung oder Beschränkung des Marktzugangs vorliegt. Es ist aber so, dass Maßnahmen des Herkunftsstaates genauso Hindernisse enthalten können, die in ihrem Ergebnis die Niederlassungsfreiheit eines aus dem Herkunftsstaat stammenden Unternehmens unterbinden, behindern oder weniger attraktiver machen können.

Die Marktausgangsbeschränkungen richten sich vor allem an eigene Staatsangehörige (oder im Falle der unternehmerischen Niederlassungsfreiheit an eigene Unternehmen), sodass eine unterschiedliche Behandlung im Hinblick auf das Bestimmungsziel oder den Auslandsbezug stattfindet.[305] Die Beschränkungen des Marktzugangs sind für den Binnenmarkt genauso gefährlich wie Maßnahmen des Aufnahmemitgliedstaates. Denn wenn ein Unternehmen in der Ausübung seiner Niederlassungsfreiheit auf Hindernisse stößt, dann ist es für das Unternehmen weniger von Bedeutung, ob diese Maßnahmen seitens seines „eigenen Landes", also des Herkunftsstaates, oder seitens des Aufnahmestaates stammen. Entscheidend ist vielmehr ihre Wirkung auf die Ausübung der Niederlassungsfreiheit und auf den Binnenmarkt. Eine von dem Wegzugstaat auferlegte Maßnahme an ein niederlassungswilliges Unternehmen kann in bestimmten Situationen den geplanten niederlassungsrechtlichen Vorgang erschweren oder sogar behindern. Es ist also die Frage, in welcher „Qualität" oder „Quantität" eine nationale Maßnahme behindernd wirkt.

---

304 *Kainer/Herzog*, EuR 2018, 405, Rn. 406. Auf dem Gebiet des freien Warenverkehres plädiert z.B. *Brigola* für eine „kongruente Konzeption der Marktzugangs- und Marktaustrittsbeschränkungen", dazu; A. Brigola, Die Figur der Marktaustrittsbeschränkungen als Korrelat der Figur der Marktzugangsbeschränkungen, EuZW, 2009, Rn. 479, Siehe auch: Brigola: Art. 35 AEUV von Groenveld bis New Valmar – Abschied eines Fremdkörpers im Gebäude des freien Warenverkehrs, EuZW 2017, S. 5.

305 *Kainer/Herzog*, EuR 2018, 405, Rn. 408.

b) Marktausgangshindernis bei der Ausübung der Niederlassungsfreiheit durch die Rechtsprechung des EuGH

Zu der inkonsequenten Rechtsprechung des EuGH bezüglich der Auslegung von Wegzug- und Zuzugsbeschränkungen der Niederlassungsfreiheit war der Generalanwalt *Maduro* in seinen Schlussanträgen in der Rechtssache *Cartesio* besonders kritisch. Er wies zunächst auf den unbefriedigenden Ansatz des EuGH zu der Frage, ob Wegzugs- und Zuzugsbeschränkungen unter den Schutzbereich der Niederlassungsfreiheit fallen, hin.[306] Er illustrierte dies mit dem Argument, dass sich diesbezüglich die Rechtsprechung in den Urteilen *Centros, Überseering* und *Inspire Art* von der Rechtsprechung im Urteil *Daily Mail und General Trust* wesentlich unterscheidet.[307] Denn der Gerichtshof wies in den Urteilen *Centros, Überseering* und *Inspire Art* das Argument zurück, dass nationale gesellschaftsrechtliche Vorschriften außerhalb des Geltungsbereichs der Regelungen liegen sollten, die der Vertrag zur Niederlassungsfreiheit enthält, was im Widerspruch zu dem im Urteil *Daily Mail* ausgesprochenen Ansatz steht, dass die Gründung und Existenz der Gesellschaften ausschließlich durch die jeweilige nationale Rechtsordnung der Mitgliedstaaten geregelt wird.[308]

Auch GA *Tizzano* wies in seinen Schlussanträgen zu den Urteil *SEVIC* ausdrücklich darauf hin, dass ein Mitgliedstaat nicht nur die Niederlassung ausländischer Wirtschaftsbeteiligter im Inland verhindern oder beschränken darf, sondern auch die Niederlassung inländischer Wirtschaftsbeteiligter in einem anderen Mitgliedstaat nicht behindern darf, so dass sowohl Beschränkungen des Zugangs zum nationalen Hoheitsgebiet als auch Beschränkungen des Weggangs aus diesem Gebiet verboten sind.[309]

In der bisherigen Praxis der grenzüberschreitenden Aktivitäten innerhalb der Union wurden verschiedene Konstellationen in der Ausübung der Niederlassungsfreiheit entwickelt. Der EuGH nahm eine Reihe dieser Geschäftsoperationen unter den „Schutzschirm" der primärrechtlichen Niederlassungsfreiheit. Einem anderen Teil versagte er aber den unionsrechtlichen Schutz. Die Analyse der Rechtsprechung wird zeigen, dass die Zuzugskonstellationen den niederlassungsrechtlichen Schutz genießen, dass aber bei Wegzugskonstellation immer noch den nationalen

306 EuGH, Schlussanträge des GA Maduro v. 22.05.2008, Rs. C-210/06 (Cartesio), ECLI:EU:C:2008:294, Rn. 27.

307 EuGH, Schlussanträge des GA Maduro v. 22.05.2008, Rs. C-210/06 (Cartesio), ECLI:EU:C:2008:294, Rn. 27.

308 EuGH, Schlussanträge des GA Maduro v. 22.05.2008, Rs. C-210/06 (Cartesio), ECLI:EU:C:2008:294, Rn. 27.

309 EuGH, Schlussanträge des GA Tizzano v. 07.07.2005, Rs. C-411/03 (SEVIC), ECLI:EU:C:2005:437, Rn. 45.

Rechtsordnungen die letztliche Bestimmung der notwendigen Anknüpfungspunkte überlassen ist.[310]

In diesem Zusammenhang stellt sich die Frage, warum einem Unternehmen ein formwahrender Wegzug untersagt werden darf, eine grenzüberschreitende Verlegung des Sitzes unter Änderung des Gesellschaftsstatus als Zuzugskonstellation aber nicht. In der Literatur wird diese unterschiedliche Handhabung damit begründet, dass es an einer einheitlichen unionsrechtlichen Definition der Gesellschaften fehle, so dass die Mitgliedstaaten frei in der Bestimmung sind, welche Anknüpfungspunkte für ein Unternehmen und die Beibehaltung seines Status erforderlich sind.[311] Eine grenzüberschreitend-identitätswahrende Umwandlung einer Gesellschaft ist dagegen durch die Niederlassungsfreiheit geschützt, da allein der Zuzugsstaat über die rechtliche Existenz entscheiden darf.[312] Das *National Grid Indus BV* Urteil zeigt eine Konstellation wie eine nationale Maßnahme, die die Sitzverlegung eines in einem Herkunftsmitgliedstaat ansässigen Unternehmens erschwert, gegen die Niederlassungsfreiheit verstößt.

aa) National Grid Indus BV[313]

Das *National Grid Indus BV* Urteil betraf die Auslegung des Art. 49 AEUV im Rahmen eines Rechtsstreits zwischen der *National Grid Indus*, einer Gesellschaft nach niederländischem Recht mit satzungsmäßigem Sitz in den Niederlanden, und dem *Inspecteur van de Belastingdienst Rijnmond/kantoor Rotterdam* wegen der Besteuerung nicht realisierter Wertzuwächse beim Vermögen der Gesellschaft anlässlich der Verlegung ihres tatsächlichen Verwaltungssitzes in das Vereinigte Königreich.[314]

Das Unternehmen *National Grid Indus* wollte seinen tatsächlichen Verwaltungssitz in das Vereinigte Königreich verlegen. Nach Art. 4 Abs. 3 des Abkommens zur Vermeidung der Doppelbesteuerung und zur Verhinderung der Steuerhinterziehung, welches das Königreich der Niederlande und das Vereinigte Königreich Großbritannien und abgeschlossen haben, war vorgesehen, dass Unternehmen wie *National Grid Indus* ab der Verlegung ihres tatsächlichen Verwaltungssitzes als im Vereinigten Königreich ansässig betrachtet werden. Da *National Grid Indus* nach der Verlegung ihres Sitzes nicht mehr über eine Betriebsstätte im Sinne des Abkommens in den Niederlanden verfügte, kam die Befugnis zur Besteuerung des Unternehmensgewinns und der Vermögenserträge nach dieser Sitzverlegung

---

310 *Kainer/Herzog*, EuR 2018, 405, S. 413.

311 *Streinz*, in: Europarecht, Rn. 938.

312 *Kainer* in *Müller-Graff*, Europäisches Binnenmarkt- und Wirtschaftsordnungsrecht, § 49; *Kainer/Herzog*, EuR 2018, 405.

313 EuGH, Urteil v. 29.11.2011, Rs. C-371/10 (National Grid Indus), ECLI:EU:C:2011:785.

314 EuGH, Urteil v. 29.11.2011, Rs. C-371/10 (National Grid Indus), ECLI:EU:C:2011:785, Rn. 2.

nach den Art. 7 Abs. 1 und 13 Abs. 4 des Abkommens ausschließlich dem Vereinigten Königreich zu.[315] Trotz dieser Sitzverlegung erließ der *Inspecteur van de Belastingdienst Rijnmond/kantoor* Rotterdam gegen *National Grid Indus* einen Steuerbescheid, nach dem dieses Unternehmen einen nicht realisierten Kursgewinn versteuern musste.

Der Gerichtshof Amsterdam setzte das Verfahren aus und legte dem EuGH die Frage vor, ob sich *National Grid Indus* – wenn ihm anlässlich der Verlegung seines tatsächlichen Sitzes eine Schlussrechnungssteuer auferlegt wird – gegenüber diesem Mitgliedstaat auf Art. 43 EGV (jetzt Art. 49 AEUV) berufen darf.[316] Zudem fragte es, ob eine Schlussrechnungssteuer wie im vorliegenden Fall gegen die Niederlassungsfreiheit verstößt, oder ob sie durch die Notwendigkeit einer Aufteilung der Besteuerungsbefugnisse zwischen den Mitgliedstaaten gerechtfertigt werden kann.[317]

Der EuGH stellte fest, dass das Unternehmen *National Grid Indus* im Vergleich zu einer ähnlichen Gesellschaft, die ihren tatsächlichen Verwaltungssitz in den Niederlanden belässt, einen Liquiditätsnachteil erleidet, da die Verlegung seines tatsächlichen Verwaltungssitzes nach Großbritannien die sofortige Besteuerung der nicht realisierten Wertzuwächse beim verlegten Vermögen nach sich zog, während solche Wertzuwächse nicht besteuert werden, wenn eine solche Gesellschaft ihren Sitz innerhalb des niederländischen Hoheitsgebiets verlegt.[318] Die Wertzuwächse beim Vermögen einer Gesellschaft, die eine Sitzverlegung innerhalb des betreffenden Mitgliedstaats vornimmt, werden nur besteuert, wenn und soweit sie sich tatsächlich realisiert haben, so dass diese unterschiedliche Behandlung bei der Besteuerung der Wertzuwächse geeignet war, *National Grid Indus* davon abzuhalten, ihren Sitz nach Großbritannien zu verlegen.[319] Der EuGH legte aber den Art. 49 AEUV so aus, dass er der niederländischen Regelung nicht entgegenstand, wonach der Betrag der Steuer auf die nicht realisierten Wertzuwächse beim Vermögen einer Gesellschaft endgültig zu dem Zeitpunkt festgesetzt wird, zu dem die Gesellschaft aufgrund der Verlegung ihres tatsächlichen Verwaltungssitzes in einen anderen Mitgliedstaat aufhört, in dem ersten Mitgliedstaat steuerpflichtige Gewinne zu erzielen. Art. 49 AEUV stand aber der niederländischen Regelung

---

315 EuGH, Urteil v. 29.11.2011, Rs. C-371/10 (National Grid Indus), ECLI:EU:C:2011:785, Rn. 13.

316 EuGH, Urteil v. 29.11.2011, Rs. C-371/10 (National Grid Indus), ECLI:EU:C:2011:785, Rn. 21.

317 EuGH, Urteil v. 29.11.2011, Rs. C-371/10 (National Grid Indus), ECLI:EU:C:2011:785, Rn. 21.

318 EuGH, Urteil v. 29.11.2011, Rs. C-371/10 (National Grid Indus), ECLI:EU:C:2011:785, Rn. 37.

319 EuGH, Urteil v. 29.11.2011, Rs. C-371/10 (National Grid Indus), ECLI:EU:C:2011:785, Rn. 37.

entgegen, die die *sofortige* Einziehung der Steuer auf nicht realisierte Wertzuwächse bei den Vermögensgegenständen für den Fall seiner Sitzverlegung zum Zeitpunkt dieser Verlegung vorschrieb.[320]

Somit nahm der EuGH grundsätzlich an, dass eine nationale Maßnahme, die die Sitzverlegung eines in einem Herkunftsmitgliedstaat ansässigen Unternehmens erschwert, gegen die Niederlassungsfreiheit verstößt. In der Gesamtschau mit den Urteilen zur Arbeitnehmerfreizügigkeit und zur Dienstleistungsfreiheit weitete der EuGH den Schutzbereich der europäischen Grundfreiheiten somit auf Wegzugsbeschränkungen aus. Sitzverlegungen im Rahmen von Wegzugs- und Zuzugskonstellationen werden in den folgenden Abschnitten besonderes untersucht, da der EuGH bei diesen zwei Konstellationen nicht den gleichen Auslegungskurs verfolgt.

bb) Polbud

Das in dieser Arbeit extensiv diskutierte und kritisierte Urteil *Polbud* (dazu unter C, III, 4) bietet ein sehr gutes Beispiel für eine Wegzugsbehinderungsmaßnahme. An dieser Stelle konzentriert sich die Untersuchung auf die beschränkende Maßnahme des polnischen Staates und nicht auf andere Aspekten dieses Falles, die später im Rahmen der zentralen Fragestellungen näher untersucht werden.

Das polnische Unternehmen *Polbud*, beabsichtigte seinen Gesellschaftssitz nach Luxemburg zu verlegen und stellte beim Registergericht Polens einen Antrag auf Löschung im polnischen Handelsregister mit der Begründung, dass dieses Unternehmen seinen Gesellschaftssitz nach Luxemburg verlegt hat. Das polnische Gericht lehnte den Antrag auf Löschung der Gesellschaft aus dem polnischen Handelsregister mit der Begründung ab, dass *Polbud* zuvor im polnischen Handelsregister nicht gelöscht und aufgelöst wurde. Nach polnischen Gesellschaftsrecht war eine Löschung aus dem Handelsregister von der vorherigen Durchführung eines ordnungsgemäßen Liquidationsverfahrens abhängig.

Konkret sah Art. 270 des polnischen Kodeks spółek handlowych (Gesetzbuch über die Handelsgesellschaften, im Folgenden: KSH) vom 15. September 2000 in geänderter Fassung (Dz. U. 2013, Nr. 1030) vor, dass die Gesellschaft durch einen Beschluss der Gesellschafter über die Auflösung der Gesellschaft oder über die Verlegung des Sitzes der Gesellschaft ins Ausland aufgelöst wird. Gem. Art. 272 KSH erfolgt die Auflösung der Gesellschaft nach Durchführung der Liquidation mit der Löschung der Gesellschaft im Register. Nach der Genehmigung der Abschlussbilanz durch die Gesellschafterversammlung (Liquidationsbericht) und nach der Beendigung des Liquidationsverfahrens wird diese Bilanz am Sitz der Gesellschaft bekanntgegeben und sie dem Registergericht zusammen mit dem Antrag auf Löschung der Gesellschaft vorgelegt (Art. 288 KSH). Auf der anderen

320 EuGH, Urteil v. 29.11.2011, Rs. C-371/10 (National Grid Indus), ECLI:EU:C:2011:785, Rn. 87.

Seite normierte Art. 19 § 1 des Ustawa z dnia 4 lutego 2011 r. – Prawo prywatne międzynarodowe (Gesetz vom 4. Februar 2011 betreffend das Internationale Privatrecht, im Folgenden: IPR-Gesetz)[321], dass „[d]urch die Verlegung des Sitzes in einen anderen Staat [...] eine juristische Person dem Recht dieses Staates unterstellt [wird]. Die Rechtspersönlichkeit nach den Vorschriften des Staates des bisherigen Sitzes bleibt erhalten, wenn das Recht aller betroffenen Staaten dies zulässt. Eine Verlegung des Sitzes innerhalb des Europäischen Wirtschaftsraums führt nicht zum Verlust der Rechtspersönlichkeit".[322] Nach diesem Gesetz ist also die Verlegung des Sitzes einer Gesellschaft polnischen Rechts von der Republik Polen in einen anderen EU-Mitgliedstaat möglich und führt nicht zum Verlust der Rechtspersönlichkeit. Für *Polbud* hieß dies praktisch, dass es seinen satzungsmäßigen Sitz ohne Verlust seiner Rechtspersönlichkeit von der Republik Polen nach Luxemburg verlegen konnte, allerdings konnte *Polbud* aus dem polnischen Handelsregister nur unter der Voraussetzung gelöscht werden, dass zuvor ein Liquidationsverfahren durchgeführt wurde.[323]

Im Unterschied zu den Vorinstanzen, die auf Einhaltung der oben genannten Normen zu dem Liquidationsverfahren bestanden, hatte das Sąd Najwyższy (Oberster Gerichtshof) Zweifel an die Unionrechtskonformität dieser Vorschriften. Konkret hatte der Polnische Oberste Gerichtshof Bedenken, ob die Niederlassungsfreiheit von *Polbud* durch diese Verpflichtungen des polnischen Gesellschaftsrechts nicht übermäßig beschränkt wird.[324] Angesichts der praktischen Rechtsfolgen der Liquidation, die für *Polbud* neben der Beendigung der laufenden Geschäfte und der Bezahlung der Forderungen der Gesellschaft, der Erfüllung der Verbindlichkeiten und der Verflüssigung des Gesellschaftsvermögens, der Befriedigung oder Absicherung der Gläubiger, der Erstellung eines Finanzberichts und der Benennung des Verwahrers der Bücher und Unterlagen der Gesellschaft bedeutete[325], sah der EuGH diese Maßnahme des polnischen nationalen Rechts als Beschränkung der Niederlassungsfreiheit. Die Bedingung, dass eine Löschung aus dem Handelsregister Polens erst nach Durchführung eines ordnungsgemäßen Liquidationsverfahrens möglich war, war nach der Argumentation des EuGH geeignet, die grenzüberschreitende Umwandlung des Unternehmens *Polbud* zu erschweren oder gar zu verhindern.[326]

Es bestand in diesem Fall nach Ansicht des EuGH auch keine Rechtfertigungsmöglichkeit. Der EuGH erinnerte an seine ständige Rechtsprechung, nach der eine Beschränkung der Niederlassungsfreiheit nur dann erlaubt ist, wenn sie

321 Dz. U. 2011, Nr. 80, Pos. 432.
322 EuGH, Urteil v. 25.10.2017, Rs. C-106/16 (Polbud), ECLI:EU:C:2017:804, Rn. 7.
323 EuGH, Urteil v. 25.10.2017, Rs. C-106/16 (Polbud), ECLI:EU:C:2017:804, Rn. 49.
324 EuGH, Urteil v. 25.10.2017, Rs. C-106/16 (Polbud), ECLI:EU:C:2017:804, Rn. 15.
325 EuGH, Urteil v. 25.10.2017, Rs. C-106/16 (Polbud), ECLI:EU:C:2017:804, Rn. 50.
326 EuGH, Urteil v. 25.10.2017, Rs. C-106/16 (Polbud), ECLI:EU:C:2017:804, Rn. 51.

durch zwingende Gründe des Allgemeininteresses gerechtfertigt ist, sie geeignet ist, die Erreichung des fraglichen Ziels zu gewährleisten und nicht über das hinausgeht, was zur Erreichung dieses Ziels erforderlich ist.[327] Die Regelung des polnischen Gesellschaftsrechts erfüllte diese Voraussetzungen nicht. Die polnischen Vorschriften setzten eine Verpflichtung zur Liquidation voraus, ohne dabei zu berücksichtigen, ob tatsächlich eine Gefahr für die Interessen der Gläubiger, der Minderheitsgesellschafter und/oder der Arbeitnehmer besteht, und ohne eine Möglichkeit vorzusehen, weniger einschneidende Maßnahmen zu wählen, durch die diese Interessen ebenso geschützt werden können.[328] Sie ging auch insoweit über dasjenige hinaus, was zu dem Schutz der Interessen der Gläubiger, der Minderheitsgesellschafter und der Arbeitnehmer erforderlich war.[329] Schließlich war die allgemeine Pflicht zur Durchführung eines Liquidationsverfahrens unverhältnismäßig, da sie einer allgemeinen Missbrauchsvermutung gleichkam.[330]

4. Grenzüberschreitende Vorgänge nach der EuGH-Rechtsprechung

In den folgenden Urteilen werden die unterschiedlichen Konstellationen der Ausübung der Niederlassungsfreiheit dargestellt. Zunächst wird die Rechtspraxis des EuGH zur Sitzverlegung analysiert und dabei gezeigt, wie nationale Wegzugsbeschränkungen in der Rechtsprechung des EuGH (*Daily Mail, Cartesio)* ausgelegt und bewertet werden. Umgekehrt wird die Analyse der Rechtsprechung auch die Zuzugskonstellation (*Centros, Überseering und Inspire Art*) darstellen und die Auslegung dieser Konstellationen seitens EuGH dazu erläutern. Im Anschluss daran werden grenzüberschreitenden Verschmelzungen (SEVIC Systems), Spaltungen und Umwandlungen (*Vale* und *Cartesio*) dargestellt und deren Auslegung in der Rechtsprechung des EuGH gezeigt.

a) Sitzverlegung bei Wegzugs- und Zuzugskonstellationen

Im Kontext der grenzüberschreitenden Niederlassungsfreiheit bezeichnet Sitzverlegung die Verlegung des satzungsmäßigen Sitzes einer Gesellschaft von einem Mitgliedstaat in einen anderes.[331] Die primäre Niederlassungsfreiheit schützt die Sitzverlegung. Allerdings ist die Rechtslage nicht einheitlich, wenn es um die Frage geht, ob Wegzugs- oder Zuzugskonstellationen vorliegen. Nach dem aktuellen Stand des europäischen Rechts werden zudem bei der Sitzverlegung die Zuzugs- und Wegzugsfreiheit nicht gleichbehandelt.[332] Grundsätzlich ist der Wegzug von

327 EuGH, Urteil v. 25.10.2017, Rs. C-106/16 (Polbud), ECLI:EU:C:2017:804, Rn. 52.

328 EuGH, Urteil v. 25.10.2017, Rs. C-106/16 (Polbud), ECLI:EU:C:2017:804, Rn. 58.

329 EuGH, Urteil v. 25.10.2017, Rs. C-106/16 (Polbud), ECLI:EU:C:2017:804, Rn. 59.

330 EuGH, Urteil v. 25.10.2017, Rs. C-106/16 (Polbud), ECLI:EU:C:2017:804, Rn. 64.

331 Zur grenzüberschreitenden und innenstaatlichen Sitzverlegung s. *Kindler in* Münchener Kommentar zum BGB, Band, Rn, 791.

332 *Kainer/Herzog*, EuR 2018, 405, S. 413; *Hobe*, Europarecht, Rn. 786.

der Niederlassungsfreiheit umgefasst, allerdings fallen bestimmte Elemente nicht unter den Schutzschirm der Niederlassungsfreiheit.

Es gibt aber noch eine weitere Unterscheidung. Man kann zwischen einer rechtsformwahrenden grenzüberschreitenden Sitzverlegung unterscheiden, bei welcher die Gesellschaft ihre Rechtsform beibehält (EuGH Fälle *Daily Mail* und *Cartesio*) und einer rechtsformwechselnden Sitzverlegung (Umwandlung).[333] Dabei wird eine rechtsformwahrende Sitzverlegung (präziser rechtsformwahrender Wegzug) nach dem Unionsrecht nicht geschützt, während eine grenzüberschreitende Sitzverlegung unter Änderung des Gesellschaftsstatus zulässig ist".[334] Diese unterschiedlichen Konstellationen werden durch die folgenden Urteile des EuGH illustriert.

aa) Wegzug – Daily Mail Urteil

Das *Daily Mail* Urteil[335] erging im Rahmen eines Rechtsstreits zwischen der Daily Mail and General Trust PLC (Klägerin) und dem britischen Finanzministerium. Die Klägerin beabsichtigte den Sitz ihrer Geschäftsleitung in den Niederlanden zu verlegen, aber unter Beibehaltung ihrer Rechtspersönlichkeit und ihres Rechtsstatus als eine britische Gesellschaft. In den Niederlanden wollte die Klägerin insbesondere Sitzungen der Geschäftsleitung abhalten und Büroräume für ihre Verwaltung anmieten. Motiv für diesen Vorgang waren die günstigeren steuerrechtlichen Regelungen, die in den Niederlanden galten. Die Klägerin wollte nämlich nach Errichtung des steuerlichen Sitzes in den Niederlanden einen erheblichen Teil der Papiere ihres Betriebsvermögens verkaufen und aus dem Erlös eigene Aktien zurückkaufen, ohne hierfür die Steuern entrichten zu müssen, die nach britischem Steuerrecht darauf zu zahlen wären.[336] Das britische Einkommen- und Körperschaftsteuergesetz 1970 verbat jedoch Gesellschaften mit steuerlichem Sitz im Vereinigten Königreich diesen Sitz ohne Zustimmung des Finanzministeriums aufzugeben. Das Finanzministerium verweigerte der Daily Mail and General Trust PLC seine Zustimmung. Die Klägerin erhob daraufhin Klage zum High Court of Justice, der schließlich den Fall dem EuGH vorlegte und insbesondere fragte, ob die Art. 52 und 58 EWG-Vertrag einer Gesellschaft, die nach dem Recht eines Mitgliedstaats gegründet ist und in diesem ihren satzungsmäßigen Sitz hat, das

---

333 S. dazu *Kainer* in *Müller-Graff*, Europäisches Binnenmarkt- und Wirtschaftsordnungsrecht, § 49.

334 *Hobe*, Europarecht, Rn. 786.

335 EuGH, Urteil v. 27.09.1988, Rs. C-81/87 (The Queen v Treasury and Commissioners of inland revenue, ex parte Daily Mail and General Trust PLC), ECLI:EU:C:1988:456.

336 EuGH, Urteil v. 27.09.1988, Rs. C-81/87 (The Queen v Treasury and Commissioners of inland revenue, ex parte Daily Mail and General Trust PLC), ECLI:EU:C:1988:456, Rn. 7.

Recht gewähren, den Sitz ihrer Geschäftsleitung in einen anderen Mitgliedstaat zu verlegen.[337]

Der EuGH entschied, dass die Art. 52 und 58 EWGV den Gesellschaften nationalen Rechts kein Recht gewähren, den Sitz ihrer Geschäftsleitung unter Bewahrung ihrer Eigenschaft als Gesellschaften des Mitgliedstaats ihrer Gründung in einen anderen Mitgliedstaat zu verlegen.[338] Die Entscheidung wurde durch erhebliche Unterschiede in nationalen Rechtsordnungen begründet. Der Ansicht des EuGH nach bestehen erhebliche Unterschiede im Recht der Mitgliedstaaten „hinsichtlich dessen, was für die Gründung einer Gesellschaft an Verknüpfung mit dem nationalen Gebiet erforderlich ist, wie hinsichtlich der Möglichkeit einer nach einem nationalen Recht gegründeten Gesellschaft, diese Verknüpfung nachträglich zu ändern“.[339] Der EuGH argumentierte, dass diese Unterschiede durch die niederlassungsrechtlichen Bestimmungen nicht gelöst sind, sondern eine Lösung im Wege der Rechtssetzung oder des Vertragsschlusses bedürfen.[340]

Mit diesem Urteil bliebe den Mitgliedstaaten die Möglichkeit, einen formwahrenden Wegzug zu verbieten und damit nicht gegen Primärrecht zu verstoßen. Gleichzeitig legte der EuGH die niederlassungsrechtlichen Bestimmungen sehr restriktiv aus.

bb) Formwahrender Wegzug – Cartesio

Im *Cartesio* Urteil[341] ging es um einen formwahrenden Wegzug. Eine nach ungarischem Recht gegründete Firma wollte ihren Sitz nach Italien verlegen und gleichzeitig ihren Status als eine ungarische Firma behalten. Das ungarische Recht erlaubte diesen Vorgang nicht. Es erging im Rahmen eines Rechtsmittels der Gesellschaft *Cartesio* gegen die Entscheidung, mit der ihr Antrag auf Eintragung der Verlegung ihres Sitzes nach Italien im Handelsregister abgelehnt worden war.

Der EuGH gab der ungarischen Auffassung Recht und führte aus: „[E]in Mitgliedstaat kann sowohl die Anknüpfung bestimmen, die eine Gesellschaft aufweisen muss, um als nach seinem innerstaatlichen Recht gegründet angesehen

337 EuGH, Urteil v. 27.09.1988, Rs. C-81/87 (The Queen v Treasury and Commissioners of inland revenue, ex parte Daily Mail and General Trust PLC), ECLI:EU:C:1988:456, Rn. 11.

338 EuGH, Urteil v. 27.09.1988, Rs. C-81/87 (The Queen v Treasury and Commissioners of inland revenue, ex parte Daily Mail and General Trust PLC), ECLI:EU:C:1988:456, Rn. 24, 25.

339 EuGH, Urteil v. 27.09.1988, Rs. C-81/87 (The Queen v Treasury and Commissioners of inland revenue, ex parte Daily Mail and General Trust PLC), ECLI:EU:C:1988:456, Rn. 20.

340 EuGH, Urteil v. 27.09.1988, Rs. C-81/87 (The Queen v Treasury and Commissioners of inland revenue, ex parte Daily Mail and General Trust PLC), ECLI:EU:C:1988:456, Rn. 23.

341 EuGH, Urteil v. 16.12.2008, Rs. C-210/06 (Cartesio), ECLI:EU:C:2008:723.

werden und damit in den Genuss der Niederlassungsfreiheit gelangen zu können, als auch die Anknüpfung, die für den Erhalt dieser Eigenschaft verlangt wird. Diese Befugnis umfasst die Möglichkeit für diesen Mitgliedstaat, es einer Gesellschaft seines nationalen Rechts nicht zu gestatten, diese Eigenschaft zu behalten, wenn sie sich durch die Verlegung ihres Sitzes in einen anderen Mitgliedstaat dort neu organisieren möchte und damit die Anknüpfung löst, die das nationale Recht des Gründungsmitgliedstaats vorsieht".[342]

Cartesio war praktisch die Bestätigung des *Daily Mail* Urteils. Das Urteil *Cartesio* erging aber nach einer Reihe von Urteilen des EuGH, die die Niederlassungsfreiheit breit ausgelegt haben. Der EuGH ging mit diesem Urteil ein Schritt zurück, soweit es um die Auslegungslinie dieser Grundfreiheit ging.

cc) Zuzug – Centros

Centros Ltd[343] war eine in England und Wales eingetragene „private limited company", die ihre Zweigniederlassung in Dänemark einzutragen beabsichtigte. Als eine Briefkastenfirma wurde *Centros* nach dem Recht des Vereinigten Königreichs gegründet, das keine Einzahlung eines Mindestgesellschaftskapitals vorschrieb. Nach der Gründung beabsichtigte dieses Unternehmen in Dänemark seine wirtschaftliche Tätigkeit dort auszuüben, wo auch die günstigeren Tätigkeitsbestimmungen herrschten. Die dänische Zentralverwaltung lehnte aber die Eintragung der Zweigniederlassung ab mit der Begründung, dass *Centros* damit die dänischen Vorschriften über die Einzahlung eines Mindestgesellschaftskapitals von 200 000 DKR umgehen würde.

Der EuGH gab *Centros* Recht und sah dessen geplanten Niederlassungsvorgang als durch die primärrechtliche Niederlassungsfreiheit geschützt an. Der EuGH begründete seine Ansicht mit dem Argument, dass der bloße Umstand, „dass eine Gesellschaft in dem Mitgliedstaat, in dem sie ihren Sitz hat, keine Geschäftstätigkeiten entfaltet und ihre Tätigkeit ausschließlich im Mitgliedstaat ihrer Zweigniederlassung ausübt, [...] noch kein missbräuchliches und betrügerisches Verhalten [belegt], das es dem letzteren Mitgliedstaat erlauben würde, auf diese Gesellschaft die Gemeinschaftsvorschriften über das Niederlassungsrecht nicht anzuwenden".[344] Es könnte keine missbräuchliche Ausnutzung des Niederlassungsrechts darstellen, wenn ein Staatsangehöriger eines Mitgliedstaats, der eine Gesellschaft gründen möchte, diese in dem Mitgliedstaat errichtet, dessen gesellschaftsrechtliche Vorschriften ihm die größte Freiheit lassen, und in anderen Mitgliedstaaten nur Zweigniederlassungen gründet.[345]

---

342 EuGH, Urteil v. 16.12.2008, Rs. C-210/06 (Cartesio), ECLI:EU:C:2008:723, Rn. 108 und 109.

343 EuGH, Urteil v. 09.03.1999, Rs. C-212/97 (Centros), ECLI:EU:C:1999:126.

344 EuGH, Urteil v. 09.03.1999, Rs. C-212/97 (Centros), ECLI:EU:C:1999:126, Rn. 29.

345 EuGH, Urteil v. 09.03.1999, Rs. C-212/97 (Centros), ECLI:EU:C:1999:126, Rn. 27.

Es war „somit mit den Art. 52 und 58 EG-Vertrag unvereinbar, dass ein Mitgliedstaat es mit der Begründung ablehnt, die Zweigniederlassung einer nach dem Recht eines anderen Mitgliedstaats, in dem sie ihren Sitz hat, errichteten Gesellschaft einzutragen, die Zweigniederlassung solle es der Gesellschaft ermöglichen, ihre gesamte Geschäftstätigkeit im Aufnahmemitgliedstaat auszuüben, wobei die Zweigniederlassung dem nationalen Recht über die Einzahlung eines Mindestgesellschaftskapitals entzogen werde, da diese Weigerung jede Wahrnehmung der Freiheit zur Gründung einer Zweigniederlassung verhindert, die durch die Art. 52 und 58 gerade gewährleistet werden soll".[346]

Mit diesem Urteil hat der EuGH die Ziele der Ausübung der Niederlassungsfreiheit bestätigt. Die Niederlassungsfreiheit soll dem niederlassungswilligen Unternehmen ermöglichen, seine Tätigkeit in einem Mitgliedstaat auszuüben, indem die günstigsten Bedingungen herrschen. Überdies betonte der EuGH auch, dass „das Recht, eine Gesellschaft nach dem Recht eines Mitgliedstaats zu errichten und in anderen Mitgliedstaaten Zweigniederlassungen zu gründen, im Binnenmarkt unmittelbar aus der vom EG-Vertrag gewährleisteten Niederlassungsfreiheit folgt".[347]

Gleichzeitig sah der EuGH auch keine Möglichkeit, den Eingriff in die Niederlassungsfreiheit zu rechtfertigen. Der Gläubigerschutz sei gewährleistet u.a. dadurch, dass „die Gesellschaft als Gesellschaft englischen Rechts, nicht als Gesellschaft dänischen Rechts auftritt, den Gläubigern weiter bekannt ist, dass sie nicht dem dänischen Recht über die Errichtung von Gesellschaften mit beschränkter Haftung unterliegt. Sie können sich, nach der Ansicht des Gerichtshofs, auf bestimmte gemeinschaftsrechtliche Schutzvorschriften berufen wie die Vierte Richtlinie 78/660/EWG des Rates vom 25. Juli 1978 aufgrund von Art. 54 Abs. 3 Buchstabe g des Vertrages über den Jahresabschluss von Gesellschaften bestimmter Rechtsformen [...] und die Elfte Richtlinie 89/666/EWG des Rates vom 21. Dezember 1989 über die Offenlegung von Zweigniederlassungen, die in einem Mitgliedstaat von Gesellschaften bestimmter Rechtsformen errichtet wurden, die dem Recht eines anderen Staates unterliegen [...]".[348]

dd) Überseering – formwahrende Sitzverlegung

Die *Überseering BV*[349], eine GmbH niederländischen Rechts, verlegte ihren Verwaltungssitz nach Düsseldorf. Dort hat sie eine Klage gegen einen Schuldner erhoben. Das deutsche Gericht verweigerte *Überseering* die Parteifähigkeit (§ 50 ZPO), weil sie nach deutschem Recht, in Ermangelung einer rechtmäßigen Gründung in Deutschland, nicht rechtsfähig sei.

---

346 EuGH, Urteil v. 09.03.1999, Rs. C-212/97 (Centros), ECLI:EU:C:1999:126, Rn. 30.

347 EuGH, Urteil v. 09.03.1999, Rs. C-212/97 (Centros), ECLI:EU:C:1999:126, Rn. 27.

348 EuGH, Urteil v. 09.03.1999, Rs. C-212/97 (Centros), ECLI:EU:C:1999:126, Rn. 36.

349 EuGH, Urteil v. 05.11.2002, Rs. C-208/00 (Überseering), ECLI:EU:C:2002:632.

Wie der EuGH entschied, stellte diese Vorschrift des deutschen Rechts eine mit den Art. 43 EG und 48 EG grundsätzlich nicht zu vereinbarende Beschränkung der Niederlassungsfreiheit dar. Ein Mitgliedstaat dürfe sich nicht weigern, die Rechtsfähigkeit einer Gesellschaft, die nach dem Recht eines anderen Mitgliedstaats gegründet worden ist und dort ihren satzungsmäßigen Sitz hat, anzuerkennen.[350] Dazu zähle auch die Versagung der Rechts- und Parteifähigkeit in gerichtlichen Verfahren.

Der EuGH nannte in dieser Rechtssache erstmals die Kriterien, nach denen sich eine Beschränkung der Niederlassungsfreiheit rechtfertigen lässt. In der Sache handelt es sich um den etwa aus der Rs. *Keck* oder *Gebhard* bekannten Vier-Stufen-Test, übertragen auf die Niederlassungsfreiheit. Infolge der Überseering-Entscheidung war der BGH gezwungen, für Gesellschaften aus der Europäischen Union die Sitztheorie aufzugeben und die Gründungstheorie anzuerkennen. Für Gesellschaften z.B. aus der Schweiz gilt hingegen nach wie vor die Sitztheorie.[351]

ee) Inspire Art

Der EuGH stellte in *Inspire Art*[352] fest, dass es keine missbräuchliche oder betrügerische Umgehung sei, wenn eine Gesellschaft in dem Mitgliedstaat ihres Sitzes keine Tätigkeit entfalte. Der Rechtstreit erging im Rahmen eines Gerichtsverfahrens zwischen der niederländischen Handels- und Industriekammer und der Gesellschaft englischen Rechts *Inspire Art Ltd* wegen der nach dem Gesetz über formal ausländische Gesellschaften vom 17. Dezember 1997 bestehenden Verpflichtung zur Eintragung der niederländischen Zweigniederlassung im niederländischen Handelsregister mit dem Zusatz „formal ausländische Gesellschaft" und der weiteren Pflicht, diese Bezeichnung im Geschäftsverkehr zu führen.

Dem EuGH wurde die Frage vorgelegt, ob die niederländische Gesetzbestimmung, nach der die Errichtung einer Zweitniederlassung einer Gesellschaft in diesem Mitgliedstaat von zusätzlichen Voraussetzungen abhängig gemacht wird (Eintragung des Zusatzes „formal ausländische Gesellschaft"), wenn die Gesellschaft in der alleinigen Absicht in einem anderen Mitgliedstaat gegründet wurde, bestimmte Vorteile zu erlangen, mit den damaligem Art. 43 EG und 48 EG vereinbar sei.

Der EuGH lehnte das ab und nahm einen Verstoß gegen Artikel 43 EG und 48 EG an. „Die Gründe, aus denen die Gesellschaft in dem anderen Mitgliedstaat errichtet wurde, sowie der Umstand, dass sie ihre Tätigkeit ausschließlich oder nahezu ausschließlich im Mitgliedstaat der Niederlassung ausübt, würden ihr nicht das Recht nehmen, sich auf die durch den Vertrag garantierte Niederlassungsfreiheit zu berufen, es sei denn, im konkreten Fall werde ein Missbrauch nachgewiesen".[353]

---

350 EuGH, Urteil v. 05.11.2002, Rs. C-208/00 (Überseering), ECLI:EU:C:2002:632, Rn. 82.
351 BGH, Urt. v. 27.10.2008 – II ZR 158/06, BGHZ 178, 192 – Trabrennbahn.
352 EuGH, Urteil v. 30.09.2003, Rs. C-167/01 (Inspire Art), ECLI:EU:C:2003:512.
353 EuGH, Urteil v. 30.09.2003, Rs. C-167/01 (Inspire Art), ECLI:EU:C:2003:512, Rn. 105.

b) Verschmelzung

Eine grenzüberscheitende Verschmelzung bezeichnet eine Möglichkeit zur Ausübung der primärrechtlichen Niederlassungsfreiheit. § 122a UG definiert eine grenzüberschreitende Verschmelzung als eine Verschmelzung, bei der mindestens eine der beteiligten Gesellschaften dem Recht eines anderen Mitgliedstaats der Europäischen Union oder eines anderen Vertragsstaats des Abkommens über den Europäischen Wirtschaftsraum unterliegt.

Die *SEVIC*[354] Rechtsache erging im Rahmen einer Beschwerde der Gesellschaft SEVIC Systems AG mit Sitz in Neuwied gegen einen Beschluss des AG Neuwied, mit dem ihr Antrag auf Eintragung ihrer Verschmelzung mit der in Luxemburg ansässigen Gesellschaft Security Vision Concept SA in das deutsche Handelsregister mit der Begründung zurückgewiesen wurde, dass das deutsche Umwandlungsrecht nur die Verschmelzung von Gesellschaften mit Sitz in Deutschland vorsehe. Das AG Neuwied wies den Antrag auf Eintragung der Verschmelzung in das Handelsregister mit der Begründung zurück, dass § 1 Absatz 1 Nummer 1 UmwG nur die Verschmelzung von Rechtsträgern mit Sitz in Deutschland vorsehe.

Dem EuGH wurde die Frage gestellt, ob es gegen die Niederlassungsfreiheit verstößt, wenn einer ausländischen europäischen Gesellschaft die Eintragung ihrer angestrebten Verschmelzung mit einer deutschen Gesellschaft in das deutsche Handelsregister versagt wird, weil das deutsche Recht nur eine Umwandlung von Rechtsträgern mit Sitz im Inland vorsieht.

Der EuGH war der Meinung, dass das deutsche Umwandlungsgesetz, dass zwischen innerstaatlichen und grenzüberschreitenden Verschmelzungen unterschied, gegen das Unionsrecht verstößt. Eine solche unterschiedliche Behandlung „stellte eine Beschränkung im Sinne der Artikel 43 EGV und 48 EGV dar, die im Widerspruch zur Niederlassungsfreiheit steht und nur zulässig sein kann, wenn mit ihr ein legitimes mit dem EGV vereinbares Ziel verfolgt wird und wenn sie durch zwingende Gründe des Allgemeininteresses gerechtfertigt ist. Zusätzlich muss ihre Anwendung zur Erreichung des damit verfolgten Zieles geeignet sein und darf nicht über das hinausgehen, was hierzu erforderlich ist".[355] Aus diesen Gründen standen die Art. 43 EG und 48 EGV „dem entgegen, dass in einem Mitgliedstaat die Eintragung einer Verschmelzung durch Auflösung ohne Abwicklung einer Gesellschaft und durch Übertragung ihres Vermögens als Ganzes auf eine andere Gesellschaft in das nationale Handelsregister generell verweigert wird, wenn eine der beiden Gesellschaften ihren Sitz in einem anderen Mitgliedstaat hat, während eine solche Eintragung, sofern bestimmte Voraussetzungen erfüllt sind, möglich

---

354 EuGH, Urteil v. 15.12.2005, Rs. C-411/03 (SEVIC Systems), ECLI:EU:C:2005:762.

355 EuGH, Urteil v. 15.12.2005, Rs. C-411/03 (SEVIC Systems), ECLI:EU:C:2005:762, Rn. 23.

ist, wenn beide an der Verschmelzung beteiligten Gesellschaften ihren Sitz im erstgenannten Mitgliedstaat haben".[356]

Der EuGH prüfte im Anschluss zwar Rechtsfertigungsmöglichkeiten. Die zwingenden Gründe des Allgemeininteresses (wie der Schutz der Interessen von Gläubigern, Minderheitsgesellschaftern und Arbeitnehmern sowie die Wahrung der Wirksamkeit der Steueraufsicht und der Lauterkeit des Handelsverkehrs) konnten die Beschränkung der Niederlassungsfreiheit nicht rechtfertigen.

Im Kern stellte die deutsche Regelung nicht nur eine Beschränkung der Niederlassungsfreiheit, sondern sogar eine Diskriminierung dar, da sie zwischen innerstaatlichen und grenzüberschreitenden Verschmelzungen unterschied.[357] Durch die Bedingung, dass eine Umwandlung nur von Rechtsträgern mit Sitz im Inland möglich war, war die deutsche Regelung im Ergebnis mittelbar diskriminierender Natur, denn sie schloss alle anderen Wirtschaftsteilnehmer von der Möglichkeit der Durchführung einer Verschmelzung aus. Das Urteil des EuGH ist insoweit zu begrüßen, denn es stellte einen weiteren Entwicklungsbaustein in dem System der europäischen Niederlassungsfreiheit dar. Sehr positiv ist auch, dass der EuGH auch auf der Rechtsfertigungsebene eine klare Auslegungslinie verfolgt hat, die im Ergebnis richtigerweise keine Beschränkung der Niederlassungsfreiheit rechtfertigen konnte.

Das Urteil wird auch in der Literatur positiv bewertet. So meint z.B. *Leible*, dass „eine grenzüberschreitende Verschmelzung und eine grenzüberschreitende Sitzverlegung für die übertragende Gesellschaft zur Erreichung des Zwecks des Grenzübertritts bei wirtschaftlicher Betrachtung austauschbar sind und daher im Ergebnis nicht unterschiedlich behandelt werden können; andererseits stellt sich die Verschmelzung aus Sicht der aufnehmenden Gesellschaft als Ausübung ihrer sekundären Niederlassungsfreiheit dar".[358] *Tiedje* sieht durch dieses Urteil die Verwirklichung des Prinzips der Gleichbehandlung[359] und nach *Sims* handelt es sich bei dem Urteil um einen weiteren Meilenstein im Internationalen Gesellschaftsrecht.[360]

---

356 EuGH, Urteil v. 15.12.2005, Rs. C-411/03 (SEVIC Systems), ECLI:EU:C:2005:762, Rn. 32.

357 Dazu auch: *Leible* in Michalski/Heidinger/Leible/J. Schmidt, GmbH-Gesetz, Systematische Darstellung 2, Rn. 33 ff.

358 *Leible* in Michalski/Heidinger/Leible/J. Schmidt, GmbH-Gesetz, Systematische Darstellung 2, Rn. 34.

359 *Tiedje*, in: von der Groeben/Schwarze/Hatje, Europäisches Unionsrecht, Art. 54 AEUV, Rn. 65.

360 *Siems*, EuZW 2006, 135, Rn. 140.

c) Spaltung und Umwandlung

Das Urteil *Vale*[361] betraf die Auslegung der Art. 49 AEUV und 54 AEUV, die im Rahmen eines Rechtsstreits über die grenzüberschreitende Umwandlung einer Gesellschaft italienischen Rechts in eine Gesellschaft ungarischen Rechts erging. Der Grund für die Beanstandung der ungarischen Regelung war, dass das ungarische Recht ungarischen Gesellschaften die Umwandlung gestattete, aber die Umwandlung einer dem Recht eines anderen Mitgliedstaats unterliegenden Gesellschaft in eine ungarische Gesellschaft nicht zuließ. Es stellte sich somit die Frage, ob die Art. 49 AEUV und 54 AEUV dahin auszulegen sind, dass sie dieser Regelung entgegenstehen.

In diesem Fall hatte der EuGH Schwierigkeiten, die Fallkonstellation und den gesamten grenzüberschreitenden Vorgang richtig aufzubauen, so dass die Darstellung des ganzen grenzüberschreitenden Vorhabens auch einen korrekten rechtlichen Rahmen bekommt.[362] Allerdings war das Ergebnis des Urteils nicht ohne Bedeutung für das gesamte unionsrechtliche und insbesondere die praktische Seite der Ausübung der Niederlassungsfreiheit. Der EuGH entschied, dass die Art. 49 AEUV und 54 AEUV dahin auszulegen sind, dass sie der ungarischen Regelung entgegenstehen. Zwar seien die Art. 49 AEUV und 54 AEUV im Kontext einer grenzüberschreitenden Umwandlung einer Gesellschaft dahin auszulegen, dass der Aufnahmemitgliedstaat befugt ist, das für einen solchen Vorgang maßgebende innerstaatliche Recht festzulegen und somit die Bestimmungen seines nationalen Rechts über innerstaatliche Umwandlungen anzuwenden, die – wie die Anforderungen an die Erstellung einer Bilanz und eines Vermögensverzeichnisses – die Gründung und die Funktionsweise einer Gesellschaft regeln.[363] Der Äquivalenzgrundsatz und der Effektivitätsgrundsatz verwehren es jedoch dem Aufnahmemitgliedstaat, bei grenzüberschreitenden Umwandlungen die Eintragung der die Umwandlung beantragenden Gesellschaft als „Rechtsvorgängerin" zu verweigern, wenn eine solche Eintragung der Vorgängergesellschaft im Handelsregister bei innerstaatlichen Umwandlungen vorgesehen ist, und sich zu weigern, den von den Behörden des Herkunftsmitgliedstaats ausgestellten Dokumenten im Verfahren zur Eintragung der Gesellschaft gebührend Rechnung zu tragen.[364]

Die Literatur begrüßte das Urteil und sah es als Bestätigung der festgelegten Prinzipien der Niederlassungsfreiheit. So ist nach *Schmidt* das Ergebnis der Urteile *Cartesio* und *Vale*, dass der Herkunftsmitgliedstaat grenzüberschreitende Formwechsel nicht pauschal verhindern und insbesondere nicht mit Auflösung und

---

361 EuGH, Urteil v. 12.07.2012, Rechtsache C-378/10 (VALE Építési), ECLI:EU:C:2012:440.

362 Dazu *Kindler*, EuZW 2012, 888.

363 EuGH, Urteil v. 12.07.2012, Rechtsache C-378/10 (VALE Építési), ECLI:EU:C:2012:440, Rn. 63.

364 EuGH, Urteil v. 12.07.2012, Rechtsache C-378/10 (VALE Építési), ECLI:EU:C:2012:440, Rn. 63.

Liquidation der Gesellschaft sanktionieren darf, sondern sie nur solchen Beschränkungen unterwerfen darf, die nach Maßgabe der sog. *Gebhard-Formel* aus zwingenden Gründen des Allgemeininteresses gerechtfertigt sind.[365] Auf der anderen Seite ist der Aufnahmemitgliedstaat dazu verpflichtet, grenzüberschreitende Formwechsel unter den gleichen Bedingungen wie für einen (wenn vorhanden) nach innerstaatlichen Recht normierten Formwechsel zulassen.[366] Nach der Auffassung von *Kindler* ist die Rechtsfolge des Urteils *Vale*, dass das Urteil *Vale* die in *Centros* und *Inspire Art* Regeln aufhebt nach der eine Gesellschaft die Niederlassungsfreiheit in der Union ausüben kann, sobald sie einmal nach dem Recht eines Mitgliedstaats wirksam gegründet ist.[367] *Schulte* meint, dass das Urteil *Vale* die Tür für formwechselnde Sitzverlegungen innerhalb des Binnenmarkts aufgestoßen hat.[368]

Zusammenfassend sprechen gute Gründe dafür, dass die Auslegung der niederlassungsrechtlichen Bestimmungen im Urteil *Vale* wie im Urteil *SEVIC* der allgemeinen Zielsetzung dieser Grundfreiheit entspricht. Insoweit ist, trotz nicht überzeugender Darstellung der tatsächlichen Fallkonstellationen, die Argumentation des EuGH als ein weiterer positiver Impuls in der Entwicklung der Niederlassungsfreiheit zu betrachten.

5. Die Nutzung steuerrechtlicher Vorteile als Hauptmotiv für grenzüberschreitende niederlassungsrechtliche Vorgänge

a) Die Problematik

Grenzüberschreitende niederlassungsrechtliche Vorgänge dienen in der Praxis oft der Ausnutzung von Steuervorteilen in anderen Mitgliedstaaten der Europäischen Union. Dieses Motiv war auch im Fall *Polbud* angedeutet, da die Sitzverlegung des Unternehmenssitzes von Unternehmen *Polbud* von Polen nach Luxemburg erfolgte, ohne dass dort eine wirkliche wirtschaftliche Tätigkeit aufgenommen wurde oder eine Absicht bestand, dies jemals zu tun. Luxemburg ist bekanntlich eine Steueroase, ein sog. „*Steuer-Märchenland*", wie die im Jahr 2014 enthüllten „*Luxemburg-Leaks*" Dokumente zeigen.[369] Den Presseberichten nach zeigen Recherchen, „wie in Steueroasen

---

365 *Schmidt* in: Michalski/Heidinger/Leible/J. Schmidt, GmbH-Gesetz, § 4a GmbHG, Rn. 20 ff.

366 *Schmidt* in: Michalski/Heidinger/Leible/J. Schmidt, GmbH-Gesetz, § 4a GmbHG, Rn. 20 ff.

367 *Kindler*, EuZW 2012, 888.

368 *Schulte*, Innereuropäische formwechselnde Sitzverlegungen nach der VALE-Entscheidung des EuGH, IWRZ 2016, 3, S. 3 ff.

369 https://www.sueddeutsche.de/wirtschaft/luxemburg-leaks-aerger-im-steuer-maerchenland-1.2206040, abgerufen am 20.01.2022.

der EU getrickst wird und wie auch die Bundesregierung Maßnahmen für mehr Transparenz verhindert hat".[370] Die Berichte der Investigativjournalisten zeigen, dass seit Jahrzehnten einige EU-Staaten (v.a. Luxemburg, Malta, Zypern, Niederlande) Steuerparadiesländer sind und dass, auf der anderen Seite, anderen Ländern dadurch Milliardeneinnahmen entgehen.[371] Der Berkeley-Professor *Gabriel Zucman* weist in diesem Zusammenhang darauf hin, dass Steueroasen wie Luxemburg den anderen Mitgliedstaaten der Europäischen Union nicht nur Steuer- und Wirtschaftskraft entziehen, sondern „sie [...] auch den Ruf des europäischen Projekts insgesamt [beschädigen]".[372]

Die nach der „*Luxemburg-Leaks*" Dokumentenenthüllung erfolgte und im Jahr 2021 veröffentlichte „*OpenLux*"[373] Recherche bestätigte die Ergebnisse der „*Luxemburg-Leaks*"[374] und kam zu folgendem Resultat: „Noch immer gehören drei Viertel aller luxemburgischen Firmen, die ihren wahren Eigentümer offengelegt haben, Ausländern, allen voran Franzosen, Belgiern und Deutschen. Mehr als 250 Milliardäre werden im Luxemburger Transparenzregister als Firmeneigentümer geführt".[375] Dieser Mitgliedstaat der Europäischen Union lockt multinationale Konzerne und andere Wirtschaftsteilnehmern des Binnenmarkts mit niedrigen Steuern und undurchsichtigen Firmenkonstruktionen.[376]

370 https://www.spiegel.de/panorama/steuerdumping-in-der-eu-der-skandal-fuer-den-sich-kaum-jemand-interessierte-a-9771b1fe-5bb6-456d-b115-13ba1cb1cf27, abgerufen am 20.01.2022.

371 https://www.spiegel.de/politik/deutschland/eu-steueroasen-die-minister-blickten-oft-nicht-durch-sagt-martijn-nouwen-a-4bb825b1-38ba-4b2d-bdde-5fea3fddc22c; Auch: https://www.spiegel.de/wirtschaft/wie-eu-staaten-mit-niedrigsteuern-um-200-000-reiche-buhlen-a-7ebc5f8e-02ef-4c59-b320-99472578d501, abgerufen am 20.01.2022.

372 https://www.spiegel.de/wirtschaft/gabriel-zucman-durchschnittsverdiener-zahlen-heute-mehr-steuern-als-superreiche-a-0c8eded4-0002-0001-0000-000177693581, abgerufen am 20.01.2022.

373 An der Recherche waren Süddeutsche Zeitung, die französische Tageszeitung „Le Monde", das Journalistennetzwerk Organized Crime and Corruption Reporting Project (OCCRP), die belgische Zeitung „Le Soir", die Luxemburger Wochenzeitung „Woxx" und die US-amerikanische Mediengruppe McClatchy beteiligt. Dazu: https://www.n-tv.de/politik/Luxemburg-bleibt-Hotspot-der-Steuervermeider-article22346702.html, abgerufen am 02.02.2022.

374 https://www.sueddeutsche.de/politik/openlux-luxemburg-steueroase-steuern-steuersatz-1.5198694, abgerufen am 02.02.2022.

375 https://www.sueddeutsche.de/wirtschaft/openlux-luxemburg-steueroasen-1.5198499, abgerufen am 02.02.2022.

376 https://www.sueddeutsche.de/wirtschaft/openlux-luxemburg-steueroasen-1.5198499, abgerufen am 02.02.2022.

b) Auswirkungen auf den Binnenmarkt

Aktuell verlieren die Mitgliedstaaten der Europäischen Union durch Steuervermeidung großer Firmen jährlich mehr als 50 Milliarden Euro.[377] Laut einer Ifo-Studie entgehen dem deutschen Staat durch die Verlagerung von Gewinnen in Niedrigsteuerländer Einnahmen von rund 5,7 Milliarden Euro im Jahr.[378] Zum fast gleichen Ergebnis kommt auch die Studie der Wirtschaftswissenschaftlern *Ludwig Wier*, *Gabriel Zucman* und *Thomas Tørsløv* von der University of California, Berkeley bzw. der University of Copenhagen.[379] Kritik am System der Steueroasen der Europäischen Union üben auch einige Funktionsträger der Europäischen Union selbst. So haben mehrere Abgeordnete des Europäischen Parlaments die Praxis der Ausnutzung von Steuervorteilen durch Luxemburg als inneneuropäische Steueroase kritisiert und gleichzeitig Konsequenzen von der Europäischen Union gefordert.[380] Auch die Europäische Kommission und das Europäische Parlament kritisieren diese Praxis und insbesondere den Mangel an Transparenz der Steuergesetzgebung in Luxemburg.[381] Der Luxemburger Finanzminister weist diese Kritik zurück und das luxemburgische Justizministerium weist sogar darauf hin, dass das Transparenzregister seines Landes „viel besser als ähnliche Datenbanken anderer EU-Staaten ist".[382]

Die Europäische Kommission hat den Mitgliedstaaten empfohlen, Unternehmen mit Verbindungen zu Ländern bzw. Gebieten, die auf der Liste der Europäischen Union nicht kooperativer Länder und Gebiete für Steuerzwecke stehen, keine finanzielle Unterstützung zu gewähren.[383] Auch für Unternehmen, die wegen schwerwiegender Finanzdelikte, etwa Finanzbetrug, Korruption oder Nichtzahlung von Steuern und Sozialabgaben, verurteilt wurden, sollten Beschränkungen gelten.[384]

---

377 https://www.zdf.de/nachrichten/wirtschaft/eu-steuern-multinationale-unternehmen-100.html, abgerufen am 15.11.2021.

378 https://www.handelsblatt.com/audio/today/handelsblatt-today-globale-mindeststeuer-bedeutet-die-steuer-tatsaechlich-das-ende-der-steueroasen/27226968.html?ticket=ST-10042436-kCKT4H9a3onXiyVLA3dF-cas01.example.org, abgerufen am 22.11.2021.

379 https://www.sueddeutsche.de/politik/openlux-luxemburg-steueroase-steuern-steuersatz-1.5198694, abgerufen am 02.02.2022, zur Studie: s. https://missingprofits.world/.

380 https://www.sueddeutsche.de/wirtschaft/openlux-kritik-an-steueroase-luxemburg-1.5199363, abgerufen am 02.02.2022.

381 https://www.sueddeutsche.de/wirtschaft/openlux-luxemburg-steueroasen-1.5198499, abgerufen am 02.02.2022.

382 https://www.sueddeutsche.de/wirtschaft/openlux-luxemburg-steueroasen-1.5198499, abgerufen am 02.02.2022.

383 https://ec.europa.eu/commission/presscorner/detail/de/ip_20_1332, abgerufen am 02.02.2022.

384 https://ec.europa.eu/commission/presscorner/detail/de/ip_20_1332, abgerufen am 02.02.2022.

Der aktuelle Vorschlag der Richtlinie über die öffentliche länderspezifische Berichterstattung (CBCR) will die Unternehmenstransparenz großer multinationaler Unternehmen verbessern.[385] Das sog. öffentliches Country-by-Country Reporting trägt dazu bei, die Transparenz der wirtschaftlichen Aktivitäten multinationaler Unternehmensgruppen zu erhöhen und eine bessere öffentliche Kontrolle zu ermöglichen.[386]

Das Europäische Parlament hat seinen Standpunkt in erster Lesung am 27. März 2019 festgelegt. Die Verhandlungen zwischen den gesetzgebenden Organen begannen im März 2021 und führten am 1. Juni 2021 zu einer vorläufigen Einigung im Rat, in deren Rahmen etwa der Übergangszeitraum und die Schutzklausel abschließend festgelegt wurden. Die Billigung des Vorschlags durch das Europäische Parlament erfolgte am 11. November 2021. Die verabschiedete Richtlinie ist nun im Amtsblatt der Europäischen Union zu veröffentlichen und tritt 20 Tage nach Veröffentlichung in Kraft. Die Mitgliedstaaten haben dann 18 Monate Zeit, die neuen Vorgaben in ihr nationales Recht umzusetzen.

Der Richtlinie nach müssen bestimmte multinationale Unternehmen mit Einnahmen von mehr als 750 Mio. € in einem spezifischen Bericht die von ihnen entrichtete Ertragsteuer offenlegen. Erstmals gelten auch für nichteuropäische multinationale Unternehmen, die über ihre Tochterunternehmen und Zweigniederlassungen in der Europäischen Union geschäftlich tätig sind, dieselben Berichtspflichten wie für multinationale Unternehmen aus der Europäischen Union.[387]

In Deutschland sind Unternehmensgruppen seit 2016 nach § 138a der Abgabenordung (AO) zum Country-by-Country Reporting für Finanzbehörden verpflichtet. Die multinationalen Unternehmensgruppen müssen den Finanzbehörden bestimmte Kennzahlen wie z. B. Umsatzerlöse, gezahlte Ertragsteuern, Gewinn und Eigenkapital mitteilen sowie alle Konzerneinheiten mit jeweiliger Hauptgeschäftstätigkeit auflisten. Die im Rahmen des öffentlichen Country-by-Country Reporting zu veröffentlichenden Kennzahlen sind größtenteils deckungsgleich mit denen des Country-by-Country Reporting für Finanzbehörden.[388]

---

385 https://www.consilium.europa.eu/de/press/press-releases/2021/09/28/public-country-by-country-reporting-council-paves-the-way-for-greater-corporate-transparency-for-big-multinationals/#, abgerufen am 22.11.2021.

386 https://www.bundesfinanzministerium.de/Content/DE/Standardartikel/Themen/Europa/2021-10-01-oeffentlicher-ertragsteuerinformationsbericht.html, abgerufen am 02.02.2022.

387 https://www.consilium.europa.eu/de/press/press-releases/2021/09/28/public-country-by-country-reporting-council-paves-the-way-for-greater-corporate-transparency-for-big-multinationals/#, abgerufen am 22.11.2021.

388 https://www.bundesfinanzministerium.de/Content/DE/Standardartikel/Themen/Europa/2021-10-01-oeffentlicher-ertragsteuerinformationsbericht.html, abgerufen am 02.02.2022.

C. Das Problem der Ausübung der Niederlassungsfreiheit trotz Fehlens des Elements einer wirtschaftlichen Tätigkeit

I. Problemstellung

Nachdem im vorherigen Kapitel die Grundlagen der Niederlassungsfreiheit dargestellt wurden, werden im Folgenden die Konstellationen untersucht, in denen eine „niederlassungswillige" Gesellschaft allein ihren Sitz in einen anderen Mitgliedstaat verlegen, dort aber keiner wirklichen wirtschaftlichen Tätigkeit nachgehen möchte, sondern diese weiterhin im Herkunftsmitgliedstaat ausüben möchte (Fall der „isolierten Sitzverlegung"). Das wirft die Frage auf, ob man in einem solchen Fall überhaupt von einer „wirklichen/tatsächlichen" Niederlassung i.S.d. Niederlassungsfreiheit sprechen kann oder ob es nicht an einem zentralen Element für die Ausübung dieser Grundfreiheit fehlt, nämlich der „wirtschaftlichen Tätigkeit".

Wie im Folgenden aufgezeigt wird, gewährt der EuGH in seiner gegenwärtigen Rechtsprechung einer Gesellschaft selbst dann den Schutz der Niederlassungsfreiheit aus Art. 49 und 54 AEUV, wenn diese im Zuge einer solchen isolierten Sitzverlegung in einen anderen Mitgliedstaat in diesem gar keiner wirklichen wirtschaftlichen Tätigkeit nachgehen, sondern nur in den Genuss einer für sie vorteilhafteren Gesellschaftsrechtsordnung gelangen will. Das bedeutet praktisch, dass Gesellschaften, die die Niederlassungsfreiheit in Anspruch nehmen, um in einem anderen Mitgliedstaat eine wirkliche wirtschaftliche Tätigkeit auszuüben (direkt oder durch Gründung von Niederlassungen, Agenturen, usw.) und Unternehmen, die lediglich in den Genuss der vorteilhaften Rechtsordnung dieses Mitgliedstaates kommen wollen, im Zuge der Ausübung ihrer Niederlassungsfreiheit aber gar keiner wirklichen wirtschaftlichen Tätigkeit nachgehen möchten, sich genauso auf die Bestimmungen des Art. 49 und 54 AEUV berufen können. Denn beiden Kategorien von Gesellschaften erfüllen, nach aktueller Rechtsprechung des EuGH, die Voraussetzungen für die Inanspruchnahme dieser Grundfreiheit.

Im Folgenden wird zunächst dargestellt, dass nach klassischer Auffassung die Berufung auf die Niederlassungsfreiheit die Ausübung einer „wirklichen wirtschaftlichen Tätigkeit" voraussetzt, der genaue Inhalt dieses Begriffs aber bislang gar nicht hinreichend präzisiert wurde (unter II.). Danach wird die Entwicklung der Rechtsprechung des EuGH zur Bedeutung dieses Erfordernisses für die Eröffnung des Schutzbereiches der Niederlassungsfreiheit vorgestellt (unter III.). Im Anschluss wird geprüft, ob die aktuelle Auffassung des EuGH zu diesem Erfordernis, die möglicherweise weitgehende Folgen nicht nur für die unternehmerische Niederlassungsfreiheit, sondern darüber hinaus haben kann, überzeugt (dazu V.).

Es stellt sich insbesondere die Frage, ob diese Rechtsprechung des EuGH eine mit den Zielen der Gründungsverträge nicht in Einklang stehende Auslegung der niederlassungsrechtlichen Bestimmungen darstellt.

Vorab ist in terminologischer Hinsicht darauf hinzuweisen, dass das, was hier als „*wirkliche* wirtschaftliche Tätigkeit“ zu definieren ist in Rechtsprechung und Literatur uneinheitlich z.T. als dauerhafte *tatsächliche* Teilnahme bezeichnet wird.[389] Die Begriffe werden hier synonym verwendet.

II. Das Erfordernis der Ausübung einer wirklichen wirtschaftlichen Tätigkeit

1. Inhalt der Niederlassungsfreiheit

Da das Konzept der Niederlassungsfreiheit in Teil B schon näher dargestellt wurde, wird sich die Analyse ihrer Inhalts an dieser Stelle auf die Merkmale beschränken, die sich auf die Anwendungsvoraussetzung der tatsächlichen Ausübung einer wirtschaftlichen Tätigkeit für die Ausübung dieser Grundfreiheit beziehen.

Die europäischen Grundfreiheiten richten sich an bestimmte Ziele, die starke Verbindungen zu Ideen und den Zielen des Binnenmarkts aufweisen. Jede Grundfreiheit trägt im Rahmen und durch den Umfang ihrer Zielsetzung und ihrer Reichweite zur Verwirklichung der Binnenmarktidee bei.[390] Gemäß Art. 49 i.V.m. Art. 54 AEUV umfasst die Niederlassungsfreiheit die Aufnahme und Ausübung selbstständiger Erwerbstätigkeiten sowie die Gründung und Leitung von Unternehmen, insbesondere von Gesellschaften nach den Bestimmungen des Aufnahmestaats für seine eigenen Angehörigen.[391] Die Niederlassungsfreiheit dient dem ökonomisch ausgerichteten Ziel der optimalen Allokation der Produktionsfaktoren, die dort investiert werden sollen, wo sie den größtmöglichen Nutzen bringen und somit (komparative) Kostenvorteile schaffen.[392] Folglich ist der Zweck der Niederlassungsfreiheit die „Förderung der wirtschaftlichen und sozialen Verflechtung im Bereich der selbstständigen Tätigkeiten im Binnenmarkt“.[393]

Von der Niederlassungsfreiheit ist nach klassischer Auffassung daher nur die dauerhafte Teilnahme am Wirtschaftsleben eines anderen Mitgliedstaats geschützt, um an dessen Wirtschaftsleben *in stabiler und kontinuierlicher Weise*[394]

---

389 Vgl. z.B. *Müller-Graff* in *Streinz*, EUV/AEUV, Art. 49 AEUV, Rn. 16.

390 Vgl. mit: *Sedlaczek/Züger* in *Streinz*, EUV/AEUV, Art. 63 AEUV, Rn. 31–36.

391 *Forsthoff* in *Grabitz/Hilf/Nettesheim*, Das Recht der Europäischen Union, Art. 49 AEUV, Rn. 16; auch: *Ludwigs* in *Dauses/Ludwigs*, Handbuch des EU-Wirtschaftsrechts, Rn. 63.

392 *Korte in Calliess/Ruffert*, EUV/AEUV, Art. 49 AEUV, Rn. 1.

393 *Kainer in* Frankfurter Kommentar EUV/GRC/AEUV, Art. 49 AEUV Rn. 4.

394 Hervorhebung durch Verfasserin.

tatsächlich teilzunehmen.[395] Zwei Bestandteile dieser Freiheit sind entscheidend. Die Niederlassungsfreiheit richtet sich auf die Ausübung *einer wirtschaftlichen Tätigkeit* in einem anderen Mitgliedstaat, und zwar in einer *stetigen und dauerhaften Art.* Diese Voraussetzungen stellen nach traditioneller Ansicht eine *conditio sine qua non* für die Inanspruchnahme dieser Freiheit dar. Folglich kann sich auf diese Freiheit nur berufen, wer tatsächlich eine Erwerbstätigkeit ausübt oder auszuüben beabsichtigt.[396]

2. Das Erfordernis der Ausübung einer wirklichen wirtschaftlichen Tätigkeit

a) Stand der Literatur

Das Erfordernis der Ausübung einer dauerhaften wirtschaftlichen Tätigkeit ist in der juristischen Literatur etabliert. So bedeutet die Niederlassung nach Auffassung von *Haratsch, Koenig und Pechstein* die tatsächliche Ausübung einer wirtschaftlichen Tätigkeit mittels einer festen Einrichtung in einem anderen Mitgliedstaat der Europäischen Union und zwar auf unbestimmte Zeit.[397] Auch *Herdeggen*[398] weist auf das Merkmal der Kontinuität hin. Nach *Korte* ist für eine Niederlassung notwendig, dass die in konkreten Fall vorliegende Tätigkeit auf einen Erwerbszweck gerichtet ist und insoweit Teil eines Austauschprozesses darstellt.[399] Laut *Müller-Graff* ist eine feste Einrichtung die Grundlage für die Niederlassungsfreiheit, so dass das Unternehmen in stabiler und kontinuierlicher Weise am Wirtschaftsleben tatsächlich teilnimmt.[400] *Forsthoff* stimmt dieser Auffassung zu mit dem Argument, dass mit dem Kriterium der Kontinuität und Stabilität sichergestellt werden sollte, dass die niederlassungsrechtlichen Vergünstigungen nicht durch eine nur zum Schein bestehende Niederlassung erschlichen werden.[401] Nach *Engert* schützt die Niederlassungsfreiheit die selbständige Erwerbstätigkeit, und zwar basierend auf einer dauerhaften Eingliederung in die Volkswirtschaft eines anderen Mitgliedstaates der Europäischen Union.[402] *Vella* ist der Auffassung, dass es sich um eine Ausnutzung der Niederlassungsfreiheit handelt, wenn rein

395 Statt aller: *Müller-Graff* in *Streinz*, EUV/AEUV, Art. 49 AEUV, Rn. 16.

396 *Forsthoff* in *Grabitz/Hilf/Nettesheim*, Das Recht der Europäischen Union, Art. 49 AEUV, Rn. 17.

397 *Haratsch/Koenig/Pechstein*, Europarecht, Rn. 1000.

398 *Herdegen*, Europarecht, Rn. 22.

399 *Korte in Calliess/Ruffert*, EUV/AEUV, Art. 49 AEUV, Rn. 15.

400 Statt aller: *Müller-Graff* in: EUV/AEUV, Art. 49 AEUV, Rn. 16.

401 *Forsthoff* in *Grabitz/Hilf/Nettesheim*, Das Recht der Europäischen Union, Art. 49 AEUV, Rn. 24.

402 *Engert* in *Langenbucher*, Europarechtliche Bezüge des Privatrechts, S. 231.

künstliche Niederlassungen nicht an dem wirtschaftlichen Leben eines Mitgliedsstaates teilnehmen.[403]

b) Die klassische Rechtsprechung des EuGH

Auch der EuGH nahm in seiner früheren Rechtsprechung an, dass dem Begriff der Niederlassung die Möglichkeit immanent sei, in stabiler und kontinuierlicher Weise am Wirtschaftsleben eines anderen Mitgliedstaats teilzunehmen.[404] So hat der EuGH im Urteil *Reyners*[405] auf das *Ziel der Niederlassungsfreiheit, nämlich die wirtschaftliche und soziale Durchdringung auf dem Gebiet der selbständigen Erwerbstätigkeit innerhalb der Gemeinschaft zu fördern,* hingewiesen.[406] Das Urteil *Factortame* ging in der Bestimmung des konkreten Inhaltes dieser Grundfreiheit noch ein Schritt weiter. Der EuGH machte deutlich, dass „der Niederlassungsbegriff im Sinne der Art. 52 ff. EWGV die *tatsächliche Ausübung einer wirtschaftlichen Tätigkeit mittels einer festen Einrichtung in einem anderen Mitgliedstaat auf unbestimmte Zeit umfasst*".[407] Folglich hieß es im konkreten Fall, dass „die *Registrierung eines Schiffes somit nicht notwendigerweise eine Niederlassung im Sinne des Vertrages bedeutet, insbesondere dann nicht, wenn das Schiff nicht zur Ausübung einer wirtschaftlichen Tätigkeit eingesetzt wird* oder wenn der Registrierungsantrag von einer Person oder für Rechnung einer Person gestellt wird, die in dem betreffenden Staat nicht niedergelassen ist und nicht beabsichtigt, sich dort niederzulassen".[408] Sollte aber das Schiff „ein Mittel zur Ausübung einer wirtschaftlichen Tätigkeit darstellen, die eine feste Einrichtung in dem betreffenden Staat voraussetzt, so kann seine Registrierung von der Ausübung der Niederlassungsfreiheit nicht losgelöst werden".[409] Unter Berufung auf das Urteil *Reyners* machte der Gerichtshof im Urteil *Gebhard* noch deutlicher, was Inhalt dieser Freiheit ist. Der Begriff der Niederlassung im Sinne des Vertrages impliziert für einen Gemeinschaftsangehörigen

---

403 *Vella*, in *de la Feria/Vogenauer*, Sparkling Regulatory Competition in European Company Law: A response, 2011.

404 Vgl. EuGH, Urteil v. 21.06.1974, Rs. C-2/74 (Reyners), ECLI:EU:C:1974:68, Rn. 21, EuGH, Urteil v. 30.11.1995, Rs. C-55/94 (Gebhard/Consiglio dell'Ordine degli Avvocati e Procuratori di Milano), ECLI:EU:C:1995:411, Rn. 25, EuGH, Urteil v. 14.09.2006, Rs. C-386/04 (Centro di Musicologia Walter Stauffer) ECLI:EU:C:2006:568, Rn. 18, EuGH, Urteil v. 26.10.2010, Rs. C-97/09 (Schmelz), ECLI:EU:C:2010:632, Rn. 37.

405 EuGH, Urteil v. 21.06.1974, Rs. C-2/74 (Reyners), ECLI:EU:C:1974:68, Rn. 21.

406 EuGH, Urteil v. 21.06.1974, Rs. C-2/74 (Reyners), ECLI:EU:C:1974:68, Rn. 21.

407 EuGH, Urteil v. 25.07.1991, Rs. C-221/89 (The Queen/Secretary of State for Transport, ex parte Factortame), ECLI:EU:C:1991:320, Rn. 20.

408 EuGH, Urteil v. 25.07.1991, Rs. C-221/89 (The Queen/Secretary of State for Transport, ex parte Factortame), ECLI:EU:C:1991:320, Rn. 21.

409 EuGH, Urteil v. 25.07.1991, Rs. C-221/89 (The Queen/Secretary of State for Transport, ex parte Factortame), ECLI:EU:C:1991:320, Rn. 22.

„die Möglichkeit, *in stabiler und kontinuierlicher Weise am Wirtschaftsleben eines anderen Mitgliedstaats als seines Herkunftsstaats teilzunehmen* und daraus Nutzen zu ziehen [...]".[410] Wie später zu zeigen sein wird, hat der EuGH seine Ansicht zu diesem Merkmal aber inzwischen geändert (unter III).

c) Stellungnahme

Die Voraussetzung, dass die Ausübung einer dauerhaften wirtschaftlichen Tätigkeit *conditio sine qua non* für die Ausübung der Niederlassungsfreiheit ist, ist in der juristischen Literatur unstrittig. Auch die traditionelle Rechtsprechung des EuGH war dieser Ansicht, so dass der EuGH in seiner Rechtsprechung zur Auslegung der Niederlassungsfreiheit lange Zeit auf dieser Voraussetzung bestanden hat. Dass dieses Erfordernis eine der Hauptvoraussetzungen für die Ausübung der Niederlassungsfreiheit darstellt, basiert auf mehreren Gründen.

Wie unter B. II. gezeigt wurde, deutet das Element einer wirklichen wirtschaftlichen Tätigkeit erstens darauf hin, dass ein niederlassungswilliges Unternehmen tatsächlich innerhalb der Union wirtschaftet und insofern seinen Standort, seinen Produktionsort oder den Ort, an dem es seine Produktionskräfte optimal einsetzen kann, mit Bedacht wählt. Die europäischen Grundfreiheiten geben den Unternehmen die Freiheit, diese Wahl zu treffen und jeder Wirtschafteilnehmer kann von diesen Wirtschaftsvorteilen profitieren.

Zweitens ist dieses Erfordernis auch ein starker Beweis, dass die Niederlassungsfreiheit keinen Selbstzweck hat. Ziel der Niederlassungsfreiheit ist nicht die Eröffnung der Möglichkeit für eine Gesellschaft, komparative Vorteile eines bestimmten Mitgliedstaates der Europäischen Union, dessen Rechtsordnung oder sogar dessen günstiger Wirtschafts- und Arbeitsbedingungen auszunutzen in der Art und Weise, dass die Wirtschaftsteilnehmer nur die jeweiligen Rechtsordnungen auswählen, die ihnen lediglich Vorteile bringen.

Ganz im Gegenteil. Die Niederlassungsfreiheit dient der Erreichung der Unionsziele und ist auch ein Faktor in der Vollendung des Binnenmarkts. Wäre die Niederlassungsfreiheit nur ein Selbstzweck, würde eine Verzerrung des Binnenmarkts drohen. Dies könnte dazu führen, dass der errichtete Binnenmarkt zu Verzerrungen führt, weil ein Unternehmen einen bestimmten Mitgliedstaat nur wegen dessen Steuerattraktivität für die unternehmerische Niederlassungsfreiheit wählt, einen anderen wegen dessen günstigeren Arbeitnehmerbedingungen und einen oder mehrere andere allein wegen ihren günstigeren Produktionsbedingungen. Dadurch könnte eine Spaltung innerhalb des Binnenmarkts entstehen, die nicht nur zu regionalen Unterschieden führen, sondern gegen die EU- Kohäsionsziele verstoßen würde. Dieses unter V. untersuchte Phänomen des sog. „Cherry Picking" wird in folgenden Kapiteln näher dargestellt.

410 EuGH, Urteil v. 30.11.1995, Rs. C-55/94 (Gebhard/Consiglio dell'Ordine degli Avvocati e Procuratori di Milano), ECLI:EU:C:1995:411, Rn. 25.

Schließlich wollten die „Gründungsväter" der Europäischen Union keinen gemeinsamen Markt und keine Union, in der jede Grundfreiheit separat existiert und zur Erreichung der eigenen Ziele führt. Die Europäische Idee war eine andere. Sie setzte zunächst einen gemeinsamen Markt mit gemeinsamen Grundfreiheiten voraus, der sich auf gemeinsamen Fortschritt, ausgewogene und nachhaltige Entwicklung richtet. Von der Perspektive der Niederlassungsfreiheit betrachtet können diese Ziele nicht erreicht werden, wenn die Inanspruchnahme der Niederlassungsfreiheit ohne eine wirkliche wirtschaftliche Tätigkeit möglich wäre.

3. Mangelhafte Inhaltsbestimmung der wirklichen wirtschaftlichen Tätigkeit

Da bislang von *wirklicher* wirtschaftlicher Tätigkeit oder (synonym) von *tatsächlicher* Teilnahme am Wirtschaftsleben des Aufnahmemitgliedstaates die Rede war, ist ersichtlich, dass es an einer präzisen Definition des Kriteriums „wirklich" (bzw. „tatsächlich") fehlt.

Art. 54 AEUV nennt nur die Form der Gesellschaften, die unter diesem Artikel Rechtsschutz finden. Nach dieser Norm stehen die Gesellschaften des bürgerlichen Rechts und des Handelsrechts einschließlich der Genossenschaften und der sonstigen juristischen Personen des öffentlichen und privaten Rechts mit Ausnahme derjenigen, die keinen Erwerbszweck verfolgen, unter dem niederlassungsrechtlichen Schirm. Diese Bestimmung des Unternehmensbegriffs, die sich allein an der Rechtsform orientiert,[411] hilft für die Bestimmung des Kerns der „wirklichen wirtschaftlichen Tätigkeit" nur begrenzt, da dieser Norm nicht zu entnehmen ist, was eine wirkliche wirtschaftliche Tätigkeit genau bedeutet. Es lässt sich aus ihr genauso wenig ableiten, welchen Inhalt eine Tätigkeit bei einem grenzüberschreitenden Vorgang beinhalten muss, um eine für die Inanspruchnahme der Niederlassungsfreiheit qualifizierte Tätigkeit zu sein.

a) Rechtsprechung des EuGH

So hat beispielsweise der EuGH im Urteil *National Grid Indus* entschieden: „In Ermangelung einer einheitlichen unionsrechtlichen Definition der Gesellschaften, denen die Niederlassungsfreiheit zugutekommt, anhand eines einheitlichen Anknüpfungskriteriums, nach dem sich das auf eine Gesellschaft anwendbare Recht bestimmt, ist die Frage, ob Art. 49 AEUV auf eine Gesellschaft anwendbar ist, die sich auf die dort verankerte Niederlassungsfreiheit beruft, ebenso wie im Übrigen die Frage, ob eine natürliche Person ein Staatsangehöriger eines Mitgliedstaats ist und sich aus diesem Grund auf diese Freiheit berufen kann, daher eine Vorfrage, die beim gegenwärtigen Stand des Unionsrechts nur nach dem

---

411 Vgl. *Haratsch/Koenig/Pechstein*, Europarecht, Rn. 1175, auch *Emmerich* in *Immenga/Mestmäcker/Emmerich*, AEUV, Art. 101, Rn. 6, 7.

anwendbaren nationalen Recht beantwortet werden kann".[412] Auch in der neueren Rechtsprechung, nämlich der Rechtssache *Vale* hat der EuGH festgestellt, dass in Ermangelung einer einheitlichen unionsrechtlichen Definition der Gesellschaften beim gegenwärtigen Stand des Unionsrechts nur nach dem anwendbaren nationalen Recht beantwortet werden kann, ob Art. 49 AEUV auf eine Gesellschaft, die sich auf die dort verankerte Niederlassungsfreiheit beruft, anwendbar ist.[413]

Es finden sich in der Rechtsprechung des EuGH sowie in der Literatur Aussagen zum Unternehmensbegriff und zur wirtschaftlichen Tätigkeit. So urteilte der EuGH in *ETI*, dass der Begriff des Unternehmens jede wirtschaftliche Tätigkeit unabhängig von der Rechtsform und der Art der Finanzierung umfasst.[414] Dies wurde im Urteil *Akzo Nobel* bestätigt.[415] Die *wirtschaftliche Tätigkeit* wiederum wurde vom EuGH zum ersten Mal im Urteil zur Transparenzrichtlinie aus dem Jahr 1987 definiert und lag danach vor, wenn eine Einheit Güter oder Dienstleistungen auf einem Markt anbietet.[416] Der Argumentation des EuGH nach bedeutet eine wirtschaftliche Tätigkeit, auf industrielle oder kommerzielle Art, Güter und Dienstleistungen auf dem Markt anzubieten.[417]

Im Urteil *Kommission/Italien*[418] befasste sich der EuGH mit dem Begriff der wirtschaftlichen Tätigkeit und kam zum Schluss, dass die Tätigkeit von Zollspediteuren eine wirtschaftliche Tätigkeit ist, da sie ihre Dienstleistungen gegen Entgelt anbieten und auch andere mit der Ausübung dieser Tätigkeit verbundenen finanziellen Risiken übernehmen.[419] Später wies der EuGH in „*Cadburry Schweppes*" kurz darauf hin, dass die Feststellung einer wirklichen wirtschaftlichen Tätigkeit im Aufnahmemitgliedstaat auf objektiven, von dritter Seite nachprüfbaren Anhaltspunkten beruhen muss, die sich u. a. auf das Ausmaß des greifbaren Vorhandenseins der beherrschten ausländischen Gesellschaft in Form von Geschäftsräumen,

---

412 EuGH, Urteil v. 29.11.2011, Rs. C-371/10 (National Grid Indus), ECLI:EU:C:2011:785, Rn. 26.

413 EuGH, Urteil v. 12.07.2021, Rs. C-378/10 (Vale), ECLI:EU:C:2012:440, Rn. 28.

414 EuGH, Urteil v. 11.12. 2007, Rs. 280/06 (ETI u. a.), C-280/06, ECLI:EU:C:2007:775, Rn. 38.

415 EuGH, Urteil v. 27.04.2017, Rs. C-516/15 P (Akzo Nobel and Others v Commission), ECLI:EU:C:2017:314, Rn. 47.

416 Krispenz, Das Merkmal der wirtschaftlichen Tätigkeit im Unternehmensbegriff des Europäischen Kartellrechts, S. 46.

417 EuGH, Urteil v. 16.06.1987, Rs. C-118/85 (Kommission/Italien), ECLI:EU:C:1987:283, Rn.7.

418 EuGH, Urteil v. 18.06.1998, Rs. C-35/96 (Kommission/Italien), ECLI:EU:C:1998:303, Rn. 37.

419 EuGH, Urteil v. 18.06.1998, Rs. C-35/96 (Kommission/Italien), ECLI:EU:C:1998:303, Rn. 37.

Personal und Ausrüstungsgegenständen beziehen würden.[420] In der Literatur sind unterschiedliche Definitionen dieses Begriffes zu finden.

b) Auffassungen in der Literatur

Wie der EuGH, so hat auch die juristische Literatur den Unternehmensbegriff ausgearbeitet. *Haratsch, Koenig und Pechstein* definieren den Begriff des Unternehmens als „jede eine *wirtschaftliche Tätigkeit* ausübende Einheit, unabhängig von ihrer Rechtsform und der Art ihrer Finanzierung, die nicht ausschließlich Verbraucher oder Arbeitnehmer ist".[421] So ist nach *Haratsch, Koenig, Pechstein* die wirtschaftliche Tätigkeit „jede Tätigkeit, die darin besteht, Güter oder Dienstleistungen auf einem bestimmten Markt anzubieten".[422] *Emmerich* bietet auch eine ähnliche und in Anlehnung an die Rechtsprechung des EuGH entwickelte Definition des Unternehmens als „jede eine *wirtschaftliche Tätigkeit* ausübende Einheit unabhängig von ihrer Rechtsform und der Art ihrer Finanzierung".[423] Andere halten die Marktteilnahme eines wirtschaftlichen Akteurs für einen wichtigen Aspekt der wirtschaftlichen Tätigkeit.[424]

Trotz dieser Ausführungen fehlt es bislang an einer detaillierten Ausarbeitung des Begriffs der „wirklichen wirtschaftlichen Tätigkeit". Aus diesem Grund wird im weiteren Fortgang der Arbeit der Versuch einer näheren Definition unternommen.

---

420 EuGH, Urteil v. 12.09.2006, Rs. C-196/04 (Cadbury Schweppes und Cadbury Schweppes Overseas Cadbury Schweppers), ECLI:EU:C:2006:544, Rn. 67.

421 *Haratsch/Koenig/Pechstein*, Europarecht, Rn. 1174.

422 *Haratsch/Koenig/Pechstein*, Europarecht, Rn. 1175.

423 *Emmerich* in Immenga/Mestmäcker/Emmerich, AEUV, Art. 101, Rn. 7.

424 Dazu ausführlich: *Krispenz*, Das Merkmal der wirtschaftlichen Tätigkeit im Unternehmensbegriff des Europäischen Kartellrechts, S. 46 ff.; zusätzlich auch: EuGH, Schlussanträge des GA Maduro v. 10.11.2005, Rs. C-205/03 (FENIN), ECLI:EU:C:2005:666, Rn. 13.

4. Briefkastengesellschaften als Beispiel für das Problem mangelnder wirklicher wirtschaftlicher Tätigkeiten

Die Inanspruchnahme der Niederlassungsfreiheit und das Fehlen der Ausübung einer wirklichen wirtschaftlichen Tätigkeit sind eng an das Problem der sog. Briefkastengesellschaften[425] (oder Briefkastenfirmen) geknüpft. Bei diesen fehlt es eindeutig an der Ausübung einer wirklichen wirtschaftlichen Tätigkeit. Denn eine Briefkastengesellschaft ist ein Unternehmen, das an dem Ort, an dem es registriert ist, keine oder nur sehr geringe Aktivitäten ausübt.[426] Das Thema der Briefkastengesellschaften und deren Status unter der Niederlassungsfreiheit ist ein altbekanntes Problem auf der Ebene des europäischen Wirtschaftsrechts.

Sehr kritisch zu Briefkastengesellschaften ist die juristische Literatur. So äußerten sich auch *Craig* und *De Burca*, die einige Entscheidungen des EuGH, die Briefkastengesellschaften den Schutz der Niederlassungsfreiheit gewährt haben, mit „Fehlen an jedem tiefen Verständnis der Wirtschaftsrechtspolitiken"[427] bezeichnen. *Sørensen* ist der Ansicht, dass eine Untergrabung des Binnenmarkts droht, wenn die Tätigkeiten solcher Gesellschaften darauf zielen, Steuerzahlungen zu vermeiden und/oder die Rechtsordnung eines Mitgliedstaates umzugehen.[428] Die Notwendigkeit der Ausübung einer wirtschaftlichen Tätigkeit bei der Inanspruchnahme der Niederlassungsfreiheit steht in der juristischen Literatur außer Diskussion. Nach *Verse* gibt es nach dem Wortlaut des Art. 49 AEUV keine Zweifel daran, dass eine auf Dauer angelegte Ansiedlung im Zuzugsstaat Anwendungsvoraussetzung der Niederlassungsfreiheit ist.[429]

Auch der EuGH hat in seiner früheren Rechtsprechung immer wieder betont, dass die Niederlassungsfreiheit die *tatsächliche Ausübung einer wirtschaftlichen*

---

425 In englischsprachigen Raum sind sie unter dem Namen letterbox companies, oder auch mailbox companies, brass-plate companies, shell companies oder pro forma-companies bekannt. S. dazu: *Sørensen*, The fight against letterbox companies in the internal market in Nordic & European Company Law, LSN Research Paper Series, heruntergeladen am 25.01.2021 von The Fight Against Letterbox Companies in the Internal Market by Karsten Engsig Sørensen, S. 1.

426 *Sørensen*, The fight against letterbox companies in the internal market in Nordic & European Company Law, LSN Research Paper Series, heruntergeladen am 25.01.2021 von The Fight Against Letterbox Companies in the Internal Market by Karsten Engsig Sørensen, S. 1.

427 *Craig/de Burca, EU Law – Texts, Cases and Materials, p. 815 f.*

428 *Sørensen*, The fight against letterbox companies in the internal market in Nordic & European Company Law, LSN Research Paper Series, heruntergeladen am 25.01.2021 von The Fight Against Letterbox Companies in the Internal Market by Karsten Engsig Sørensen, S. 1.

429 *Verse*, ZEuP 2013, 458, Rn. 479.

Tätigkeit mittels einer festen Einrichtung auf unbestimmte Zeit[430] bedeutet.[431] Schon im Urteil *Shell*[432] entschied der EuGH, dass sich der Begriff des Unternehmens an wirtschaftliche Einheiten richtet, die „[...] jeweils in einer einheitlichen Organisation persönlicher, materieller und immaterieller Mittel bestehen, die dauerhaft einen bestimmten wirtschaftlichen Zweck verfolgt [...]".[433] Und auch im Urteil *Factortame II*[434] sah er die Voraussetzung einer festen Einrichtung als die Voraussetzung für die Ausübung der Niederlassungsfreiheit. Nach der Auffassung des Gerichtshofs im *Cadbury Schweppes* setzte *eine tatsächliche Ansiedlung* der betreffenden Gesellschaft im Aufnahmemitgliedstaat und *die Ausübung einer wirklichen wirtschaftlichen Tätigkeit* in diesem die Inanspruchnahme der Niederlassungsfreiheit voraus. Die Beschränkung des Anwendungsbereichs der Niederlassungsfreiheit war nach der Auffassung des Gerichthofs, nur mit Gründen der Bekämpfung missbräuchlicher Praktiken zu rechtfertigen".[435]

Wie in den folgenden Zeilen gezeigt wird, verfolgt der EuGH bei der Anwendung der Niederlassungsfreiheit auf Briefkastenfirmen aber keinen einheitlichen Kurs.

III. Entwicklung der Rechtsprechung des EuGH zum Erfordernis einer wirklichen wirtschaftlichen Tätigkeit

1. *Centros*

a) *Urteil*

In *Centros* hat der EuGH einem Unternehmen, das in England und Wales als „private limited company" gegründet wurde, niederlassungsrechtlichen Schutz gewährt, obwohl dieses von einem dänischen Ehepaar nur zu dem Zweck gegründet wurde, strengere dänische Vorschriften zur Unternehmensgründung zu vermeiden. Die gesamte Tätigkeit des Unternehmens fand in Dänemark statt.[436] Das Gericht meinte, das Ziel der Vertragsvorschriften über die Niederlassungsfreiheit sei es,

430 Hervorhebung durch Verfasserin.

431 EuGH Urteil v. 12.09.2006, Rs. C-196/04 (Cadbury Schweppes und Cadbury Schweppes Overseas), ECLI:EU:C:2006:544, Rn. 54.

432 EuGH, Urteil v. 10.03.1992, Rs. T-11/89 (Shell/Kommission), ECLI:EU:T:1992:33.

433 EuGH, Urteil v. 10.03.1992, Rs. T-11/89 (Shell/Kommission), ECLI:EU:T:1992:33, Rn. 311.

434 EuGH, Urteil v. 25.07.1991, Rs. C-221/89 (The Queen/Secretary of State for Transport, ex parte Factortame), ECLI:EU:C:1991:320, Rn. 34.

435 EuGH Urteil vom 12.09.2006, Rs. C-196/04 (Cadbury Schweppes und Cadbury Schweppes Overseas), ECLI:EU:C:2006:544, Rn. 55.

436 EuGH, Urteil v. 09.03.1999, Rs. C-212/97 (Centros), ECLI:EU:C:1999:126, Rn. 26.

den nach dem Recht eines Mitgliedstaats errichteten Gesellschaften zu erlauben, in anderen Mitgliedstaaten tätig zu werden".[437] Die Geschäftsidee des dänischen Ehepaars war also, der Argumentation des Gerichtshofs nach, kein Missbrauch. In seiner Argumentation setzte der EuGH das Binnenmarktargument ein und meinte, diese Konstruktion sei vom Gewährleistungsgehalt des Binnenmarkts umfasst.[438]

Die Entscheidungen *Überseering* und *Inspire Art* folgten nach dem *Centros* Urteil und entwickelten den Anwendungsbereich der Niederlassungsfreiheit weiter.[439] In *Überseering* fand der EuGH, dass es „eine mit den Art. 43 EG und 48 EG grundsätzlich nicht vereinbare Beschränkung der Niederlassungsfreiheit [darstellt], wenn ein Mitgliedstaat sich u. a. deshalb weigert, die Rechtsfähigkeit einer Gesellschaft, die nach dem Recht eines anderen Mitgliedstaats gegründet worden ist und dort ihren satzungsmäßigen Sitz hat, anzuerkennen, weil die Gesellschaft im Anschluss an den Erwerb sämtlicher Geschäftsanteile durch in seinem Hoheitsgebiet wohnende eigene Staatsangehörige, ihren tatsächlichen Verwaltungssitz in sein Hoheitsgebiet verlegt haben soll, mit der Folge, dass die Gesellschaft im Aufnahmemitgliedstaat nicht zu dem Zweck parteifähig ist, ihre Ansprüche aus einem Vertrag geltend zu machen, es sei denn, dass sie sich nach dem Recht dieses Aufnahmestaats neu gründet".[440] Der EuGH entschied, dass deutsche Gerichte gegen die Niederlassungsfreiheit verstoßen haben. Er entschied auch, dass die Bundesrepublik Deutschland als Aufnahmemitgliedstaat verpflichtet ist das Unternehmen *Überseering* (das in den Niederlanden wirksam gegründet worden war und dort ihren satzungsmäßigen Sitz hatte) anzuerkennen in seiner aus seinem Herkunftsstaat stammenden Rechtsform. Somit stand dem Unternehmen *Überseering* das Recht zu, als Gesellschaft niederländischen Rechts in Deutschland von ihrer Niederlassungsfreiheit Gebrauch zu machen.

Durch das Urteil *Inspire Art* stellte der EuGH fest, dass „die Art. 43 EG und 48 EG einer Regelung entgegenstehen, die die Ausübung der Freiheit zur Errichtung einer Zweitniederlassung in diesem Staat durch eine nach dem Recht eines anderen Mitgliedstaats gegründete Gesellschaft von bestimmten Voraussetzungen abhängig macht, die im innerstaatlichen Recht für die Gründung von Gesellschaften bezüglich des Mindestkapitals und der Haftung der Geschäftsführer vorgesehen sind. Die Gründe, aus denen die Gesellschaft in dem anderen Mitgliedstaat errichtet wurde, sowie der Umstand, dass sie ihre Tätigkeit ausschließlich oder nahezu ausschließlich im Mitgliedstaat der Niederlassung ausübt, nehmen ihr nicht das Recht, sich auf die durch den Vertrag garantierte Niederlassungsfreiheit zu berufen, es sei denn, im konkreten Fall wird ein Missbrauch nachgewiesen".[441]

---

437 EuGH, Urteil v. 09.03.1999, Rs. C-212/97 (Centros), ECLI:EU:C:1999:126, Rn. 26.

438 EuGH, Urteil v. 09.03.1999, Rs. C-212/97 (Centros), ECLI:EU:C:1999:126, Rn. 26.

439 *Craig/de Burca, EU Law – Texts, Cases and Materials, p. 813.*

440 EuGH, Urteil v. 05.11.2002, Rs. C-208/00 (Überseering), ECLI:EU:C:2002:632, Rn. 82.

441 EuGH, Urteil v 30.09.2003, Rs. C-167/01 (Inspire Art), ECLI:EU:C:2003:512, Rn. 105.

b) *Einordnung des Urteils*

Das „Centros Phänomen" wurde somit das Geschäftsmodell für viele Unternehmen innerhalb der Europäischen Union.[442] Eine von *Becht, Mayer und Wagner* durchgeführte Studie zeigte beispielsweise, dass zwischen 1997 und 2006 insgesamt allein 41.499 deutsch–englischen Unternehmen entstanden sind.[443]

Das Ergebnis der *Centros* Urteils ist äußerst bedenklich. Mit dieser Entscheidung hatte der EuGH die Tätigkeit der Briefkastengesellschaft praktisch legalisiert und somit den Weg für ihre Tätigkeit geöffnet. Hierzu argumentiert *Ringe* mit Recht, dass die in *Centros* vorgenommene Geschäftsoperation nicht nur als legal anerkannt wurde, sondern sie kamen unter den Schutzschirm der Niederlassungsfreiheit.[444]

Obwohl das Unternehmen *Centros* in Dänemark als Niederlassungsstaat eine wirtschaftliche Tätigkeit ausgeübt hat (und sogar seine komplette) bleibt das Ergebnis dieser Entscheidung nach wie vor unter dem Verdacht eines Rechtsmissbrauchs. *Centros* hatte nur die günstigeren Rechtsvorschriften in seinem Herkunftsstaat ausgenutzt und dort keine wirtschaftliche Tätigkeit ausgeübt – es waren nur die Rechtsvorschriften über die Unternehmensgründung, die für dieses Unternehmen vorteilhafter waren als diejenigen in Dänemark.

2. *Cadbury Schweppes*

a) *Urteil*

Die gleiche Frage, ob es einen Missbrauch der Niederlassungsfreiheit darstellt, wenn ein Unternehmen eine Gesellschaft in einem anderen Mitgliedstaat zu dem einzigen Zweck gründet, um die dort geltenden günstigeren Steuervorteile zu genießen, prüfte der Gerichtshof im Urteil *Cadbury Schweppes.* Auch diesmal wurde diese Geschäftsoperation nicht als missbräuchlich eingestuft.

Nach Auffassung der Richter aus Luxemburg „darf einem Gemeinschaftsangehörigen nicht schon allein deshalb die Möglichkeit, sich auf die Bestimmungen

---

442 *Ringe*, Sparkling Regulatory Competition in European Company Law: The impact of the Centros Line of Case Law and its Concept of "Abuse of Law" in: *la Feria, Vogenauer*, 2011. heruntergeladen am 18.01.2021 von: http://search.ebscohost.com/login.aspx?direct=true&db=e000xww&AN=437551&site=ehost-live.

443 *Ringe*, Sparkling Regulatory Competition in European Company Law: The impact of the Centros Line of Case Law and its Concept of "Abuse of Law" in: *la Feria, Vogenauer*, 2011. heruntergeladen am 18.01.2021 von: http://search.ebscohost.com/login.aspx?direct=true&db=e000xww&AN=437551&site=ehost-live.

444 *Ringe*, Sparkling Regulatory Competition in European Company Law: The impact of the Centros Line of Case Law and its Concept of "Abuse of Law" in: *la Feria, Vogenauer*, 2011. heruntergeladen am 18.01.2021 von: http://search.ebscohost.com/login.aspx?direct=true&db=e000xww&AN=437551&site=ehost-live.

des Vertrages zu berufen, genommen werden, nur weil er beabsichtigt, von der in einem anderen Mitgliedstaat als dem seiner Ansässigkeit geltenden vorteilhaften Steuerrechtslage zu profitieren".[445] Mit Berufung auf seine Rechtsprechung in *Centros* und *Inspire Art* hat der EuGH nochmals wiederholt, dass der Umstand, dass eine Gesellschaft in einem Mitgliedstaat mit dem Ziel gegründet worden ist, in den Genuss vorteilhafterer Rechtsvorschriften zu kommen, für sich allein nicht ausreicht, um auf eine missbräuchliche Ausnutzung dieser Freiheit zu schließen.[446]

Anders als in *Centros* und in Anknüpfung an die *Gebhard-Formel* betonte der EuGH allerdings, dass die Niedererlassungsfreiheit *die „tatsächliche Ausübung einer wirtschaftlichen Tätigkeit mittels einer festen Einrichtung in diesem Staat auf unbestimmte Zeit"* voraussetze. Nach der Argumentation des EuGH muss diese „Gründung mit einer tatsächlichen Ansiedlung zusammenhängen, deren Zweck darin besteht, wirklichen wirtschaftlichen Tätigkeiten im Aufnahmemitgliedstaat nachzugehen" ...[447] Dabei berief sich der EuGH auf die Urteile *Factortame*[448] und *Kommission/Vereinigtes Königreich*[449] und urteilte, dass die Niederlassungsfreiheit nicht nur die tatsächliche Ausübung einer wirtschaftlichen Tätigkeit voraussetze, sondern darüber hinausgehend, auch eine feste Einrichtung verlange.

b) Einordnung des Urteils

Im Prinzip könnte das *Cadbury Schweppes*-Urteil des EuGH dem Urteil *Centros* widersprechen. In *Centros* entschied der EuGH, dass keine missbräuchliche Ausnutzung des Niederlassungsrechts vorliegt, wenn ein Staatsangehöriger eines Mitgliedstaats, der eine Gesellschaft gründen möchte, diese in dem Mitgliedstaat errichtet, dessen gesellschaftsrechtliche Vorschriften ihm die größte Freiheit lassen und in anderen Mitgliedstaaten Zweigniederlassungen gründet.[450] Dabei prüfte der EuGH die beabsichtigte Tätigkeit und deren Inhalt weder auf der Tatbestands- noch auf der Rechtsfertigungsebene. Auf der anderen Seite urteilte der EuGH in *Cadbury Schweppes*, dass eine tatsächliche Ansiedlung der betreffenden Gesellschaft im Aufnahmemitgliedstaat und die *Ausübung einer wirklichen wirtschaftlichen*

---

445 EuGH, Urteil v. 12.09.2006, Rs. C-196/04 (Cadbury Schweppes und Cadbury Schweppes Overseas), ECLI:EU:C:2006:544, Rn. 71.

446 EuGH Urteil vom 12.09.2006, Rs. C-196/04 (Cadbury Schweppes und Cadbury Schweppes Overseas), ECLI:EU:C:2006:544, Rn. 37.

447 EuGH Urteil vom 12.09.2006, Rs. C-196/04 (Cadbury Schweppes und Cadbury Schweppes Overseas), ECLI:EU:C:2006:544, Rn. 66.

448 EuGH, Urteil v. 25.07.1991, Rs. C-221/89 (The Queen/Secretary of State for Transport, ex parte Factortame), ECLI:EU:C:1991:320.

449 EuGH, Urteil v. 04.10.1991, Rs. C-246/89 (Kommission/Vereinigtes Königreich), ECLI:EU:C:1991:375, Rn. 21.

450 EuGH, Urteil v. 09.03.1999, Rs. C-212/97 (Centros), ECLI:EU:C:1999:126, Rn. 27.

Tätigkeit Voraussetzungen für die Ausübung der Niederlassungsfreiheit seien.[451] Somit waren rein künstliche Gestaltungen kein Teil der Niederlassungsfreiheit.[452]

Dieser Wandel in der Rechtsprechung war zu begrüßen. Der EuGH hatte erkannt, dass der durch das *Centros* Urteil eröffnete Weg eine Einladung für missbräuchliche Gestaltungen war. Zwei Tage nachdem das Urteil erlassen wurde, entschied der EuGH in der Rechtssache *Stauffer*, dass „Voraussetzung für die Anwendbarkeit der Bestimmungen über das Niederlassungsrecht grundsätzlich ist, dass *eine dauernde Präsenz im Aufnahmemitgliedstaat sichergestellt* ist".[453] Ein paar Jahre später entschied der EuGH wieder sehr ähnlich in der Rechtssache *Schmelz* und betonte, dass „Voraussetzung für die Anwendbarkeit der Bestimmungen über das Niederlassungsrecht [...] grundsätzlich [ist], dass *eine dauernde Präsenz im Aufnahmemitgliedstaat sichergestellt ist* [...] und, dass eine solche dauernde Präsenz [...] sich auf der Grundlage objektiver und nachprüfbarer Anhaltspunkte feststellen lassen muss, die sich u.a. auf das Ausmaß des greifbaren Vorhandenseins in Form von Geschäftsräumen, Personal und Ausrüstungsgegenständen beziehen".[454]

Mit der in *Cadbury Schweppes* begründeten ratio decidendi hat der EuGH im Prinzip zwei Kriterien für die Inanspruchnahme des Art. 54 AEUV etabliert. Neben dem subjektiven Kriterium, das sich in einer Absicht, in den Genuss der günstigeren Rechtsvorschriften zu kommen darstellen lässt, ist ein objektives Kriterium notwendig, das an objektiven Anhaltspunkten anknüpft.[455] Das objektive Kriterium bedeutet, dass, ungeachtet des Vorhandenseins von Motiven der mit der Niederlassungsfreiheit verfolgte Zweck erreicht werden muss, der nach objektiven Kriterien zu bestimmen ist.

3. *VALE Építési*

a) Urteil

Die Frage, ob eine italienische Gesellschaft ihren Satzungssitz von Italien nach Ungarn verlegen und sich in eine Gesellschaft ungarischen Rechts umwandeln darf, prüfte der EuGH in seinem Urteil *Vale*.[456] Die *VALE Costruzioni Srl* (eine

451 EuGH Urteil v. 12.09.2006, Rs. C-196/04 (Cadbury Schweppes und Cadbury Schweppes Overseas), ECLI:EU:C:2006:544, Rn. 54.

452 EuGH Urteil v. 12.09.2006, Rs. C-196/04 (Cadbury Schweppes und Cadbury Schweppes Overseas), ECLI:EU:C:2006:544, Rn. 36.

453 EuGH, Urteil v. 14.09.2006, Rs. C-386/04 (Centro di Musicologia Walter Stauffer) ECLI:EU:C:2006:568, Rn. 19.

454 EuGH, Urteil v. 26.10.2010, Rs. C-97/09 (Schmelz), ECLI:EU:C:2010:632, Rn. 38.

455 EuGH Urteil v. 12.09.2006, Rs. C-196/04 (Cadbury Schweppes und Cadbury Schweppes Overseas), ECLI:EU:C:2006:544, Rn. 66.

456 EuGH, Urteil v. 12.07.2012, Rs. C-378/10 (VALE Építési), ECLI:EU:C:2012:440. Weiter als *Vale*

Gesellschaft mit beschränkter Haftung italienischen Rechts) beabsichtigte ihren Sitz und ihre Tätigkeit nach Ungarn zu verlegen und ihre Tätigkeit in Italien einzustellen. In Umsetzung dieses Beschlusses schlossen der Geschäftsführer von *VALE Costruzioni* und eine weitere natürliche Person den Gesellschaftsvertrag der *VALE Építési kft* (einer Gesellschaft mit beschränkter Haftung ungarischen Rechts), um ihre Eintragung in das ungarische Handelsregister zu erwirken und zahlten das nach ungarischem Recht für die Eintragung in das Handelsregister erforderliche Gesellschaftskapital ein.[457] Schließlich beantragte der Vertreter von *VALE Építési* beim ungarischen Handelsregistergericht die Eintragung der Gesellschaft nach ungarischem Recht. Da dieser Antrag vor mehreren gerichtlichen Instanzen abgelehnt wurde, setzte der Oberste Gerichtshof Ungarns das Verfahren aus und legte dem EuGH mehrere Fragen zur Vorabentscheidung vor.

Zunächst wollte der Oberste Gerichtshof wissen, ob Art. 49 AEUV und 54 AEUV der ungarischen Regelung entgegenstehen, die für inländische Gesellschaften die Möglichkeit einer Umwandlung vorsah, die Umwandlung einer dem Recht eines anderen Mitgliedstaats unterliegenden Gesellschaft in eine inländische Gesellschaft mittels Gründung der letztgenannten Gesellschaft aber nicht zugelassen hat.[458] Der Umstand, dass ungarisches Recht für inländische Gesellschaften die Möglichkeit einer Umwandlung vorgesehen hat, die Umwandlung einer dem Recht eines anderen Mitgliedstaats unterliegenden Gesellschaft aber nicht erlaubt, fiel in den Anwendungsbereich der Art. 49 AEUV und 54 AEUV. Allerdings stellte der EuGH prima facie klar, dass die Niederlassungsfreiheit *die tatsächliche Ausübung einer wirtschaftlichen Tätigkeit mittels einer festen Einrichtung im Aufnahmemitgliedstaat auf unbestimmte Zeit* voraussetzt.[459]

Somit bestätigte der Gerichtshof seine Aussagen aus der früheren Rechtsprechung und die Erfordernisse einer *tatsächlichen Ansiedlung* der betreffenden Gesellschaft und der Ausübung einer wirklichen wirtschaftlichen Tätigkeit. Im Fall Vale gab es keine Anhaltspunkte dafür, dass sich die Tätigkeiten von *VALE Építési* auf Italien beschränken oder dass sie nicht beabsichtigt, sich tatsächlich in Ungarn anzusiedeln; diese Prüfung überließ der EuGH aber dem vorlegenden Gericht.[460]

Ähnlich wie in der Rechtsache *SEVIC* entschied der EuGH in *Vale*, dass die in Rede stehende ungarische nationale Regelung geeignet war, Gesellschaften mit Sitz in anderen Mitgliedstaaten davon abzuhalten, von der im AEUV verankerten Niederlassungsfreiheit Gebrauch zu machen und stellte somit eine Beschränkung im Sinne der Art. 49 AEUV und 54 AEUV fest.[461]

---

457 EuGH, Urteil v. 12.07.2012, Rs. C-378/10 (VALE Építési), ECLI:EU:C:2012:440, Rn. 10.

458 EuGH, Urteil v. 12.07.2012, Rs. C-378/10 (VALE Építési), ECLI:EU:C:2012:440, Rn. 23.

459 EuGH, Urteil v. 12.07.2012, Rs. C-378/10 (VALE Építési), ECLI:EU:C:2012:440, Rn. 34.

460 EuGH, Urteil v. 12.07.2012, Rs. C-378/10 (VALE Építési), ECLI:EU:C:2012:440, Rn. 35.

461 EuGH, Urteil v. 12.07.2012, Rs. C-378/10 (VALE Építési), ECLI:EU:C:2012:440, Rn. 36. Vgl. in diesem Sinne auch EuGH, Urteil v. 15.12.2005, Rs. C-411/03 (SEVIC Systems), ECLI:EU:C:2005:762, Rn. 22 und 23.

b) *Einordnung des Urteils*

V. Hein merkt dazu an, dass „diese vom Gerichtshof ‚realwirtschaftliche Betrachtung der Niederlassungsfreiheit' zu einer kontroversen Diskussion darüber führte, ob der EuGH implizit das Erfordernis eines ‚*genuine link*' zwischen der Tätigkeit einer Gesellschaft und ihrem Registrierungsstaat aufgestellt hatte".[462]

In der juristischen Literatur gibt es dazu zwei unterschiedliche Meinungslager. Nach der herrschenden Ansicht änderte das *Vale* Urteil in der bisherigen Praxis nichts, es bleiben also alle durch *Centros* gewährleisteten Freiheiten in Kraft.[463] Diese Auffassung argumentiert, dass der Gründungsstaat zu entscheiden habe, unter welchen Voraussetzungen eine Gesellschaft nach seinem Recht gegründet werden kann und ob auf das Erfordernis eines „genuine link" verzichtet werden kann.[464]

Überzeugend ist jedoch die Gegenauffassung, nach der das Urteil *Centros* mit *Vale* definitiv überholt war.[465] Die Hauptrechtsfolge des *Vale* Urteils war, dass für die grenzüberschreitende Sitzverlegung eine tatsächliche Ansiedlung der betreffenden Gesellschaft und die Ausübung einer wirklichen wirtschaftlichen Tätigkeit im Zuzugsstaat notwendig war.[466] Der EuGH kehrte nochmals zu seiner Rechtsprechung und den wesentlichen, der Niederlassungsfreiheit immanenten Voraussetzungen zurück: *Ausübung einer kontinuierlichen wirtschaftlichen Tätigkeit*[467], diesmal auch in der rechtlichen Konstellation einer grenzüberschreitenden Umwandlung einer Gesellschaft in eine Gesellschaft des Aufnahmemitgliedstaates.

4. *Polbud*

a) *Urteil*

Im Urteil *Polbud* untersuchte der EuGH die Frage, ob eine isolierte Satzungssitzverlegung in den Anwendungsbereich der Niederlassungsfreiheit der Art. 49 AEUV i.V.m. Art. 54 AEUV fällt und ob ein Verstoß gegen diese vorliegt, wenn die Löschung im polnischen Handelsregister von einem Nachweis über die Auflösung und Liquidation der Gesellschaft abhängig gemacht wird.[468] Die entscheidende

---

462 v. *Hein* in Münchener Kommentar zum BGB, Art. 3 EGBGB, Rn. 110.

463 v. *Hein* in Münchener Kommentar zum BGB, Art. 3 EGBGB, Rn. 113.

464 v. *Hein* in Münchener Kommentar zum BGB, Art. 3 EGBGB, Rn. 113. Vgl. mit BGH NZG 2011, 1114 Rn. 20f.; Verse ZEuP 2013, 458, Rn. 472ff.

465 *Kindler*, EuZW 2012, 888, Rn. 891ff.; *Kindler*, DNotZ-Sonderheft 2016, 75, Rn. 94; *König/Bormann*, NZG 2012, 1241, Rn. 1241ff.; *Roth*, EuZW 2010, 607, Rn. 607ff.; *Roth*, ZIP 2012, 1744, Rn. 1744ff.; *Böttcher/Kraft*, NJW 2012, 2701, Rn. 2703.

466 *Kindler*, EuZW 2012, 888, Rn. 892.

467 Hervorhebung durch Verfasserin.

468 *Dostal* in Römermann, MAH GmbHR, § 26, Rn. 157, 158.

Frage im ganzen Verfahren war, ob die Niederlassungsfreiheit nicht nur die freie Wahl des Standorts innerhalb der Union garantiert, sondern losgelöst davon auch den grenzüberschreitenden Wechsel der Rechtsform einer Gesellschaft.[469]

Hintergrund des Urteils war folgender Fall: *Polbud* als eine beschränkt haftende Gesellschaft mit Sitz in Polen beabsichtigte auf der Grundlage des Beschlusses ihrer außerordentlichen Hauptversammlung, ihren Gesellschaftssitz nach Luxemburg zu verlegen. Aus Akten, die dem EuGH vorgelegt wurden, ergab sich kein Hinweis darauf, dass nach dem Beschluss eine Verlegung des Verwaltungssitzes der Gesellschaft oder des Ortes der tatsächlichen Ausübung ihrer wirtschaftlichen Tätigkeit nach Luxemburg geplant war.[470] Dies bedeutete praktisch, dass nur der Satzungssitz und nicht auch der Verwaltungssitz oder die tatsächliche wirtschaftliche Tätigkeit in den Aufnahmestaat (Luxemburg) verlegt werden sollten. Sie blieben weiterhin in Polen. Auf Grundlage dieses Beschlusses der außerordentlichen Hauptversammlung und auf Antrag des Unternehmens *Polbud* wurde die Eröffnung des Liquidationsverfahrens im Handelsregister Polens eingetragen. Gleichzeitig hat *Polbud* seinen Satzungssitz nach Luxemburg verlegt um dort unter dem Namen *Consoil Geotechnik Sàrl* und unter Wahrung seiner Rechtspersönlichkeit, eine Gesellschaft nach luxemburgischen Recht zu werden. Daraufhin stellte *Polbud* beim Registergericht Polens den Antrag auf Löschung im polnischen Handelsregister mit der Begründung, dass dieses Unternehmen seinen Gesellschaftssitz nach Luxemburg verlegt hat.[471] Das polnische Gericht hat den Antrag auf Löschung der Gesellschaft aus dem polnischen Handelsregister abgelehnt mit der Begründung, dass *Polbud* zuvor nicht aufgelöst und liquidiert wurde. Dies aber war nach polnischem Recht erforderlich, so dass eine Löschung erst nach Durchführung eines ordnungsgemäßen Liquidationsverfahrens erfolgen konnte. Nachdem der Antrag von *Polbud* in beiden Instanzen abgelehnt wurde und *Polbud* sich mittels Kassationsbeschwerde an den Obersten Gerichtshof Polens wandte, entschied dieser, das Verfahren auszusetzen und dem EuGH folgende Fragen zur Vorabentscheidung vorzulegen:

> „Stehen die Art. 49 und 54 AEUV der Anwendung von Vorschriften des nationalen Rechts durch einen Mitgliedstaat, in dem eine Gesellschaft mit beschränkter Haftung gegründet wurde, entgegen, die die Löschung im Handelsregister von der Auflösung der Gesellschaft nach Durchführung der Liquidation abhängig machen, wenn die Gesellschaft in einem anderen Mitgliedstaat auf der Grundlage eines Gesellschafterbeschlusses neu gegründet wurde, der die Fortsetzung der in dem Gründungsmitgliedstaat erworbenen Rechtspersönlichkeit vorsieht?“[472]

469 EuGH, Schlussanträge der GA Kokott v. 04.04.2017, Rs. C-106/16 (Polbud), ECLI:EU:C:2017:351, Rn. 3.

470 EuGH, Urteil v. 25.10.2017, Rs. C-106/16 (Polbud), ECLI:EU:C:2017:804, Rn. 8.

471 EuGH, Urteil v. 25.10.2017, Rs. C-106/16 (Polbud), ECLI:EU:C:2017:804, Rn. 11.

472 EuGH, Urteil v. 25.10.2017, Rs. C-106/16 (Polbud), ECLI:EU:C:2017:804, Rn. 18.

Wenn diese Frage negativ beantwortet werden sollte, so fragte der Oberste Gerichtshof Polens den EuGH weiter, ob die

> „Art. 49 und 54 AEUV dahin ausgelegt werden können, dass die nach nationalem Recht vorgesehene Pflicht zur Durchführung eines Liquidationsverfahrens … ein geeignetes, notwendiges und verhältnismäßiges Mittel darstellt, um das schutzwürdige öffentliche Interesse zu wahren, das darauf gerichtet ist, die Gläubiger, die Minderheitsgesellschafter und die Arbeitnehmer der wegziehenden Gesellschaft zu schützen?“[473]

Die für die vorliegende Untersuchung im Zentrum stehende Problematik gab Anlass zur dritten Vorlagefrage. So fragte das polnische Gericht, ob

> „die Art. 49 und 54 AEUV dahin auszulegen [sind], dass eine Beschränkung der Niederlassungsfreiheit vorliegt, wenn eine Gesellschaft mit dem Ziel der Umwandlung in eine Gesellschaft eines anderen Mitgliedstaats ihren satzungsmäßigen Sitz dorthin verlegt, ohne den Hauptsitz des Unternehmens zu ändern, der im Gründungsmitgliedstaat verbleibt“?[474]

Unter Berücksichtigung seiner Argumentation in der *Vale*-Entscheidung[475] entschied der EuGH, dass die Niederlassungsfreiheit auch den grenzüberschreitenden Formwechsel von Gesellschaften innerhalb der Europäischen Union bei isolierter Verlegung des Satzungssitzes umfasse, sofern dabei die im jeweiligen Zuzugsstaat geltenden Bestimmungen eingehalten werden.[476] Der EuGH beruft sich dabei auf den in der Rechtssache *Centros* entwickelten *Grundsatz der Rechtswahlfreiheit* für Gesellschaften.[477] Der EuGH legte die Art. 49 und 54 AEUV also so aus, dass sie der polnischen Regelung entgegenstanden, die die Verlegung des satzungsmäßigen Sitzes von *Polbud* nach Luxemburg von der Auflösung in Polen abhängig gemacht hat.

Die Art. 49 und 54 AEUV waren so auszulegen, dass die Niederlassungsfreiheit für die Verlegung des satzungsmäßigen Sitzes einer nach dem Recht eines Mitgliedstaats gegründeten Gesellschaft in einen anderen Mitgliedstaat gilt, durch die diese unter Einhaltung der dort geltenden Bestimmungen ohne Verlegung ihres tatsächlichen Sitzes in eine dem Recht dieses anderen Mitgliedstaats unterliegende Gesellschaft umgewandelt werden soll.[478]

---

473 EuGH, Urteil v. 25.10.2017, Rs. C-106/16 (Polbud), ECLI:EU:C:2017:804, Rn. 18.
474 EuGH, Urteil v. 25.10.2017, Rs. C-106/16 (Polbud), ECLI:EU:C:2017:804, Rn. 18.
475 EuZW 2017, 906, Rn. 43 ff.
476 EuZW 2017, 906, Rn. 41 ff.
477 *Dostal* in Römermann, MAH GmbHR, § 26, Rn. 158.
478 EuGH, Urteil v. 25.10.2017, Rs. C-106/16 (Polbud), ECLI:EU:C:2017:804, Rn. 66.

b) Einordnung des Urteils

Nachdem vor allem das Urteil *Vale* Ruhe und Kontinuität in das Gesellschaftsrecht der Europäischen Union gebracht hatte, bringt der EuGH mit seinem neuesten Urteil in diesem Bereich Verwirrung und sorgt für Rechtsunsicherheit. Denn mit dem *Polbud*-Judikat hat der EuGH die in *Cadbury Schweppes* und *Vale* entwickelten Grundsätze wieder über Bord geworfen.

Der EuGH übersieht im *Polbud-Urteil* den Unterschied zwischen zwei Konstellationen: Der freien Wahl des Satzungssitzes (geschützt durch die Urteile *Centros* und *Inspire Art*) einerseits und den Wechsel der Rechtsordnung mittels eines grenzüberschreitenden Formwechsels per isolierter Sitzverlegung andererseits.[479] In Rn. 38 des *Centros*-Urteils urteilte das Gericht, dass ein Sachverhalt, bei dem eine Gesellschaft, die nach dem Recht des Mitgliedstaats, in dem sie ihren satzungsmäßigen Sitz hat, gegründet wurde, eine Zweigniederlassung in einem anderen Mitgliedstaat gründen will, unter die Niederlassungsfreiheit fällt, selbst wenn die Gesellschaft im ersten Mitgliedstaat nur errichtet wurde, um sich im zweiten Mitgliedstaat niederzulassen, in dem die Geschäftstätigkeit im Wesentlichen oder ausschließlich ausgeübt werden soll (vgl. Rn. 17 des *Centros*-Urteils).[480] Die vom EuGH in *Polbud* gezogene Parallele zur *Centros* Rechtsprechung geht jedoch fehl. Zwar trifft es zu, dass im Ergebnis in beiden Fällen eine Trennung von Satzungs- und Verwaltungssitz erfolgt. Jedoch sind die Ausgangssituation und die Interessenlage der betroffenen Bezugsgruppen grundverschieden: Beabsichtigt eine Gesellschaft, ihren Verwaltungssitz in einen anderen Mitgliedstaat zu verlegen, impliziert dies die Absicht, dort eine wirtschaftliche Tätigkeit auszuüben. Damit wäre der Anwendungsbereich der Niederlassungsfreiheit eröffnet, da sich die Gesellschaft dort tatsächlich ansiedeln möchte.[481] Ob sich *Polbud* in Luxemburg tatsächlich angesiedelt hat oder ansiedeln wollte, hat der Gerichtshof jedoch gar nicht geprüft.

Das Ergebnis des *Polbud*-Urteils widerspricht zudem der Argumentation und den Schlussanträgen der Generalanwältin *Kokott*. Sie plädierte in ihren Schlussanträgen dafür, dass „unter die Niederlassungsfreiheit nach Art. 49 und 54 AEUV ein Vorgang fällt, bei dem eine nach dem Recht eines Mitgliedstaats gegründete Gesellschaft mit dem Ziel der Umwandlung in eine Gesellschaft eines anderen Mitgliedstaats ihren satzungsmäßigen Sitz in diesen Mitgliedstaat verlegt, sofern eine tatsächliche Ansiedlung dieser Gesellschaft im anderen Mitgliedstaat zum Zweck der Ausübung einer wirklichen wirtschaftlichen Tätigkeit besteht oder beabsichtigt wird. Davon unberührt bleibt die Befugnis dieses Mitgliedstaats, sowohl die Anknüpfung zu bestimmen, die eine Gesellschaft aufweisen muss, um als nach

479 *Kieninger*, ZEuP 2018, 309, Rn. 312.

480 EuGH, Urteil v. 25.10.2017, Rs. C-106/16 (Polbud), ECLI:EU:C:2017:804, Rn. 38, vgl. auch mit EuGH, Urteil v. 09.03.1999, Rs. C-212/97 (Centros), ECLI:EU:C:1999:126, Rn. 17.

481 *Stelmaszczyk*, EuZW 2017, 890, Rn. 894.

seinem Recht gegründet angesehen zu werden, als auch die Anknüpfung, die für den Erhalt dieser Eigenschaft verlangt wird".[482] Anders als die Richter in Luxemburg, die die Frage nach der Notwendigkeit der Ausübung einer wirklichen wirtschaftlichen Tätigkeit weder auf Tatbestands- noch auf Rechtfertigungsebene näher untersucht haben, betonte GA *Kokott* die Notwendigkeit des Bestehens dieser Kernvoraussetzungen der Niederlassungsfreiheit.

Nach ihrer Auffassung gilt: „Wenn *eine Niederlassung*[483] eine Anwendungsvoraussetzung der Niederlassungsfreiheit darstellt und der Niederlassungsbegriff in der Rechtsprechung eine tatsächliche Ansiedlung im Aufnahmemitgliedstaat und die Ausübung einer wirklichen wirtschaftlichen Tätigkeit impliziert, so *sollten konsequenterweise nur solche Vorgänge vom Anwendungsbereich der Niederlassungsfreiheit umfasst sein, die mit einer Niederlassung im Sinne einer tatsächlichen Ansiedlung verbunden sind*".[484]

Diesem Ansatz folgte der EuGH aber nicht. Vielmehr verwies er auf seine frühere Rechtsprechung, nach der die Niederlassungsfreiheit anwendbar ist, selbst wenn die Gesellschaft im ersten Mitgliedstaat nur errichtet wurde, um sich im zweiten Mitgliedstaat niederzulassen, in dem die Geschäftstätigkeit im Wesentlichen oder ausschließlich ausgeübt werden soll.[485] Überdies betonte der EuGH, dass die Niederlassungsfreiheit selbst in Konstellationen anwendbar sei, in denen eine nach dem Recht eines Mitgliedstaats gegründete Gesellschaft eine Umwandlung in eine dem Recht eines anderen Mitgliedstaats unterliegende Gesellschaft beabsichtigt und wenn diese Gesellschaft ihre Geschäftstätigkeit im Wesentlichen oder ausschließlich im ersten Mitgliedstaat ausüben soll.[486] Angesichts der Kehrtwende des EuGH in *Polbud* liegen die neuen „alten" Auslegungsprobleme wieder da. Das Erfordernis der Ausübung einer wirklichen wirtschaftlichen Tätigkeit mittels einer festen Einrichtung im Aufnahmemitgliedstaat auf unbestimmte Zeit besteht seit *Polbud* nicht mehr.[487] Vielmehr ist insoweit eine freie Wahl der Rechtsordnung ohne jede Beschränkung möglich.

---

482 EuGH, Schlussanträge der GA Kokott v. 04.04.2017, Rs. C-06/16 (Polbud), ECLI:EU:C:2017:351, Rn. 43.

483 Hervorhebung durch Verfasserin.
EuGH, Urteil v. 25.10.2017, Rs. C-06/16 (Polbud), ECLI:EU:C:2017:804, Rn. 38, vgl. auch mit EuGH, Urteil v. 09.03.1999, Rs. C-212/97 (Centros), ECLI:EU:C:1999:126, Rn. 17.

484 EuGH, Schlussanträge der GA Kokott v. 04.04.2017, Rs. C-06/16 (Polbud), ECLI:EU:C:2017:351, Rn. 35, Hervorhebung durch Verfasserin.

485 EuGH, Urteil v. 09.03.1999, Rs. C-212/97 (Centros), ECLI:EU:C:1999:126, Rn. 17; EuGH, Urteil v. 25.10.2017, Rs. C-106/16 (Polbud), ECLI:EU:C:2017:804, Rn. 38.

486 EuGH, Urteil v. 25.10.2017, Rs. C-106/16 (Polbud), ECLI:EU:C:2017:804, Rn. 38.

487 *Dostal* in Römermann, MAH GmbHR, § 26, Rn. 160.

5. Zwischenfazit

Wie auf den vorherigen Seiten dargestellt wurde, legte der EuGH in den Urteilen *Centros* und *Inspire Art* einerseits, *Cadbury Schweppes* sowie *Vale* andererseits ein unterschiedliches Verständnis der Bestandteile und Anwendungsvoraussetzungen der Niederlassungsfreiheit bei der Auslegung dieser Grundfreiheit zugrunde. Dieses zeigte sich v.a. dadurch, dass teilweise auch Unternehmen, die nur aus eigenen subjektiven Motiven diese Grundfreiheit in Anspruch genommen haben in den Genuss des Schutzes der Niederlassungsfreiheit gelangten, obwohl sie keine wirkliche wirtschaftliche Tätigkeit in dem Aufnahmemitgliedstaat ausübten. Mit *Polbud* schwenkte der EuGH auf die Linie in den Urteilen *Centros* und *Inspire Art* ein und ging dabei sogar noch einen Schritt weiter, denn der Sachverhalt betraf eine isolierte Sitzverlegung. Aus dem vorliegenden Sachverhalt war nicht zu entnehmen, dass *Polbud* eine wirtschaftliche Tätigkeit im Aufnahmemitgliedstaat ausüben wollte. Vielmehr wollte das Unternehmen nur seinen Satzungssitz, nicht aber seinen realen Verwaltungssitz von Polen nach Luxemburg verlegen.[488] Ziel war allein, in den Genuss der luxemburgischen Rechtsordnung zu kommen und somit das auf sich anwendbare Recht zu ändern. Dies akzeptierte der EuGH. Obwohl es hier um eine künstliche Konstellation ging, entschied der EuGH mit relativ oberflächlicher Argumentation, dass auch diese Vorgänge von der Niederlassungsfreiheit geschützt seien.[489] An keiner Stelle widmete sich das Gericht der Frage, was für eine Konstruktion *Polbud* war. In *Vale* hatte er hingegen noch anders operiert. Dort bestanden zwar keine Anhaltspunkte dafür, dass *Vale* eine künstliche Gestalt war, die nur vom ungarischen Recht profitieren wollte. Dennoch prüfte der EuGH diese Frage und betonte das *Erfordernis der tatsächlichen Ausübung einer wirtschaftlichen Tätigkeit mittels einer festen Einrichtung im Aufnahmemitgliedstaat auf unbestimmte Zeit.*[490]

Polbud steht somit in Widerspruch zur Rechtsprechung des Gerichtshofs zu den Anforderungen an eine wirkliche Niederlassung.[491] Es kann nicht davon ausgegangen werden, dass der EuGH diesen Punkt einfach übersehen hat. Spätestens nach den klaren Schlussanträgen der GA *Kokkot* musste dieser Aspekt bekannt geworden sein. Welche Gründe den Gerichtshof bewegt hatten, *Polbud* nach

488 *Kieninger*, ZEuP 2018, 309, Rn. 313.

489 „Die Art. 49 und 54 AEUV sind dahin auszulegen, dass die Niederlassungsfreiheit für die Verlegung des satzungsmäßigen Sitzes einer nach dem Recht eines Mitgliedstaats gegründeten Gesellschaft in einen anderen Mitgliedstaat gilt, durch die diese unter Einhaltung der dort geltenden Bestimmungen ohne Verlegung ihres tatsächlichen Sitzes in eine dem Recht dieses anderen Mitgliedstaats unterliegende Gesellschaft umgewandelt werden soll", EuGH, Urteil v. 25.10.2017, Rs. C-106/16 (Polbud), ECLI:EU:C:2017:804, Rn. 66.

490 EuGH, Urteil v. 12.07.2012, Rs. C-378/10 (VALE Építési), ECLI:EU:C:2012:440, Rn. 34.

491 *Streinz*, JuS 2018, 822, Rn. 824.

dem „Zick-Zack-Kurs“[492] zu entscheiden, kann aus dem Urteil nicht entnommen werden.

Zusammengefasst zeigt sich, dass der EuGH den niederlassungsrechtlichen Schutz auch in Fällen gewährleistet hat und dies immer noch tut, in denen die Inanspruchnahme dieser Grundfreiheit allein aus subjektiven Motiven erfolgt ist. Das Bestehen eines objektiven Elements sowie der mit der Niederlassungsfreiheit vom Normgeber verfolgten Zielsetzung prüfte der EuGH in vielen seiner Entscheidungen nicht. Diese Rechtsprechung erstreckte sich zunächst nur auf die Gründung von Gesellschaften und Niederlassungen (sekundäre Niederlassungsfreiheit). Mit der *Polbud* Entscheidung und – infolgedessen Inkrafttreten „Company Law Package“ – gilt diese Praxis nun auch für die (isolierte) Sitzverlegung.

IV. Sekundärrecht als Folge des *Polbud*-Urteils: Das Company Law Package

Weniger als zwei Jahre nach Bekanntgabe des *Polbud* Urteils hat das Europäische Parlament als Teil des Company Law Package Richtlinien zur Einführung digitaler Werkzeuge und Verfahren im Gesellschaftsrecht sowie zwei Richtlinien zu grenzüberschreitenden Umwandlungen, Verschmelzungen und Spaltungen erlassen.

1. Richtlinie (EU) 2019/1151 des Europäischen Parlaments und des Rates vom 20. Juni 2019 zur Änderung der Richtlinie (EU) 2017/1132 im Hinblick auf den Einsatz digitaler Werkzeuge und Verfahren im Gesellschaftsrecht

Das Kernziel der Richtlinie (EU) 2019/1151[493] ist die Nutzung digitaler Technologie, so dass eine Gesellschaft komplett online gegründet werden soll. Dieses Ziel wird damit begründet, dass „durch die Möglichkeit, die Gründung von Gesellschaften, die Eintragung von Zweigniederlassungen sowie die Einreichung von Urkunden und Informationen vollständig online zu erledigen, […] es den Gesellschaften ermöglicht [würde], bei ihren Kontakten zu den zuständigen Behörden der Mitgliedstaaten digitale Werkzeuge einzusetzen“.[494] Ebenso wie es im Hinblick auf die Online-Gründung von Gesellschaften und die Online-Eintragung von Zweigniederlassungen der Fall ist, sollte es zwecks Reduzierung der Kosten und

492 *Kieninger*, ZEuP 2018, 309, Rn. 317.

493 Richtlinie (EU) 2019/1151 des Europäischen Parlaments und des Rates vom 20. Juni 2019 zur Änderung der Richtlinie (EU) 2017/1132 im Hinblick auf den Einsatz digitaler Werkzeuge und Verfahren im Gesellschaftsrecht, Amtsblatt der Europäischen Union, L 186/80, 11.07.2019, verfügbar unter: https://eur-lex.europa.eu/legal-content/DE/TXT/?uri=CELEX%3A32019L1151.

494 Erwägungsgrund 10 der Richtlinie (EU) 2019/1151.

des Aufwands für die Gesellschaften auch möglich sein, während des gesamten Lebenszyklus der Gesellschaft Urkunden und Informationen bei den nationalen Registern vollständig online einzureichen.[495]

Ferner „sollten die Mitgliedstaaten Personen, die eine Gesellschaft gründen oder eine Zweigniederlassung eintragen möchten, unterstützen, indem sie bestimmte, prägnant dargelegte und nutzerfreundlich gestaltete Informationen über die Verfahren und Anforderungen für die Gründung von Kapitalgesellschaften, die Eintragung von Zweigniederlassungen und die Einreichung von Urkunden und Informationen, Bestimmungen über die Disqualifikation eines Geschäftsführers, sowie eine Übersicht über die Befugnisse und Zuständigkeiten der Verwaltungs-, Leitungs- und Aufsichtsorgane von Gesellschaften über das zentrale digitale Zugangstor und gegebenenfalls über das E-Justiz-Portal bereitstellen".[496]

„In Fällen, in denen alle Formalitäten zur Online-Gründung einer Gesellschaft erfüllt wurden, einschließlich des Erfordernisses, dass alle Urkunden und Informationen von der Gesellschaft ordnungsgemäß zur Verfügung gestellt wurden, sollte die Online-Gründung von Gesellschaften vor Behörden oder Personen oder Stellen, die nach nationalem Recht mit der Bearbeitung von Aspekten der Online-Verfahren betraut sind, rasch vonstattengehen".[497]

Um gegen Betrug und Unternehmensidentitätsdiebstahl vorzugehen und um Garantien für die Verlässlichkeit und Vertrauenswürdigkeit der in den nationalen Registern enthaltenen Urkunden und Informationen bereitzustellen, sollten die Bestimmungen über die Online-Verfahren gemäß dieser Richtlinie auch Kontrollen der Identität sowie der Rechts- und Geschäftsfähigkeit der Personen, die eine Gesellschaft gründen oder Zweigniederlassung eintragen oder Urkunden und Informationen einreichen wollen, enthalten.[498] „Um den Schutz aller Personen sicherzustellen, die mit Gesellschaften interagieren, sollten die Mitgliedstaaten in der Lage sein, betrügerisches oder anderweitig missbräuchliches Verhalten zu verhindern, indem sie die Ernennung einer Person zum Geschäftsführer einer Gesellschaft ablehnen, wobei sie nicht nur das frühere Verhalten dieser Person in ihrem Hoheitsgebiet berücksichtigen, sondern, wenn dies im nationalen Recht vorgesehen ist, auch die von anderen Mitgliedstaaten bereitgestellten Informationen."[499]

„Damit im Binnenmarkt niedergelassene Gesellschaften ihre Geschäftstätigkeit leichter grenzüberschreitend erweitern können, sollte es ihnen möglich sein, online Zweigniederlassungen in anderen Mitgliedstaaten zu eröffnen und einzutragen. Daher sollten die Mitgliedstaaten die Online-Eintragung von Zweigniederlassungen und die Online-Einreichung von Urkunden und Informationen ebenso

495 Erwägungsgrund 26 der Richtlinie (EU) 2019/1151.
496 Erwägungsgrund 14 der Richtlinie (EU) 2019/1151.
497 Erwägungsgründe 10 und 16 der Richtlinie (EU) 2019/1151.
498 Erwägungsgrund 20 der Richtlinie (EU) 2019/1151.
499 Erwägungsgrund 23 der Richtlinie (EU) 2019/1151.

ermöglichen wie für Gesellschaften, zumal damit zu Kostensenkungen beigetragen würde und der Verwaltungsaufwand und die Zeitspanne für Formalitäten im Zusammenhang mit der grenzüberschreitenden Expansion reduziert würden."[500]

Die Mitgliedstaaten waren verpflichtet, bis zum 1. August 2021 die Rechts- und Verwaltungsvorschriften umzusetzen, die erforderlich sind, um dieser Richtlinie nachzukommen. Abweichend von dieser Frist haben Mitgliedstaaten, die bei der Umsetzung dieser Richtlinie auf besondere Schwierigkeiten stoßen, Anspruch auf eine Verlängerung des in Absatz 1 vorgesehenen Zeitraums um bis zu ein Jahr. Eine Evaluierung der Richtlinie ist vorgesehen. Die Kommission führt bis spätestens zum 1. August 2024 oder, wenn Mitgliedstaaten von der vorgesehenen Ausnahme Gebrauch machen, bis spätestens zum 1. August 2025 eine Bewertung der durch diese Richtlinie in die Richtlinie (EU) 2017/1132 eingefügten Bestimmungen durch und legt dem Europäischen Parlament, dem Rat und dem Europäischen Wirtschafts- und Sozialausschuss einen Bericht über die Ergebnisse vor.

Durch den Erwägungsgrund 3 weisen das Parlament und der Rat darauf hin, dass die Gewährleistung eines rechtlichen und administrativen Umfelds, das den neuen wirtschaftlichen und sozialen Herausforderungen der Globalisierung und Digitalisierung gewachsen ist, von wesentlicher Bedeutung ist, um einerseits die notwendigen Garantien gegen Missbrauch und Betrug zu bieten und andererseits Ziele wie die Förderung des Wirtschaftswachstums, die Schaffung von Arbeitsplätzen und die Mobilisierung von Investitionen in der Union umzusetzen, womit dazu beigetragen würde, den wirtschaftlichen und sozialen Nutzen für die Gesellschaft als Ganzes zu erhöhen.

2. Richtlinie (EU) 2019/2121 zur grenzüberschreitenden Umwandlungen, Verschmelzungen und Spaltungen

a) Die Richtlinie

Die Richtlinie (EU) 2019/2121 des Europäischen Parlaments und des Rates vom 27. November 2019 zur Änderung der Richtlinie (EU) 2017/1132 in Bezug auf grenzüberschreitende Umwandlungen, Verschmelzungen und Spaltungen[501] erweitert den Regelungsgebiet der Richtlinie (EU) 2017/1132, in deren für die Mobilität von Gesellschaften relevanten Titel II Vorschriften für Verschmelzung und Spaltung von Kapitalgesellschaften enthalten sind. Die Richtlinie 2019/2121 umfasst auch grenzüberschreitende Umwandlungen und verpflichtet die Mitgliedstaaten die Rechts- und Verwaltungsvorschriften in Kraft zu setzen, die erforderlich sind,

500 Erwägungsgrund 32 der Richtlinie (EU) 2019/1151.

501 Richtlinie (EU) 2019/2121 zu grenzüberschreitenden Umwandlungen, Verschmelzungen und Spaltungen, Amtsblatt der Europäischen Union, L 321/1, 12.12.2019, verfügbar unter https://eur-lex.europa.eu/legal-content/DE/TXT/PDF/?uri=CELEX:32019L2121.

um dieser Richtlinie bis zum 31. Januar 2023 nachzukommen. Die Kommission nimmt spätestens bis zum 1. Februar 2027 eine Bewertung dieser Richtlinie vor, einschließlich einer Evaluierung der Umsetzung von deren Bestimmungen.

Art. 160b der Richtlinie definiert eine „Gesellschaft, die eine Spaltung vornimmt bzw. Gesellschaft, die die Spaltung vornimmt" als „eine Gesellschaft, die im Rahmen einer grenzüberschreitenden Spaltung im Falle einer Aufspaltung ihr gesamtes Aktiv- und Passivvermögen auf zwei oder mehr Gesellschaften überträgt oder im Falle einer Abspaltung oder Ausgliederung einen Teil ihres Aktiv- und Passivvermögens auf eine oder mehrere Gesellschaften überträgt".

Die Richtlinie definiert die grenzüberschreitende Umwandlung als „einen Vorgang, durch den eine Gesellschaft ohne Auflösung, Abwicklung oder Liquidation die Rechtsform, in der sie im Wegzugsmitgliedstaat eingetragen ist, in eine in Anhang II genannte Rechtsform des Zuzugsmitgliedstaats umwandelt und *mindestens ihren satzungsmäßigen Sitz* unter Beibehaltung ihrer Rechtspersönlichkeit in den Zuzugsmitgliedstaat *verlegt*".[502] Die vorgegebene Definition lässt den Einfluss von Ergebnis des *Polbud* Urteils erkennen: die grenzüberschreitende Umwandlung bedarf keiner Ausübung einer wirklichen wirtschaftlichen Tätigkeit im Zuzugsmitgliedstaat. Auch der in Art. 86d der Richtlinie verlangte Plan des Verwaltungs- oder Leitungsorgans der Gesellschaft für die grenzüberschreitende Umwandlung verlangt keine Vorgaben zur Angabe der beabsichtigten Tätigkeit in dem Zuzugsmitgliedstaat.

Die Kontrolle rechtsmissbräuchlicher Praxen ist den Mitgliedstaaten überlassen. So sieht Erwägungsgrund 35 der Richtlinie, dass unter bestimmten Bedingungen das Recht von Gesellschaften, ein grenzüberschreitendes Vorhaben vorzunehmen, zu missbräuchlichen oder betrügerischen Zwecken, wie etwa zur Umgehung der Rechte der Arbeitnehmer, Sozialversicherungszahlungen oder Steuerpflichten, oder zu kriminellen Zwecken benutzt werden könnte. „Insbesondere ist es wichtig, gegen ‚Scheingesellschaften' oder ‚Strohfirmen' vorzugehen, die gegründet werden, um sich Unionsrecht oder nationalem Recht zu entziehen, es zu umgehen oder dagegen zu verstoßen. Bemerkt die zuständige Behörde im Verlaufe der Prüfung der Rechtmäßigkeit eines grenzüberschreitenden Vorhabens auch über eine Konsultation der einschlägigen Behörden, dass das grenzüberschreitende Vorhaben zu missbräuchlichen oder betrügerischen Zwecken, die dazu führen oder führen sollen, sich Unionsrecht oder nationalem Recht zu entziehen oder es zu umgehen oder zu kriminellen Zwecken vorgenommen werden soll, sollte sie die Vorabbescheinigung nicht erteilen. Die entsprechenden Verfahren, einschließlich einer etwaigen Prüfung, sollten gemäß dem nationalen Recht durchgeführt werden".[503]

502 Art. 86b, Ziff. 2 der Richtlinie (EU) 2019/2121.

503 Erwägungsgrund 35 der Richtlinie (EU) 2019/2121.

b) Mangel an einheitlichen Regelungen

Die Verlegung der Kontrolle der Rechtmäßigkeit eines grenzüberschreitenden Formwechsels in die Zuständigkeit der Mitgliedstaaten sorgt für eine uneinheitliche Rechtspraxis nicht nur zwischen den Mitgliedstaaten, sondern auch zwischen verschiedenen Entscheidungsträger innerhalb eines desselben Mitgliedstaates. Allerdings geht diese Unterscheidung auf eine Wegzug- und Zuzugskonstellation zurück. Das lässt sich exemplarisch daran zeigen, dass deutsche Gerichte unterschiedliche Ansichten haben, wenn es um anwendbares nationales Recht bei einem grenzüberschreitenden Formwechsel bei einer Wegzug- im Vergleich zu einer Zuzugskonstellationen geht. Während das OLG Nürnberg, das KG Berlin sowie das OLG Düsseldorf bei einer Zuzugskonstellation von der analogen Anwendung der §§ 190 ff. UmwG aus gehen, erklärte das OLG Frankfurt a.M. bei einer Wegzugskonstellation andere Regelungen für anwendbar[504]:

Konkret hat das OLG Nürnberg in der Rechtssache 12 W 520/13[505] entschieden, dass wenn eine Gesellschaft mit beschränkter Haftung luxemburgischen Rechts ihren Satzungs- und Verwaltungssitzes nach Deutschland zu verlegen beabsichtigt, dass diese Geschäftsoperation nach deutschem Recht anzuerkennen und ins Handelsregister einzutragen ist. Analog zu einem inländischen Formwechsel hat das OLG Nürnberg in Anlehnung an das VALE-Urteil des EuGH anerkannt, dass auch ein grenzüberschreitender Formwechsel erlaubt sein soll.

Ähnlich entschied das KG Berlin[506], dass die Zulässigkeit des grenzüberschreitenden Formwechsels einer französischen GmbH in eine deutsche GmbH nach den deutschen Vorschriften über den Formwechsel einer Kapitalgesellschaft in eine GmbH zu beurteilen sei.

Auf der gleichen Linie urteilte auch der OLG Düsseldorf in der Rechtssache I-3 Wx 171/16 vom 19.07.2017.[507] In diesem Fall ging es um den Antrag einer nach niederländischem Recht gegründeten Gesellschaft mit beschränkter Haftung (B.V.) mit Sitz in Niederlanden, die eine Umwandlung im Wege eines grenzüberschreitenden Formwechsels in eine deutsche Gesellschaft mit beschränkter Haftung wollte. Das deutsche Registergericht hatte diesen Antrag mit der Begründung abgelehnt, dass „der Gesetzgeber in § 1 Abs. 1 UmwG die Umwandlungsmöglichkeiten abschließend festgelegt [hat], auf Inlandssachverhalte beschränkt und in Absatz 2 ein Analogieverbot erlassen [hat]. Die Behebung eines eventuellen Verstoßes gegen die Niederlassungsfreiheit aus Art. 49, 54 AEUV sei Sache des Gesetzgebers“.[508] Gegen

---

504 *Schmidt*, Grenzüberschreitender Formwechsel, S. 91.

505 Beschluss v. 19.06.2013 – 12 W 520/13.

506 Beschluss v. 21.03.2016 – 22 W 64/15.

507 Beschluss v. 19.07.2017, I-3 Wx 171/16, verfügbar unter: http://www.justiz.nrw.de/nrwe/olgs/duesseldorf/j2017/I_3_Wx_171_16_Beschluss_20170719.html

508 Beschluss v. 19.07.2017, I-3 Wx 171/16, verfügbar unter: http://www.justiz.nrw.de/nrwe/olgs/duesseldorf/j2017/I_3_Wx_171_16_Beschluss_20170719.html

diesen Beschluss legte die Antragstellerin Beschwerde ein und machte geltend, dass „seit der ‚Vale-Entscheidung' des EuGH der grenzüberschreitende identitätswahrende Formwechsel von Gesellschaften, die dem Recht eines Mitgliedstaats der europäischen Union unterlägen, in Deutschland allgemein anerkannt ist".[509] Das Registergericht hat der Beschwerde nicht abgeholfen und die Sache dem OLG Düsseldorf zur Entscheidung vorgelegt. Das OLG Düsseldorf entschied, dass „nach der ‚*Vale*-Entscheidung' des EuGH Art. 49 und 54 AEUV dahin zu verstehen sind, dass einer dem Recht eines anderen Mitgliedsstaats unterliegenden Gesellschaft der Formwechsel in eine GmbH nach deutschem Recht nicht verwehrt werden kann, wenn ein solcher Formwechsel für Gesellschaften nach deutschem Recht möglich ist. Vielmehr muss ein Mitgliedstaat, der für inländische Gesellschaften die Möglichkeit einer Umwandlung vorsieht, dieselbe Möglichkeit auch Gesellschaften eröffnen, die dem Recht eines anderen Mitgliedstaates unterliegen und sich in Gesellschaften nach dem Recht des erstgenannten Mitgliedstaates umwandeln wollen. Wenn und solange der Gesetzgeber nicht entsprechend tätig wird, ist es Aufgabe der Gerichte, die nationalen Vorschriften unter Beachtung dieser Pflicht aus den Art. 49 und 54 AEUV anzuwenden, wobei die grenzüberschreitende Umwandlung die sukzessive Anwendung von zwei nationalen Rechtsordnungen (Herkunftsmitgliedstaat und Aufnahmemitgliedsstaat) erfordert".[510] Somit verwies auch das OLG Düsseldorf auf die Anwendung der §§190 ff. UmwG i.V.m. Art. 8 SE-VO analog und § 122d UmwG.[511]

Anders entschied hingegen das OLG Frankfurt im Fall eines Formwechsels (im Zuge einer Wegzugkonstellation) einer deutschen Gesellschaft in eine Gesellschaft nach italienischem Recht. Im Unterschied zu den obigen Urteilen entschied das OLG Frankfurt, dass bei dem Formwechsel einer deutschen GmbH in eine Gesellschaft italienischen Rechts die §§ 202 Abs. 1 Nr. 1 und 3, Abs. 2 und Abs. 3 UmwG entsprechend anwendbar sind.[512]

Die Untersuchungen zeigen, dass seit Ende 2014 bereits rund 260 grenzüberschreitende Formwechsel mit deutscher Beteiligung durchgeführt wurden. Es bleibt aber die Tatsache, dass die praktische Umsetzung nach wie vor nicht ohne rechtliche Komplikationen vorgeht, die sich insbesondere in der Heterogenität der Verfahren widerspiegelt.[513]

---

509 Beschluss v. 19.07.2017, I-3 Wx 171/16, verfügbar unter: http://www.justiz.nrw.de/nrwe/olgs/duesseldorf/j2017/I_3_Wx_171_16_Beschluss_20170719.html

510 I-3 Wx 171/16 vom 19.07.2017, verfügbar unter: http://www.justiz.nrw.de/nrwe/olgs/duesseldorf/j2017/I_3_Wx_171_16_Beschluss_20170719.html

511 OLG Düsseldorf NZG 2020, 538; *Schmidt*, Grenzüberschreitender Formwechsel, S. 91.

512 OLG Frankfurt am Main, Beschluss vom 03.01.2017 – 20 W 88/15.

513 *Schmidt*, Grenzüberschreitender Formwechsel, S. 140. Vgl. mit Bayer/Hoffmann, AG 2019, R40 f.

3. Company Law Package als weiteres Hindernis zu einer immer engeren Union

Bereits hinter den Kulissen und in den Verhandlung- und Abstimmungsphasen zu der Richtlinie (EU) 2019/2121 war klar, dass die Meinungen zu dem Inhalt der Richtlinie in Bezug auf grenzüberschreitende Umwandlungen verschieden sind. Gemäß dem Entwurf eines Berichts über den Vorschlag für eine Richtlinie des Europäischen Parlaments und des Rates zur Änderung der Richtlinie (EU) 2017/ 1132 in Bezug auf grenzüberschreitende Umwandlungen, Verschmelzungen und Spaltungen[514] gab es der Vorschlag, dass zur Vermeidung von Briefkastenfirmen oder Strohfirmen eine tatsächliche Niederlassung im Zuzugsstaat ausgeübt werden müsste.[515]

Auch der deutsche Gesetzgeber äußerte Bedenken an den geplanten niedrigen Voraussetzungen für eine grenzüberscheitende Umwandlung, insbesondere zur Frage der Sicherstellung, dass bei der Ausübung dieses grenzüberschreitenden Vorgangs eine wirkliche wirtschaftliche Tätigkeit vorliegt.[516] Nach Auffassung des Bundesrates „bedarf es zwingend einer deutlicheren Konturierung der bislang sehr vagen Missbrauchsdefinition. Ein einheitlicher europäischer Missbrauchsbegriff und die sekundärrechtliche Festlegung dessen, was unter einer sogenannten künstlichen Gestaltung zu verstehen sein soll, sind im Sinne der Rechtssicherheit unabdingbar“.[517] Der Bundesrat plädierte für eine einheitliche sekundärrechtliche Regelung zur Bekämpfung des Missbrauchs. In diesem Sinne wurde vorgeschlagen „die Missbrauchskontrolle durch eine klare, wirkungsvolle und europarechtlich unbedenkliche Regelung zu ersetzen, wonach der Zuzugsmitgliedstaat verpflichtet ist, einen realwirtschaftlichen Bezug zum Zuzugsmitgliedstaat zu verlangen und die Verlegung nur des Satzungssitzes als Anknüpfung für eine seinem Recht unterliegende Gesellschaft nicht zu akzeptieren“.[518]

---

514 COM (2018)0241– C8-0167/2018 – 2018/0114(COD).

515 Entwurf JURI-Bericht v. 21.08.2018, Dokument PE625.524v02-00, S. 9.

516 Drucksache 179/18 (Beschluss) des Bundesrates, Vorschlag für eine Richtlinie des Europäischen Parlaments und des Rates zur Änderung der Richtlinie (EU) 2017/ 1132 in Bezug auf grenzüberschreitende Umwandlungen, Verschmelzungen und Spaltungen COM (2018) 241 final; Ratsdok. 8561/18 vom 21.09.2018.

517 Drucksache 179/18 (Beschluss) des Bundesrates, Vorschlag für eine Richtlinie des Europäischen Parlaments und des Rates zur Änderung der Richtlinie (EU) 2017/ 1132 in Bezug auf grenzüberschreitende Umwandlungen, Verschmelzungen und Spaltungen COM(2018) 241 final; Ratsdok. 8561/18 vom 21.09.2018, S. 5.

518 Drucksache 179/18 (Beschluss) des Bundesrates, Vorschlag für eine Richtlinie des Europäischen Parlaments und des Rates zur Änderung der Richtlinie (EU) 2017/ 1132 in Bezug auf grenzüberschreitende Umwandlungen, Verschmelzungen und Spaltungen COM(2018) 241 final; Ratsdok. 8561/18 vom 21.09.2018, S. 5.

Das Fehlen an einer einheitlichen Unionsregelung zu der Frage der Bestimmung eines Missbrauchs in der Richtlinie (EU) 2017/1132 ist auch in der juristischen Literatur auf Kritik gestoßen.[519] *Bormann* und *Stelmaszczyk* weisen dementsprechend darauf hin, dass bei einer mangelnden Harmonisierung Rechtsunsicherheit drohe, denn der EuGH müsse im Zweifel wieder entscheiden, ob die „nationalen Umsetzungsvorschriften bzw. die darauf basierenden Entscheidungen mit den Richtlinienbestimmungen und der ihnen zugrunde liegenden Niederlassungsfreiheit vereinbar sind".[520] Aber damit ist nur ein Teil der Probleme gelöst. Es droht, dass darüber hinaus wiederrum eine uneinheitliche Rechtspraxis seitens des EuGH entsteht, da aktuell nicht eingeschätzt werden kann, ob der EuGH den *Polbud* Kurs fortführen wird oder ob er eher eine Rückkehr in Richtung einer restriktiveren Auslegung des Umfangs dieser Grundfreiheit erfolgen wird.[521]

V. Würdigung der Rechtsprechung des EuGH und des Company Law Packages

Der Kern zur zentralen Untersuchungsfrage dieser Arbeit findet sich in Rn. 40 des *Polbud* Urteils. In dieser Randnummer wies der EuGH darauf hin, dass kein Missbrauch vorliegt, wenn eine Gesellschaft ihren – satzungsmäßigen oder tatsächlichen – Sitz nach dem Recht eines Mitgliedstaats begründet, um in den Genuss günstigerer Rechtsvorschriften zu kommen.[522] Damit verzichtet der EuGH auf das objektive Kriterium der Eingliederung in das Wirtschaftsleben des Aufnahmemitgliedstaates und somit auf das Erfordernis der tatsächlichen Ausübung einer wirklichen wirtschaftlichen Tätigkeit mittels einer festen Einrichtung auf unbestimmte Zeit, als ein Bestandteil/Anwendungsvoraussetzung der Niederlassungsfreiheit.

Es stellt sich die Frage, ob die Annahme des EuGH, der Schutzbereich des Art. 49 AEUV sei auch eröffnet, wenn eine Gesellschaft ihren – satzungsmäßigen oder tatsächlichen – Sitz nach dem Recht eines Mitgliedstaats nur begründet, um in den Genuss günstigerer Rechtsvorschriften zu kommen, ohne aber einer wirklichen wirtschaftlichen Tätigkeit im obigen Sinne in diesem Mitgliedstaat nachzugehen, überzeugt. Insbesondere ist zu prüfen, ob diese Ansicht des EuGH den in den Gründungsverträgen festgelegten Zielen der Niederlassungsfreiheit und darüberhinausgehend den gesamten Zielsetzungen des Binnenmarktes widerspricht.

---

519 Kritisch zu der Richtlinie: *Brehm/Schümmer*, NZG 2020, 538; *Mörsdorf*, EuZW 2019, 141, Rn. 144.

520 *Bormann/Stelmaszczyk*, ZIP 2019, 353, Rn. 360 ff.

521 *Bormann/Stelmaszczyk*, ZIP 2019, 353, Rn. 360 ff.

522 EuGH, Urteil v. 25.10.2017, Rs. C-106/16 (Polbud), ECLI:EU:C:2017:804, Rn. 40.

1. Mangelnde Methodik des EuGH

a) Ausgangspunkt

Nach *Friedrich Carl von Savigny* ist das erste Ziel der Gesetzesauslegung, „sich in Gedanken auf den Standpunkt des Gesetzesgebers zu versetzen und dessen Tätigkeit in sich künstlich (zu) wiederholen“.[523] Es geht also bei der Gesetzesauslegung primär darum, den ursprünglichen, von der Gesetzgebung verfolgten Normzweck zu erforschen.[524] Hilfsmittel zur Ermittlung des gesetzgeberischen Willens sind der Wortlaut, die Systematik sowie vor allem die Entstehungsgeschichte.[525] Die in dieser Arbeit untersuchte und geprüfte Rechtspraxis des EuGH zu der Niederlassungsfreiheit zeigte aber, dass der EuGH dieses Gebot nur bedingt beachtet. Die Stellung und Rolle der juristischen Methodenlehre beim EuGH ist ein bekanntes Problem nicht nur in der Praxis des Gerichtshofs, sondern wird auch in der juristischen Literatur kritisiert. Der Mangel an europäischer Methodenlehre[526] lässt sich kurz und knapp mit den Worten von *Rüthers, Fischer* und *Birk* beschreiben, nach denen „das Unionsrecht [...] von einer kohärenten und in sich wertungsmäßig folgerichtigen Ordnung weit entfernt [ist] und [...] diese aufgrund der Prinzipien der begrenzten Einzelermächtigung und der Subsidiarität de lege lata auch bleiben [muss]“.[527] Besonderes harte Worte und deutliche Kritik am EuGH übt *Jahn*, wenn er von „Methodenwillkür“ aus Luxemburg spricht.[528] So bleiben „anerkannte und tradierte Auslegungsregeln, zu denen Abwägung, Gewichtung und Schwerpunktbestimmung einfachgesetzlicher Normen gehören, auf der Strecke: Was auch nur im Entferntesten unter eine Norm des europäischen Rechts subsumierbar ist (und sei es wegen einer nicht einmal intendierten, bloß marginalen ‚Nebenwirkung‘), wird dieser unterworfen“.[529]

Ringe ist der Auffassung, dass der EuGH ein sehr breites Verständnis von der Niederlassungsfreiheit hat und gleichzeitig ein sehr enges vom Rechtsmissbrauch, was dem allgemeinen Konzept des Rechtsmissbrauchs widerspricht.[530] Er sieht

523 *Rüthers/Fischer/Birk*, Rechtstheorie mit juristischer Methodenlehre, S. 413; v. *Savigny*, System des heutigen römischen Rechts, S. 244.

524 *Rüthers/Fischer/Birk*, Rechtstheorie mit juristischer Methodenlehre, S. 431.

525 *Rüthers/Fischer/Birk*, Rechtstheorie mit juristischer Methodenlehre, S. 414.

526 Zum Begriff der europäischen Methodenlehre ausführlich: *Riesenhuber*, Europäische Methodenlehre, S. 5.

527 *Rüthers/Fischer/Birk*, Rechtstheorie mit juristischer Methodenlehre, S. 389.

528 *Jahn*, NJW 2008, 1788, Rn. 1789.

529 *Jahn*, NJW 2008, 1788, Rn. 1789.

530 *Ringe*, Sparkling Regulatory Competition in European Company Law: The impact of the Centros Line of Case Law and its Concept of “Abuse of Law” in: *la Feria, Vogenauer*, 2011, heruntergeladen am 18.01.2021 von: http://search.ebscohost.com/login.aspx?direct=true&db=e000xww&AN=437551&site=ehost-live.

auch, dass der EuGH in Bezug auf das Gesellschaftsrecht kein Konzept des Rechtsmissbrauchs verfolgt.[531] *Vella* ist der Auffassung, dass es in den Urteilen *Centros* und *Cadbury Schweppes* um einen Rechtsmissbrauch ging.[532] Im *Cadbury Schweppes* Urteil betonte der EuGH, dass die Niederlassungsfreiheit die *tatsächliche Ausübung einer wirtschaftlichen Tätigkeit mittels einer festen Einrichtung in diesem Staat auf unbestimmte Zeit*[533] bedeutet.[534] Daher setzt sie eine tatsächliche Ansiedlung der betreffenden Gesellschaft im Aufnahmemitgliedstaat und die Ausübung einer wirklichen wirtschaftlichen Tätigkeit in diesem voraus.[535] Es kann somit kein Ziel der Niederlassungsfreiheit sein, eine ganz künstliche Niederlassung zu errichten.[536] Die Fehlinterpretation der Teleologie der Niederlassungsfreiheit beim *Centros* Urteil sieht auch *Bitter*.[537]

b) Besonderheiten der Auslegung europäischer Rechtsnormen

Der EuGH besteht aus Richtern, die aus allen Mitgliedstaaten der Union kommen, deren jeweilige nationale Rechtssysteme/juristische Hintergründe unterschiedlich sind, so dass eine Einigung zwischen Richtern „sich oft leichter über das Ergebnis als über die konkrete Begründung erzielen lasst".[538] Wenn man die aktuelle Anzahl der Mitgliedstaaten bedenkt und dementsprechend an die Vielfalt der Nationalitäten und v.a. Rechtskulturen innerhalb des Gerichtshofes, lässt sich relativ einfach erklären, warum es beim Europäischen Gerichtshof schwierig ist eine

---

531 *Ringe*, Sparkling Regulatory Competition in European Company Law: The impact of the Centros Line of Case Law and its Concept of "Abuse of Law" in: *la Feria, Vogenauer*, 2011, heruntergeladen am 18.01.2021 von: http://search.ebscohost.com/login.aspx?direct=true&db=e000xww&AN=437551&site=ehost-live.

532 *Vella*, Sparkling Regulatory Competition in European Company Law: The impact of the Centros Line of Case Law and its Concept of "Abuse of Law" in: *la Feria, Vogenauer*, 2011, heruntergeladen am 18.01.2021 von: http://search.ebscohost.com/login.aspx?direct=true&db=e000xww&AN=437551&site=ehost-live.

533 Hervorhebung durch Verfasserin.

534 EuGH Urteil vom 12.09.2006, Rs. C-196/04 (Cadbury Schweppes und Cadbury Schweppes Overseas), ECLI:EU:C:2006:544, Rn. 54.

535 EuGH Urteil vom 12.09.2006, Rs. C-196/04 (Cadbury Schweppes und Cadbury Schweppes Overseas), ECLI:EU:C:2006:544, Rn. 54.

536 *Vella*, Sparkling Regulatory Competition in European Company Law: The impact of the Centros Line of Case Law and its Concept of "Abuse of Law" in: *la Feria, Vogenauer*, 2011, heruntergeladen am 18.01.2021 von: http://search.ebscohost.com/login.aspx?direct=true&db=e000xww&AN=437551&site=ehost-live.

537 *Bitter*, in: Tietze/McGuire et al., Europäisches Privatrecht – Über die Verknüpfung von nationalem und Gemeinschaftsrecht, Jb.J.ZivRWiss. 2004, 2005, S. 299, 302.

538 *Wank*, Juristische Methodenlehre: eine Anleitung für Wissenschaft und Praxis, S. 433.

Methodenlehre zu etablieren. Es ist keine einfache Aufgabe 27 Rechtskulturen auf einen gemeinsamen Punkt zu bringen.[539] Dazu kommt, dass in vielen Fällen der Entscheidungsprozess mit divergenten und manchmal konkurrierenden nationalen Interessen verbunden ist.

Im Vergleich zur klassischen deutschen Methodenlehre hat die historische Auslegung von Rechtsnormen in der Rechtsprechung des EuGH nur sekundäre Bedeutung und wird eher als Hilfsbegründung verwendet als eine eigenständige Argumentation.[540] Grund hierfür ist der „besondere Kompromiss- und Verhandlungscharakter des europäischen Rechtssetzungsprozesses“[541], der die Ermittlung eines ausreichend einheitlichen historischen Willens des Gesetzgebers erschwert.[542] Eine umfassende, im wahren Sinnen des Wortes historische Auslegung, erfolgt daher nicht. Genauso fehlt die von *von Savigny* etablierte Auslegungsreihen- und Rangfolge, die besagt, dass „es (...) sind nicht vier Arten der Auslegung [sind], unter denen man nach Geschmack und Belieben wählen könnte, sondern es sind verschiedene Tätigkeiten, die vereinbart werden müssen, wenn die Auslegung gelingen soll. Nur wird freilich bald die eine, bald die andere wichtiger sein und sichtbarer heranvortreten, so dass nur die stete Richtung der Aufmerksamkeit nach allen diesen Seiten unerlässlich ist“.[543] Die Bedeutung von Wortlaut und Telos für die Normauslegung ist enorm. Die beiden Auslegungsmethoden dienen dazu den Willen des Gesetzgebers zu verstehen und somit den Regelungszweck konkreter Normen in den richtigen Kontext zu setzen. Die Auslegung der europäischen Rechtsnormen und an dieser Stelle insbesondere der Grundfreiheiten sollte diese beiden Auslegungsmethoden verfolgen. Wie unter (B II, 1.) dargestellt wurde, hatte die Idee des europäischen Projekts eine ganz überragende Bedeutung, die ihre rechtliche Verwirklichung in den Gründungsverträgen gefunden hat. Deswegen

539 Das zeigte sich schon an der Entstehungsgeschichte des bahnbrechenden Urteils *Van Gend en Loos* aus dem Jahr 1961. Denn auch wenn heute die überragende Bedeutung dieses Urteiles anerkannt ist, ist wenig bekannt, dass die damaligen Richter des EuGH alles andere als einig waren – und das, obwohl zum damaligen Zeitpunkt die Europäische Gemeinschaft für Kohle und Stahl nur sechs Mitgliedstaaten und vier Amtssprachen hatte. Die Meinungsunterschiede begannen schon auf der Mitgliedstaatsebene und setzten sich innerhalb der EEC Kommission fort. Beim Gerichtshof selbst waren die Richter aus Luxemburg, Deutschland und Niederlande gegen eine unmittelbare Direktwirkung von Art. 12 EWG-Vertrag; sie wurden aber von zwei italienischen Richtern, von französischen und belgischen Richtern überstimmt (s. ausführlich dazu: *Rasmussen*: „Revolutionizing European Law: A history of the Van Gend and Loos judgement“, 2014, Vol. 12, No. 1, 136–163).

540 *Wegener* in *Calliess/Ruffert/Wegener*, EUV, Art. 19 EUV, Rn. 29.

541 *Wegener* in *Calliess/Ruffert/Wegener*, EUV, Art. 19 EUV, Rn. 14.

542 *Wegener* in *Calliess/Ruffert/Wegener*, EUV, Art. 19 EUV, Rn. 14.

543 *Rüthers/Fischer/Birk*, Rechtstheorie mit juristischer Methodenlehre, S. 414.

ist die norm – und teleologische Auslegung der niederlassungsrechtlichen Bestimmungen von überragender Bedeutung.

c) *Auswirkungen der* Polbud-*Entscheidung auf die Niederlassungsfreiheit*

Die Darstellung der oben genannten Urteile zeigt, dass eine korrekte Interpretation des Ziels der Niederlassungsfreiheit seitens des EuGH in Frage gestellt werden kann. So hat das Gericht im *Centros*-Urteil das Ziel der Niederlassungsfreiheit, das den Unternehmen ermöglichen soll, ihre Tätigkeiten in anderen Mitgliedstaaten ohne Hindernisse auszuüben, ganz neu formuliert. Die neue Interpretation steht allerdings dem wahren Ziel dieser Freiheit entgegen.[544] Dies zeigt sich besonderes beispielhaft in der *Centros*-Konstellation. Denn nach dem Gerichtshof war dieser Freiheit immanent, zunächst eine Firma in einem anderen Mitgliedstaat zu gründen und danach die Zweitniederlassung in dem eigenen Mitgliedstaat zu gründen und dort die ganze wirtschaftliche Tätigkeit auszuüben.[545] Dieses Ziel ist alles anderes als ein natürlicher Vorgang. Denn es war auf den ersten Blick klar, dass die *Centros*-Konstruktion einer künstlichen Gestalt ähnelt. Leider ist diese Praxis durch die Rechtsprechung des EuGH eine Standardvorgehensweise geworden. Die Niederlassungsfreiheit verfolgt die Zielsetzung, dass ein Unternehmen seine Produktionsfaktoren dort investiert, wo sie den größtmöglichen Nutzen bringen, ist also auf die Generierung komparativer Kostenvorteile gerichtet.[546] Allerdings hat der EuGH daraus eine Rechtswahlfreiheit generiert. Diese erschöpft sich darin, dass ein Unternehmen die freie Wahl einer Rechtsordnung zur Verfügung hat, ohne an eine wirkliche wirtschaftliche Tätigkeit anknüpfen zu müssen. Diese Ausweitung des Anwendungsbereiches der Niederlassungsfreiheit hin zu einer reinen Rechtsformwahlfreiheit widerspricht dem Willen der Gründungsväter der Verträge und den von ihnen verfolgten Zielen.

Mit den Mängeln der EuGH-Methodik lässt sich die *Polbud* Entscheidung bzw. die oben dargestellte uneinheitliche Herangehensweise des EuGH teilweise erklären. Denn im *Polbud-Urteil* unterließ der EuGH eine genaue Normauslegung anhand *effet utile*, die es erfordert, die Normziele der Art. 49 und 54 AEUV sowie

544 *Vella*, Sparkling Regulatory Competition in European Company Law: The impact of the Centros Line of Case Law and its Concept of "Abuse of Law" in: *la Feria, Vogenauer*, 2011, heruntergeladen am 18.01.2021 von: http://search.ebscohost.com/login.aspx?direct=true&db=e000xww&AN=437551&site=ehost-live.

545 Vella, Sparkling Regulatory Competition in European Company Law: The impact of the Centros Line of Case Law and its Concept of "Abuse of Law" in: *la Feria, Vogenauer*, 2011, heruntergeladen am 18.01.2021 von: http://search.ebscohost.com/login.aspx?direct=true&db=e000xww&AN=437551&site=ehost-live.

546 *Korte* in *Calliess/Ruffert*, EUV/AEUV, Art. 49, Rn. 1.

die Binnenmarktziele als untrennbare Bestandselemente aller Grundfreiheiten zu berücksichtigen.[547] Hätte der EuGH eine solche Analyse durchgeführt, wäre er möglicherweise zu einem anderen Ergebnis gekommen. Nach dem *Polbud*-Urteil ist die isolierte Satzungssitzverlegung von der Niederlassungsfreiheit umgefasst. Genauso ist jetzt unter Art. 49 und 54 AEUV eine Rechtsformwahl zulässig.

Diese Entwicklungen sind bedenklich. Denn sie betreffen den Anwendungsbereich dieser Grundfreiheit und somit implizit die Verwirklichung des Binnenmarkts. Zutreffend dazu ist die Bemerkung von *Kindler*, der dazu kommentierte, „man reibt sich erstaunt die Augen ... der EuGH billigt die isolierte Satzungssitzverlegung ausgerechnet in das notorische Niedrigsteuerland Luxemburg".[548] Nach *Streinz* begünstigt das Urteil des EuGH die Bildung von Briefkastenfirmen zur Steueroptimierung.[549]

d) *Auswirkung der im Urteil-*Polbud *ausgelegten isolierten Sitzverlegung auf das Konzept des Binnenmarkts*

Die im *Polbud-Urteil* von der Niederlassungsfreiheit geschützte isolierte Satzungssitzverlegung führt zu der Frage, wie sich diese auf das Konzept des Binnenmarktes auswirkt. Die juristische Literatur ist dazu kritisch. Nach *Kindler* wird auf diese Weise das Marktintegrationsziel verfehlt, welches eines der Zielsetzung der Niederlassungsfreiheit ist.[550] *Stelmaszczyk* äußert sich ebenfalls kritisch; für ihn steht das Ergebnis des Urteils *Polbud* im Widerspruch zum Sinn und Zweck der Niederlassungsfreiheit.[551] „Wenn Sitz und Satzung auseinandergehen, ist meist etwas faul" – das sind die Aussagen der Kollisionsrechtler *Gerhard Kegel* und *Klaus Schurig*, die *Kindler* in seiner kritischen Stellungnahmen zu *Polbud* zunächst hervorhebt.[552]

Wie gezeigt wird, widerspricht die Auslegungslinie des EuGH im *Polbud* Urteil dem Integrationsziel des Binnenmarkts und der europäischen Idee. Die hinter dem Binnenmarkt stehende Idee ist, dass nicht nur durch Marktfreiheit, sondern

---

547 Über Auslegungsmethoden des EuGH mehr: *Mayer* in *Grabitz/Hilf/Nettesheim*, Das Recht der Europäischen Union, Art. 19 EUV; *Wegener*, in: Calliess/Ruffert/Wegener, EUV/AEUV, Art. 19; *Pechstein/Nowak/Häde in* Frankfurter Kommentar EUV/GRC/AEUV, Art. 19 AEUV, Rn. 26.
Über teleologischen Auslegung ausführlicher: *Ekins*, The Nature of Legislative Intent, 2013.; Zur Berücksichtigung der Binnenmarktziele s. *Pache*, in: Schulze, Europarecht Handbuch für die Deutsche Rechtspraxis, S. 380.

548 *Kindler*, NZG 2018, 1, Rn. 2.

549 *Streinz*, JuS 2018, 822, Rn. 824.

550 *Kindler*, NZG 2018, 1, Rn. 3.

551 *Stelmaszczyk*, EuZW 2017, 890, Rn. 894.

552 *Kindler*, NZG 2018, 1, Rn. 2. Dazu insbesondere Kritik in Rn. 3.

auch Marktgleichheit die Ziele des gemeinsamen Marktes erreicht werden, in dem Sinne, dass in „allen Teilmarktordnungen möglichst gleiche Wettbewerbsbedingungen herrschen sollen".[553] Zusammen mit der Zielsetzung der Gründungsverträge dienen diese Ziele dazu, dass keine „separate Inseln/Oasen" in einzelnen Mitgliedstaaten entstehen. Der Erwägungsgrund 4 der Richtlinie (EU) 2019/2121 des Europäischen Parlaments und des Rates vom 27. November 2019 zur Änderung der Richtlinie (EU) 2017/1132 in Bezug auf grenzüberschreitende Umwandlungen, Verschmelzungen und Spaltungen erweitert das Regelungsgebiet der Richtlinie (EU) 2017/1132 und macht deutlich, dass „das Ziel eines Binnenmarkts ohne Binnengrenzen für Gesellschaften gleichzeitig *auch mit anderen Zielen der europäischen Integration, wie der in Art. 3 des Vertrags über die Europäische Union* und Art. 9 AEUV angeführte soziale Schutz sowie die in den Art. 151 und 152 AEUV angeführte Förderung des sozialen Dialogs, in Einklang gebracht werden muss".

In den folgenden Kapiteln wird der Normzweck der Niederlassungsfreiheit dargestellt und darüber hinaus gezeigt, dass eine wirtschaftliche Tätigkeit innerhalb der Union von Anfang an ein untrennbarer Bestandteil dieser Grundfreiheit von Anfang des Integrationsprozesses an war.

2. Gewährleistet die Niederlassungsfreiheit eine Gesellschaftsrechtswahlfreiheit?

a) Niederlassungsfreiheit als „Cherry-picking" System?

aa) Zum Begriff „Cherry-picking"

Der Begriff des „Cherry-pickings" oder der Rosinenpickerei, wie er in der deutschen Sprache bekannt ist, wird nach dem Duden definiert als „egoistisches Bemühen, sich von etwas Bestimmtem nur die attraktivsten Teile zu sichern, um die eher unattraktiven anderen zu überlassen". Nach der Definition im Cambridge Dictionary bedeutet „Cherry-picking": „to choose only the best or most suitable from a group of people or things".[554] Der Ausdruck „Cherry-picking" gewann in der letzten Zeit insbesondere während der Brexit-Verhandlungen an Bedeutung und wurde fast als üblicher Begriff in Presseberichten benutzt. So berichteten Medien z.B. „There is no cherry-picking on Brexit"[555], oder, dass „das britische

553 *Schultz*, Das Verhältnis von Gemeinschaftsgrundrechten und Grundfreiheiten des EGV, S. 85.

554 https://dictionary.cambridge.org/de/worterbuch/englisch/cherry-pick, abgerufen am 24.01.2022.

555 „Es gibt kein Cherry-picking" beim Brexit, gefunden auf https://www.eesc.europa.eu/en/news-media/press-releases/there-no-cherry-picking-brexit, abgerufen am 24.01.2022.

‚Cherry-picking' ein No-Go für die Europäische Union ist"[556], oder auch, dass „Cherry-picking keine Option ist".[557] Damit war gemeint, dass im Rahmen der Brexit-Verhandlungen die Europäische Union keinen „Cherry-picking" Ansatz von Großbritannien akzeptieren wollte und auf die Einhaltung des Binnenmarkts und all seiner Grundfreiheiten in deren untrennbarer Gesamtheit bestand.[558]

bb) „Cherry-picking" System und die Niederlassungsfreiheit

Auf den Anwendungsbereich der Niederlassungsfreiheit übertragen, bedeutet „Cherry-picking", dass ein Wirtschaftsteilnehmer/niederlassungswilliges Unternehmen nur diejenigen niederlassungsrechtlichen Vorschriften in Anspruch nehmen würde, die ihm lediglich Vorteile bringen. Die sonstigen Rechtsnormen zur Niederlassungsfreiheit, die ihm bestimmte Pflichten oder Auflagen auferlegen würden, würden als nicht erwünscht einfach vermieden. Konkreter dargestellt würde „Cherry picking" idealiter (aus Sicht des Unternehmens) wie folgt funktionieren: Im ersten Schritt wird ein Unternehmen in einem Mitgliedstaat der Europäischen Union gegründet, in dem die gesellschaftsrechtlichen Vorschriften zur Unternehmensgründung am günstigsten sind. Im zweiten Schritt lässt sich das Unternehmen in dem Mitgliedstaat der Europäischen Union nieder, der für das Unternehmen die günstigsten Produktionskapazitäten bietet. Funktioniert der Plan des Unternehmens, so unterliegen in der Folge seine Arbeiternehmer dem Recht des Mitgliedstaates der Europäischen Union, der die arbeitgeberfreundlichste Rechtsnormen hat, zahlt das Unternehmen Steuern dort, wo der Steuersatz am niedrigsten ist und profitiert das Unternehmen auch im Übrigen von den günstigen Bedingungen des Aufnahmemitgliedstaates.

In diesem Schema ist die Gesellschaftsrechtswahlfreiheit ein wichtiger Punkt, der noch näher betrachtet werden kann. In Bezug auf die Gesellschaftsrechtswahlfreiheit würde „Cherry-picking" bedeuten, dass ein Unternehmen nach dem Recht des Mitgliedstaates der Europäischen Union wirtschaftet, in dem die Rechtsvorschriften die günstigste Produktion und Arbeitnehmerkosten anbieten. In diesem Staat würde die wirkliche wirtschaftliche Tätigkeit stattfinden. Auf der anderen Seite wäre dieses Unternehmen formell in dem Mitgliedstaat der Europäischen Union gegründet, der günstigere Rechtsvorschriften bezüglich des Steuersatzes, unternehmerischer Mitbestimmung (zugunsten des Arbeitgebers) und andere Vorteile bietet. Dieser Staat muss aber nicht mit dem Staat, in dem die wirkliche wirtschaftliche Tätigkeit des Unternehmens ausgeübt wird, korrespondieren.

---

556 https://www.europarl.europa.eu/news/de/press-room/20200611IPR81004/eu-uk-talks-meps-united-behind-eu-stance-rejecting-uk-cherry-picking, abgerufen am 24.01.2022.

557 https://www.theparliamentmagazine.eu/news/article/michel-barnier-on-brexit-cherry-picking-is-not-an-option, abgerufen am 24.01.2022.

558 Dazu auch: *Kainer/Persch*, EuZW 2018, 332 ff.

Das wäre ein „Cherry-picking" im Gesellschaftsrecht, das Thema des *Polbud* Urteils ist, wie dessen Sachverhalt illustriert: *Polbud* war ein polnisches Unternehmen, das seine komplette wirtschaftliche Tätigkeit in Polen ausgeübt hat. Formell hat sich das Unternehmen in Luxemburg registrieren lassen, um in den Genuss der dortigen Rechtsvorschriften zu kommen, ohne dabei in Luxemburg wirtschaftlich tätig zu sein. Die Entscheidung des EuGH in diesem Fall öffnet den Weg für weitere Konstellationen des „Cherry-picking" von Rechtsordnungen. Angesichts von insgesamt 27 verschiedenen Rechtsordnungen in der Europäischen Union sind die Möglichkeiten des „Cherry-pickings" vielfältig. Kurz nachdem das *Polbud* Urteil erlassen wurde, hat das Europäische Parlament als Teil des Company Law Package eine Richtlinie zu grenzüberschreitenden Umwandlungen, Verschmelzungen und Spaltungen erlassen, die praktisch die *Polbud* Praxis kodifiziert hat. Insoweit ist das Problem größer geworden, denn ein „Cherry-picking" von Rechtsordnungen hat nun eine sekundärrechtliche Grundlage erhalten.

cc) Vereinbarkeit des „Cherry-picking" Systems mit den Zielen der Niederlassungsfreiheit und der Gründungsverträge

Die Binnenmarktziele und deren Verwirklichung sind ein rechtlich verbindliches Ziel im System der Europäischen Verträge.[559] Primäres Ziel des Binnenmarkts ist die Schaffung der Voraussetzungen für einen freien und unverfälschten europäischen Wettbewerb.[560] Die europäische Union verfolgt überdies mit dem im Titel XVIII („Wirtschaftlicher, sozialer und territorialer Zusammenhalt") in Art. 174 AEUV verankerten Kohäsionsziel noch ein weiteres Ziel. Danach entwickelt und verfolgt die Union ihre Politik zur Stärkung ihres wirtschaftlichen, sozialen und territorialen Zusammenhalts, um eine harmonische Entwicklung der Union als Ganzes zu fördern (Art. 174 Abs. 1 AEUV). Die Union setzt sich insbesondere zum Ziel, die Unterschiede im Entwicklungsstand der verschiedenen Regionen und den Rückstand der am stärksten benachteiligten Gebieten zu verringern (Art. 174 Abs. 2 AEUV). Art. 175 Abs. 1 AEUV sieht insoweit vor, dass die Mitgliedstaaten ihre Wirtschaftspolitik in einer Weise führen und koordinieren, dass auch die in Art. 174 AEUV genannten Ziele erreicht werden.

Die Festlegung und Durchführung der Politiken und Aktionen der Union sowie die Errichtung des Binnenmarkts berücksichtigen die Ziele des Art. 174 AEUV und tragen zu deren Verwirklichung bei. Gem. Art. 3 Abs. 3 EUV errichtet die Union einen Binnenmarkt und wirkt auf die nachhaltige Entwicklung Europas. Dies alles auf der Grundlage eines ausgewogenen Wirtschaftswachstums und von Preisstabilität, die auf eine wettbewerbsfähige soziale Marktwirtschaft hinwirkt. Das Harmonisierungsziel, das in Art. 3 Abs. 3 EUV niederlegt ist, wird durch Art. 174 AEUV konkretisiert, der auf die Verringerung der Entwicklungsunterschiede und

559 *Kainer/Herzog*, EuR 2018, 405, Rn. 406.
560 *Kainer/Herzog*, EuR 2018, 405, Rn. 406.

eine gleichmäßige Entwicklung gerichtet ist.[561] Insoweit hat Art. 174 AEUV eine breitere Bedeutung, denn der wirtschaftliche, soziale und territoriale Zusammenhalt zwischen den Mitgliedstaaten dient darüber hinaus der Verwirklichung des Kohäsions- und Konvergenzziels der Europäischen Union.[562]

Art. 174 AEUV ist, von seiner Natur, ein politisches Ziel. Er dient dem weiteren Ziel, dass der Wettbewerb nicht nur innerhalb der Europäischen Union, sondern auch auf internationalem Niveau steigt und dass innerhalb der Europäischen Union der hohe Lebensstandard gleichmäßig ansteigt.[563] Das politische Ziel aus dem Art. 174 AEUV trägt als strukturpolitische Aufgabe der Union dazu bei, die Entwicklung der gesamten Europäischen Union zu fördern.[564] Dies zeigt, dass die Binnenmarktziele und das uniale Kohäsionsziel in einer abhängigen Korrelation zueinander stehen. Die Vollendung des Binnenmarkts soll zur Verringerung der Unterschiede im Entwicklungsstand innerhalb der Union beitragen. Und umgekehrt, je größer die Entwicklungsunterschiede innerhalb der Union sind und je größer der Rückstand zwischen Einzelmitgliedstaaten ist, desto mehr ist der Binnenmarkt zerrissen. Ein *„Cherry-picking"* System bei der Inanspruchnahme und Ausübung der Grundfreiheiten steht somit dem Kohäsionsziel der Europäischen Union entgegen. Darüber hinaus widerspricht das *„Cherry-picking"* System auch zwei weiteren Zielen der Europäischen Union.

Erstens läuft das „Cherry-picking" System der Zielsetzung der Niederlassungsfreiheit zuwider. Direkt entgegen steht dieses System dem Vertrag von Lissabon, der u.a. normiert, dass sich die Ziele der Niederlassungsfreiheit auch aus Art. 50 Abs. 2 AEUV ergeben, nach dem das Europäische Parlament, der Rat und die Kommission ihre Aufgaben erfüllen, indem sie insbesondere „... g) soweit erforderlich, die *Schutzbestimmungen koordinieren, die in den Mitgliedstaaten den Gesellschaften im Sinne des Art. 54 Abs. 2 im Interesse der Gesellschafter sowie Dritter vorgeschrieben sind, um diese Bestimmungen gleichwertig zu gestalten.*[565] Damit ist gemeint, dass ein Anliegen des Vertrags die Beseitigung von Regelungsgefällen im Wege der gesellschaftsrechtlichen Rechtsangleichung ist und nicht die Ermöglichung von deren gezielter Ausnutzung.[566] Dies bedeutet, dass mit der unionsrechtlichen Niederlassungsfreiheit kein „Cherry-picking" System errichtet werden soll. Diese Grundfreiheit ist angesichts ihres Zwecks und ihres Inhalts eine der grundlegenden Normen und konstitutiver Bestandteil des Binnenmarktes (Art. 3 Abs. 3 S. 1 EUV), mithin eines herausragenden verfassungsvertraglichen Ziels der Europäischen

---

561 *Petzold* in *von der Groeben/Schwarze/Hatje*, Europäisches Unionsrecht, Art. 174 AEUV, Rn. 1.

562 S. *Kern/Eggers*, in: Das Recht der Europäischen Union, 2021.

563 *Kern/Eggers*, in: Das Recht der Europäischen Union, 2021, Rn. 25.

564 *Kotzur*, in *Geiger/Khan/Kotzur*, EUV/AEUV, Art. 174 AEUV, Rn. 2.

565 Hervorhebung durch Verfasserin.

566 *Kindler*, NJW 1999, 1993, Rn. 2000.

Union.[567] Insoweit ist jede nach dem „Cherry-picking" Prinzip geplante niederlassungsrechtliche Geschäftsoperation dem Konzept dieser Grundfreiheit fremd. Überdies steht sie im Gegensatz zu den Ideen des Binnenmarkts und, darüber hinaus, der Idee einer immer engeren Union. Anders formuliert, wenn es Ziel der Niederlassungsfreiheit wäre, den Wirtschaftsteilnehmern im Europäischen Binnenmarktraum eine *uneingeschränkte* Freiheit zu ermöglichen, so wäre Folge dieser Freiheitsausübung vermutlich, um es mit den Worten von *Kindler* zu sagen, „eine krasse Verzerrung des ökonomischen Standortwettbewerbs zwischen den Mitgliedstaaten".[568]

Zweitens widerspricht das „Cherry-picking" System der Zielsetzung der Primärverträge. Wie im Abschnitt (B, II, 1, 2) dargestellt wurde, verfolgten die Gründungsväter ein integratives Binnenmarktkonzept, dem die Möglichkeit eines „Cherry-pickings" fernlag. So stellt die Zielsetzung von Art. 1 des Vertrages über die Gründung der Europäischen Gemeinschaft für Kohle und Stahl das Gegenteil der Errichtung einer Rosinenpickerei dar, beruhte die Europäische Gemeinschaft für Kohle und Stahl doch *auf einem gemeinsamen Markt und verfolgte gemeinsame Ziele.* Diese gemeinsamen Ziele wurden strukturell und grundlegend durch die weiteren Verträge über die wirtschaftliche und politische Zusammenarbeit ausgeweitet und präzisiert. Dieser Ausbau erfolgte zunächst durch die Römischen Verträge im Jahr 1957, danach durch die Einheitliche Europäische Akte (1987), durch die Verträge von Maastricht, von Amsterdam und von Nizza bis zu den zuletzt unterzeichneten Vertragsänderungen durch den Vertrag von Lissabon im Jahr 2009. Allen Verträgen liegt das gleiche Verständnis der Europäischen Idee und der Zielsetzung des Binnenmarkts zugrunde, nämlich Volkswirtschaften der beteiligten Mitgliedsstaaten zu einigen und die harmonische Entwicklung des Wirtschaftslebens zu fördern.

Was die historische Analyse der Binnenmarktentwicklung anbelangt, lohnt ein Blick auf eine Aussage des Berkeley-Professors *Gabriel Zucmann*, der in einer Presseäußerung auf Folgendes hinwies: „Europa hat seit dem Zweiten Weltkrieg vieles erreicht: einen gemeinsamen Markt, gemeinsame politische Institutionen, eine gemeinsame Währung. Die Steuerpolitik dagegen ist bis heute eine rein nationale Angelegenheit. Das kann nicht so bleiben, denn es bedroht den Zusammenhalt der Gemeinschaft selbst ... Die wirtschaftsstarken Länder der Europäischen Union [sollten sich] zusammenschließen, um gegen den ungesunden Steuerwettbewerb der EU-Oasen vorzugehen. Frankreich, Deutschland, Italien und Spanien sollten sich auf einen Mindeststeuersatz für alle multinationalen Konzerne einigen, auch für jene, die ihren Sitz in Irland oder Luxemburg haben. Zahlen die Konzerne dort

---

567 *Müller-Graff* in *Streinz*, EUV/AEUV, Art. 49 AEUV, Rn. 4.

568 *Kindler*, NJW 1999, 1993, Rn. 2000.

zu wenig Steuern, wird die Differenz von den Finanzämtern in Deutschland oder Frankreich eingezogen".[569]

Diese Äußerung impliziert eine Warnung vor den Gefahren einer Gesellschaftsrechtswahlfreiheit am Beispiel der Wahl des Steuerrechtssystems. Die Wahl einer Rechtsordnung nur zu dem Zweck, in den Genuss einer günstigeren Rechtsordnung für die Unternehmensbesteuerung zu gelangen, ist für den Binnenmarkt gefährlich und droht dessen Ziele zu untergraben. Insoweit ist zu hoffen, dass im Rahmen der Evaluierung der Richtlinie (EU) 2019/2121 zu grenzüberschreitenden Umwandlungen, Verschmelzungen und Spaltungen empfohlen wird, die Möglichkeit einer Rechtswahl im Zuge einer isolierten Sitzverlegung innerhalb der Union auszuschließen. Überdies sollte im Rahmen der Bewertung der Richtlinie (EU) 2019/2121 seitens der Kommission bis spätestens zum 1. Februar 2027 ein Kommissionsvorschlag zur Änderung dieser Richtlinie erarbeitet werden, um die Möglichkeit der Gesellschaftsrechtswahlfreiheit abzuschaffen.

dd) Das „Cherry-picking" System im Rahmen der aktuellen Entwicklungen der unionsrechtlichen Gesetzgebung

In Hinblick auf aktuelle Entwicklungen in der europäischen Gesetzgebung bieten sich an dieser Stelle drei Beispiele für Bemühungen um die Förderung der Entwicklung einer immer engeren Union und gegen die Errichtung von „Cherry-Picking"-Systemen an.

(1) Die Europäische Kohäsionspolitik 2021–2027

Die Europäische Kommission hat im Mai 2018 ein Paket von Verordnungen zur Gestaltung der regionalen Entwicklung und der Kohäsionspolitik für den Zeitraum nach 2020 vorgeschlagen. Ziel ist es, die Kohäsionspolitik der Europäischen Union an die neuen Herausforderungen im Zuge eines neuen mehrjährigen Finanzrahmens für den Zeitraum 2021–2027 anzupassen.[570] Das Legislativpaket wurde seitens des Europäischen Parlaments angenommen. Sein Umfang beläuft sich auf 373 Mrd. EUR.[571] Die Europäische Kommission teilte mit, dass im Mittelpunkt des Legislativpakets zur verabschiedeten Kohäsionspolitik der Europäischen Union die Förderung des wirtschaftlichen, sozialen und territorialen Zusammenhalts durch nachhaltige Wettbewerbsfähigkeit, Forschung und Innovation, der digitale Wandel,

---

569 https://www.spiegel.de/wirtschaft/gabriel-zucman-durchschnittsverdiener-zahlen-heute-mehr-steuern-als-superreiche-a-0c8eded4-0002-0001-0000-000177693581, abgerufen am 20.01.2022.

570 https://ec.europa.eu/commission/presscorner/detail/de/IP_21_3058, abgerufen am 25.01.2022.

571 https://ec.europa.eu/commission/presscorner/detail/de/IP_21_3058, abgerufen am 25.01.2022.

die Ziele des europäischen Grünen Deals sowie die Förderung der Umsetzung der europäischen Säule sozialer Rechte steht.[572] Mit der Kohäsions- und Strukturpolitik trägt die Europäische Union zur Stärkung des wirtschaftlichen, sozialen und territorialen Zusammenhalts innerhalb der Union bei.[573]

(2) „Entsenderichtlinie"

Die Richtlinie 96/71/EG des Europäischen Parlaments und des Rates vom 16. Dezember 1996 über die Entsendung von Arbeitnehmern im Rahmen der Erbringung von Dienstleistungen wurde auf Vorschlag der Kommission und nach Stellungnahme des Wirtschafts- und Sozialausschusses seitens des Europäischen Parlaments und des Rates der Europäischen Union am 16.12.1996 erlassen.[574] Deren Erlass beruht u.a. auf der Notwendigkeit, Hindernisse für den freien Personen- und Dienstleistungsverkehr zwischen den Mitgliedstaaten zu beseitigen.[575] Zugleich wird der Erkenntnis Rechnung getragen, dass mit der Transnationalisierung der Arbeitsverhältnisse Probleme hinsichtlich des auf ein Arbeitsverhältnis anwendbaren Rechts entstehen.[576] Die Richtlinie gilt für Unternehmen mit Sitz in einem Mitgliedstaat, die im Rahmen der länderübergreifenden Erbringung von Dienstleistungen Arbeitnehmer in das Hoheitsgebiet eines Mitgliedstaats entsenden (Art. 1 Abs. 1. der Richtlinie). Entsandter Arbeitnehmer ist dabei jeder Arbeitnehmer, der während eines begrenzten Zeitraums seine Arbeitsleistung im Hoheitsgebiet eines anderen Mitgliedstaats als demjenigen erbringt, in dessen Hoheitsgebiet er normalerweise arbeitet (Art. 2 Abs. 1 der Richtlinie). Art. 3 der Richtlinie verpflichtet die Mitgliedstaaten zu bestimmten Arbeits- und Beschäftigungsbedingungen. Insoweit sollen die Mitgliedstaaten dafür sorgen, dass die in der Richtlinie aufgelisteten Arbeits- und Beschäftigungsbedingungen garantiert werden. Der Katalog dieser Maßnahmen ist breit gefasst und erstreckt sich von Höchstarbeitszeiten und Mindestruhezeiten bis zu Nichtdiskriminierungsbestimmungen (Art. 3 Abs. 1 lit. a–g der Richtlinie).

Diese Richtlinie wurde im Jahr 2018 durch die Richtlinie (EU) 2018/957 des Europäischen Parlaments und des Rates vom 28. Juni 2018 zur Änderung der Richtlinie 96/71/EG über die Entsendung von Arbeitnehmern im Rahmen der Erbringung von Dienstleistungen geändert.[577] Erwägungsgrund 4 der Richtlinie erklärt

572 https://ec.europa.eu/commission/presscorner/detail/de/qanda_21_3059, abgerufen am 25.01.2022.

573 https://www.bmwi.de/Redaktion/DE/Artikel/Europa/eu-kohaesions-und-struktur politik.html, abgerufen am 25.01.2022.

574 Inkrafttreten am 10.02.1997. Amtsblatt der Europäischen Gemeinschaften, Nr. L 18/ 1 vom 21.01.1997.

575 Erwägungsgrund 1 der Richtlinie 96/71/EG.

576 Erwägungsgrund 6 der Richtlinie 96/71/EG.

577 Amtsblatt der Europäischen Union, L 173/16, vom 9.7.2018.

die Gründe für die Änderung der Richtlinie 96/71/EG. Diese beruhen auf der Notwendigkeit, dass nach Erlass der Richtlinie 96/71/EG geprüft werden muss, ob sie immer noch für das richtige Gleichgewicht zwischen der Notwendigkeit der Förderung der Dienstleistungsfreiheit und der Gewährleistung gleicher Wettbewerbsbedingungen einerseits und der Notwendigkeit des Schutzes der Rechte entsandter Arbeitnehmer andererseits sorgt.[578] Die Richtlinie zielt darauf ab, einen *wirklich integrierten und wettbewerbsorientierten Binnenmarkt* zu errichten.[579]

Die Richtlinie beabsichtigt einen ausgeglichenen Rahmen für die Dienstleistungsfreiheit und den Schutz entsandter Arbeitnehmer zu schaffen, der diskriminierungsfrei, transparent und verhältnismäßig ist und gleichzeitig die Vielfalt der nationalen Arbeitsbeziehungen achtet.[580] Insgesamt erweiterte die Richtlinie 2018/957 den Katalog der Maßnahmen die im Art. 3 der Richtlinie 96/71/EG niederlegt wurden. Insbesondere sieht die Richtlinie 2018/957 vor, dass wenn eine Entsendung zwölf oder gegebenenfalls 18 Monate überschreitet, zusätzliche Arbeits- und Beschäftigungsbedingungen, die von dem Unternehmen, das Arbeitnehmer in das Hoheitsgebiet eines anderen Mitgliedstaats entsendet, garantiert werden, auch für Arbeitnehmer gelten, die entsandt werden, um andere entsandte Arbeitnehmer, die die gleiche Tätigkeit am gleichen Ort ausführen, ersetzen. Damit soll sichergestellt werden, dass mit Entsendungen nicht die sonst geltenden Vorschriften umgangen werden.[581]

(a) Klagen von Republik Polen und Ungarn

Zwei Mitgliedstaaten der Europäischen Union, Polen und Ungarn, klagten vor dem EuGH gegen diese Richtlinie. So erhob die Republik Polen eine Nichtigkeitsklage nach Art. 263 AEUV gegen das Europäische Parlament und den Rat der Europäischen Union. Mit der Klage beantragte Polen, die Richtlinie (EU) 2018/957 des Europäischen Parlaments und des Rates vom 28. Juni 2018 zur Änderung der Richtlinie 96/71/EG über die Entsendung von Arbeitnehmern im Rahmen der Erbringung von Dienstleistungen für nichtig zu erklären. Polen argumentierte, dass die Richtlinie (EU) 2018/957 die europäische Dienstleistungsfreiheit verletzt. Der EuGH wies die Klage jedoch ab. In Rn. 56 seines Urteils findet sich der für die Untersuchungsfrage dieser Arbeit entscheidende Punkt:

> „... der Unionsgesetzgeber [wollte] mit dem Erlass der angefochtenen Richtlinie den freien Dienstleistungsverkehr auf einer *fairen Grundlage sicherstellen, d.h. in einem rechtlichen Rahmen, der einen Wettbewerb gewährleistet, der nicht darauf beruht, dass in ein und demselben Mitgliedstaat Arbeits- und Beschäftigungsbedingungen gelten, deren*

578 Erwägungsgrund 4 der Richtlinie (EU) 2018/957.
579 Erwägungsgrund 24 der Richtlinie (EU) 2018/957.
580 Erwägungsgrund 24 der Richtlinie (EU) 2018/957.
581 Erwägungsgrund 11 der Richtlinie (EU) 2018/957.

Niveau sich wesentlich danach unterscheidet, ob der Arbeitgeber in diesem Mitgliedstaat ansässig ist oder nicht ...".[582]

Über die Nichtigkeitsklage von Ungarn entschied der EuGH in der Rechtssache C-620/18 vom 08.12.2020.[583] Ungarn beantragte, die Richtlinie (EU) 2018/957 des Europäischen Parlaments und des Rates vom 28. Juni 2018 zur Änderung der Richtlinie 96/71/EG über die Entsendung von Arbeitnehmern im Rahmen der Erbringung von Dienstleistungen für nichtig zu erklären, hilfsweise, mehrere ihrer Bestimmungen für nichtig zu erklären.

Die ungarische Regierung stützte ihre Klage u.a. auf das Argument, die Richtlinie verstoße gegen Art. 56 AEUV, da die angefochtene Richtlinie die wirksame Umsetzung des freien Dienstleistungsverkehrs ausschließe.[584] Wie die Klage Polens wies der EuGH auch die Klage Ungarns ab. Dabei wies der Gerichtshof darauf hin, dass „die angefochtene Richtlinie zusammen mit der durch sie geänderten Richtlinie ein Gleichgewicht zwischen zwei Interessen schaffen [soll], nämlich zum einen den Unternehmen aller Mitgliedstaaten die Möglichkeit gewährleisten, Dienstleistungen im Binnenmarkt zu erbringen, indem sie Arbeitnehmer aus ihrem Sitzmitgliedstaat in den Mitgliedstaat ihrer Leistungserbringung entsenden, und zum anderen, die Rechte der entsandten Arbeitnehmer schützen".[585] Der EuGH weiter wörtlich: „Zu diesem Zweck wollte der Unionsgesetzgeber mit dem Erlass der angefochtenen Richtlinie den freien Dienstleistungsverkehr auf einer fairen Grundlage sicherstellen, d. h. in einem rechtlichen Rahmen, der *einen Wettbewerb gewährleistet, der nicht darauf beruht, dass in ein und demselben Mitgliedstaat Arbeits- und Beschäftigungsbedingungen gelten, deren Niveau sich wesentlich danach unterscheidet, ob der Arbeitgeber in diesem Mitgliedstaat ansässig ist oder nicht...*".[586]

---

582 EuGH, Urteil v. 08.12.2020, Rs. C-626/18 (Polen/ Parlament und Rat), ECLI:EU:C:2020:1000, Rn. 56.

583 EuGH, Urteil v. 08.12.2020, Rs. C-620/18 (Ungarn/ Parlament und Rat), ECLI:EU:C:2020:1001.

584 Die Klage stützt sich auf die folgenden fünf Gründe:
Wahl einer falschen Rechtsgrundlage für den Erlass der angefochtenen Richtlinie, Verstoß gegen Art. 153 Abs. 5 AEUV und Missbrauch von Befugnissen, Verstoß gegen Art. 56 AEUV, Verstoß gegen Art. 56 AEUV, da die angefochtene Richtlinie die wirksame Umsetzung des freien Dienstleistungsverkehrs ausschließe, und Verstoß gegen die Rom I-Verordnung sowie gegen die Grundsätze der Rechtssicherheit und der Normenklarheit; EuGH, Urteil v. 08.12.2020, Rs. C-620/18 (Ungarn/ Parlament und Rat), ECLI:EU:C:2020:1001, Rn. 27.

585 EuGH, Urteil v. 08.12.2020, Rs. C-620/18 (Ungarn/ Parlament und Rat), ECLI:EU:C:2020:1001, Rn. 50.

586 EuGH, Urteil v. 08.12.2020, Rs. C-620/18 (Ungarn/ Parlament und Rat), ECLI:EU:C:2020:1001, Rn. 51.

Der EuGH erinnerte auch daran, dass die Europäische Kommission in ihrer Arbeitsunterlage vom 8. März 2016 mit dem Titel „Folgenabschätzung zu dem Vorschlag für eine Richtlinie des Europäischen Parlaments und des Rates zur Änderung der Richtlinie 96/71" festgestellt hat, dass die Richtlinie 96/71 zu ungleichen Wettbewerbsbedingungen zwischen in einem Aufnahmemitgliedstaat ansässigen Unternehmen und Unternehmen, die Arbeitnehmer in diesen Mitgliedstaat entsenden sowie zur Segmentierung des Arbeitsmarkts wegen struktureller Unterschiede der auf ihre jeweiligen Arbeitnehmer anwendbaren Entgeltregelungen geführt hat.[587] Insoweit war diese Einschätzung u.a. auch der Grund für den Erlass der angefochtenen Richtlinie, so dass die Rechte der in den Aufnahmemitgliedstaat entsandten Arbeitnehmer in der Weise gestärkt werden, dass sich der Wettbewerb zwischen den Unternehmen, die Arbeitnehmer in diesen Mitgliedstaat entsenden, und den dort ansässigen Unternehmen unter faireren Bedingungen entwickelt.[588]

Nach der Argumentation des EuGH zielt die Richtlinie (EU) 2018/957 darauf, einen besseren Schutz der entsandten Arbeitnehmer zu gewährleisten, und zielt auch auf die Verwirklichung des freien Dienstleistungsverkehrs in der Union im Rahmen eines Wettbewerbs, „der nicht von übermäßigen Unterschieden in den Arbeits- und Beschäftigungsbedingungen abhängt, die in ein und demselben Mitgliedstaat für die Unternehmen verschiedener Mitgliedstaaten gelten".[589]

(b) Würdigung

Die Richtlinie (EU) 2018/957 zielte darauf, die entsandten Arbeitnehmer den in dem Staat der Entsendung ansässigen Arbeitnehmern gleichzustellen. Dies ist nichts anderes als die Verwirklichung und Konkretisierung des Gleichbehandlungsgrundsatzes auf dem Gebiet der Arbeitnehmerentsendung. Mit dieser Richtlinie wollte der europäische Gesetzgeber Unterschiede in Arbeits- und Beschäftigungsbedingungen zwischen Arbeitgebern, die in einem bestimmten Mitgliedstaat der Europäischen Union ansässig sind und denjenigen, die dies nicht sind, beseitigen. Die Richtlinie (EU) 2018/957 spiegelt auch den Versuch der europäischen Politik wider, die Angleichung von Wettbewerbsbedingungen zwischen den Mitgliedstaaten mittels des Herkunftslandsprinzips zu fördern.[590]

---

587 EuGH, Urteil v. 08.12.2020, Rs. C-620/18 (Ungarn/ Parlament und Rat), ECLI:EU:C:2020:1001, Rn. 63.

588 EuGH, Urteil v. 08.12.2020, Rs. C-620/18 (Ungarn/ Parlament und Rat), ECLI:EU:C:2020:1001, Rn. 64.

589 EuGH, Urteil v. 08.12.2020, Rs. C-620/18 (Ungarn/ Parlament und Rat), ECLI:EU:C:2020:1001, Rn. 127.

590 *Kainer/Persch*, EuZW, 541, Rn. 546. Die beiden Autoren vertreten eine kritische These zu den beiden Urteilen des EuGH, insbesondere in Bezug auf dem binnenmarktrechtlichen Wettbewerbsprinzip.

Die oben genannten Urteile des EuGH korrespondieren somit mit den Erwägungsgründen und Zielen der Richtlinie (EU) 2018/957. Das Urteil des EuGH C-626/18 enthält aber noch eine weitreichende Botschaft, die sich direkt auf den Binnenmarkt bezieht. Es geht nämlich darum, dass die Richtlinie (EU) 2018/957 dem Ziel der Vollendung des Binnenmarkts dient, indem sie verhindern möchte, dass die Unterschiede in den Arbeit- und Beschäftigungsbedingungen zwischen den verschiedenen Mitgliedstaaten der Europäischen Union zu einem *race-to-the-bottom* führen und die Wirtschaftsteilnehmer der Europäischen Union die Arbeits- und Beschäftigungsbedingungen derjenigen Mitgliedstaaten, die für sie am günstigsten sind, auf diese Weise ausnutzen. Im Falle einer Arbeitnehmerentsendung in ein anderes Land der Europäischen Union muss der entsandte Arbeitnehmer den gleichen Lohn bekommen wie ein vergleichbarer Arbeitnehmer des Landes seiner Entsendung. Auf der gleichen Linie liegt die Argumentation des EuGH im Urteil C-620/18, in dem der Gerichtshof nochmals betont hat, dass innerhalb der Europäischen Union ein Wettbewerb mit möglichst wenigen Unterschieden in den Arbeits- und Beschäftigungsbedingungen herrschen soll.

Insoweit widerspricht jede nationale Maßnahme oder jede Maßnahme der Organe der Union, die die Idee dieses Wettbewerbs, der auf den Grundlagen der Fairness und ausgewogenen Entwicklung beruht, der Integrationsidee der Union. Zu solchen Maßnahmen gehören aber auch Rechtsnormen, die, wie im *Polbud* Fall, im Rahmen einer isolierten Sitzverlegung die Gesellschaftsrechtswahlfreiheit ohne Ausübung einer wirklichen wirtschaftlichen Tätigkeit ermöglichen.

(3) Das Mobilitätspaket der Europäischen Union

(a) Die Problematik

Das sog. Mobilitätspaket der Europäischen Kommission aus dem Jahr 2017 wurde seitens des Europäischen Parlaments im Jahr 2019 und schließlich durch den Rat der Europäischen Union im Jahr 2020 gebilligt. Nach der Mitteilung des Rates der Europäischen Union sollen diese Regelungen zur Verbesserung der Arbeitsbedingungen der Kraftfahrer führen, besondere Regeln für die Entsendung von Kraftfahrern im grenzüberschreitenden Verkehr einführen und zu einer effizienteren Durchsetzung der Bestimmungen über den Marktzugang im Güterkraftverkehr führen.[591] Somit soll das Paket eine umfassende Reform des Straßenverkehrssektors der Europäischen Union erreichen.[592] Das Paket hat allerdings für viel Unruhe gesorgt. Polen, Litauen, Malta, Ungarn, Bulgarien, Rumänien und Zypern haben Nichtigkeitsklagen gegen das verabschiedete Mobilitätspaket vor dem EuGH

591 https://www.consilium.europa.eu/de/press/press-releases/2020/04/07/mobility-package-council-adopts-truck-drivers-reform/, abgerufen am 26.01.2022.

592 https://www.consilium.europa.eu/de/press/press-releases/2020/04/07/mobility-package-council-adopts-truck-drivers-reform/, abgerufen am 26.01.2022.

erhoben. Die Analyse und Darstellung des Mobilitätspakets wird sich an dieser Stelle auf ein bestimmtes Instrument beschränken, nämlich auf die Verordnung (EU) 2020/1055 des Europäischen Parlaments und des Rates vom 15. Juli 2020 zur Änderung der Verordnungen (EG) Nr. 1071/2009, (EG) Nr. 1072/2009 und (EU) Nr. 1024/2012 im Hinblick auf ihre Anpassung an die Entwicklungen im Kraftverkehrssektor[593] (im Folgenden bezeichnet als „Verordnung 2020/1055").

(b) Verordnung 2020/1055

Die Erwägungsgründe für den Erlass der Verordnung 2020/1055 sind für die Untersuchungsfrage dieser Arbeit besonders interessant. Zu nennen ist zunächst der Erwägungsgrund 6. Er adressiert die Bekämpfung von Briefkastenfirmen auf dem Gebiet des Transportwesens. Um das Phänomen der „Briefkastenfirmen" zu bekämpfen und im Binnenmarkt lauteren Wettbewerb und gleiche Wettbewerbsbedingungen sicherzustellen ist es, nach Erwägungsgrund 6 notwendig, dass sich die in einem Mitgliedstaat niedergelassenen Kraftverkehrsunternehmer tatsächlich und dauerhaft dort aufhalten und ihre Verkehrstätigkeit von dort ausüben. Insoweit besteht die Notwendigkeit, die Vorschriften für eine tatsächliche und dauerhafte Niederlassung zu präzisieren und zu stärken.[594]

Erwägungsgrund 6 der Verordnung 2020/1055 beinhaltet zwei wichtige Punkte. Erstens wird auf das Problem der Briefkastenfirmen innerhalb der Transportbranche eingegangen. Wie bei der Niederlassungsfreiheit, sind auch in diesem Gebiet die Briefkastenfirmen ein ernsthaftes Problem für den Binnenmarkt. In der Transportbranche waren dies z.B. unternehmerische Gestaltungen, bei denen ein Transportunternehmen pro forma in einem Mitgliedstaat der Europäischen Union gegründet wird, aber seine ganze Tätigkeit in einem anderen oder mehreren anderen Mitgliedstaaten ausübt, stets abhängig davon, wo für das Unternehmen die günstigsten Bedingungen zur Verfügung stehen. Diese Praxis dieser sog. „Autobahn-Nomaden" soll mit der Verordnung 2020/1055 bekämpft werden.

Zweitens spricht der Erwägungsgrund Nr. 6 der Verordnung 2020/1055 von der Notwendigkeit, eine dauerhafte wirtschaftliche Tätigkeit in einem Mitgliedstaat auszuüben, um in den Genuss der Dienstleistungsfreiheit zu kommen. Damit ist gemeint, dass sich die in einem Mitgliedstaat niedergelassenen Kraftverkehrsunternehmer tatsächlich und dauerhaft dort aufhalten und ihre Verkehrstätigkeit von dort ausüben sollen.

Diese Erwägungen entsprechen der in dieser Arbeit ausführlich diskutierten Voraussetzung der Ausübung einer wirklichen wirtschaftlichen Tätigkeit für die Inanspruchnahme der Niederlassungsfreiheit. Auf dem Transportgebiet ist der europäische Gesetzgeber selbst der Ansicht, dass die Inanspruchnahme einer

---

593 Amtsblatt der Europäischen Union, L. 249/17 von 31.07.2020.

594 Verordnung (EU) 2020/1055, Amtsblatt der Europäischen Union, L. 249/17 von 31.07.2020, Erwägungsgrund 6.

Grundfreiheit die tatsächliche und dauerhafte Ausübung einer bestimmten Tätigkeit voraussetzt. Der europäische Gesetzgeber geht sogar noch einen Schritt weiter und normiert, dass eine „tatsächliche und dauerhafte Anwesenheit im Niederlassungsmitgliedstaat insbesondere voraussetzen [sollte], dass das Unternehmen Verkehrstätigkeiten mittels einer angemessenen technischen Ausstattung durchführt, die in diesem Mitgliedstaat gelegen ist".[595] Weitere Konkretisierungen dieses Erfordernisses enthält Erwägungsgrund Nr. 8 der Verordnung (EU) 2020/1055. Er weist auf Folgendes hin:

> „Gemäß der Verordnung (EG) Nr. 1071/2009 muss *ein Unternehmen seine Tätigkeit tatsächlich und dauerhaft mittels der angemessenen technischen Ausstattung und Einrichtung an einer im Niederlassungsmitgliedstaat gelegenen Betriebsstätte ausüben*[596]*; außerdem sind zusätzliche Anforderungen auf einzelstaatlicher Ebene zulässig*[597], wobei eine der häufigsten Anforderungen darin besteht, dass Parkflächen im Niederlassungsmitgliedstaat vorhanden sein müssen. Diese uneinheitlich angewandten Anforderungen reichen allerdings nicht aus, um einen echten Zusammenhang mit dem Mitgliedstaat zu gewährleisten, um Briefkastenfirmen wirksam zu bekämpfen und das Risiko der Organisation systematischer Kabotage und eines Systems von „Autobahn-Nomaden" durch ein Unternehmen, zu dem die Fahrzeuge nicht zurückkehren, zu verringern. Angesichts der Tatsache, dass für die Gewährleistung des reibungslosen Funktionierens des Binnenmarkts im Verkehrsbereich konkrete Vorschriften über auf die Niederlassungsfreiheit und die Erbringung von Dienstleistungen erforderlich sein können, ist es angemessen, die Anforderungen an die Niederlassung und die Anforderungen im Zusammenhang mit Präsenz von vom Verkehrsunternehmer verwendeten Fahrzeugen im Niederlassungsmitgliedstaat weiter zu harmonisieren".[598]

Art. 5 der Verordnung legt insoweit die Voraussetzungen für die Anforderung der Niederlassung fest. Diese sind:

> *„Um die Anforderung des Artikels 3 Absatz 1 Buchstabe a zu erfüllen*[599]*, muss ein Unternehmen im Niederlassungsmitgliedstaat*
>
> *a) über Räumlichkeiten verfügen, in denen es auf die Originale seiner wichtigsten Unternehmensunterlagen entweder in elektronischer oder sonstiger Form zugreifen kann, insbesondere seine Beförderungsverträge, Unterlagen zu den Fahrzeugen, über die*

---

595 Verordnung (EU) 2020/1055, Amtsblatt der Europäischen Union, L. 249/17 von 31.07.2020, Erwägungsgrund 7.

596 Hervorhebung durch Verfasserin.

597 Hervorhebung durch Verfasserin.

598 Verordnung (EU) 2020/1055, Amtsblatt der Europäischen Union, L. 249/17 von 31.07.2020, Erwägungsgrund 8.

599 Dieser Buchstabe normiert, dass Unternehmen über eine tatsächliche und dauerhafte Niederlassung in einem Mitgliedstaat verfügen müssen.

das Unternehmen verfügt, Buchführungsunterlagen, Personalverwaltungsunterlagen, Arbeitsverträge, Sozialversicherungsunterlagen, Dokumente mit den Daten über den Einsatz und die Entsendung von Fahrern, Dokumente mit den Daten über Kabotage, Lenk- und Ruhezeiten sowie alle sonstigen Unterlagen, zu denen die zuständige Behörde Zugang haben muss, um überprüfen zu können, ob das Unternehmen die in dieser Verordnung festgelegten Voraussetzungen erfüllt;

b) die Nutzung seiner Fahrzeugflotte so organisieren, dass sichergestellt ist, dass Fahrzeuge, die dem Unternehmen zur Verfügung stehen und in der grenzüberschreitenden Beförderung eingesetzt werden, spätestens acht Wochen nach Verlassen des Mitgliedstaats zu einer der Betriebsstätten in diesem Mitgliedstaat zurückkehren;

c) im Unternehmensregister des betreffenden Mitgliedstaats oder in einem ähnlichen Register eingetragen sein, wenn das nach innerstaatlichem Recht vorgeschrieben ist;

d) der Einkommenssteuer unterliegen und, wenn das nach innerstaatlichem Recht vorgeschrieben ist, über eine gültige Mehrwertsteuernummer verfügen;

e) nach Erhalt der Zulassung über ein oder mehrere Fahrzeuge verfügen, die entsprechend den Rechtsvorschriften dieses Mitgliedstaats zugelassen sind oder in Betrieb genommen wurden und eingesetzt werden dürfen, unabhängig davon, ob sie sein ausschließliches Eigentum sind oder beispielsweise aufgrund eines Mietkauf- oder Miet- oder Leasingvertrags in seinem Besitz sind;

f) seine administrativen und gewerblichen Tätigkeiten mittels der angemessenen Ausstattung und Einrichtung in Räumlichkeiten im Sinne des Buchstaben a, die in diesem Mitgliedstaat gelegen sind, tatsächlich und dauerhaft ausüben und seine Beförderungstätigkeit mit den Fahrzeugen nach Buchstabe g mittels der in diesem Mitgliedstaat vorhandenen angemessenen technischen Ausstattung tatsächlich und dauerhaft betreiben;

g) gewöhnlich und dauerhaft über eine – im Verhältnis zum Umfang der Verkehrstätigkeit des Unternehmens angemessene – Zahl an Fahrzeugen, die den Anforderungen des Buchstaben e genügen, sowie an Fahrern, die normalerweise einer Betriebsstätte in diesem Mitgliedstaat zugeordnet sind, verfügen.

(2) Zusätzlich zu den Anforderungen des Absatzes 1 können die Mitgliedstaaten verlangen, dass ein Unternehmen im Niederlassungsmitgliedstaat über

a) dem Umfang der Tätigkeit des Unternehmens angemessene ordnungsgemäß qualifizierte Verwaltungsmitarbeiter in den Räumlichkeiten des Unternehmens oder einen zu den üblichen Geschäftszeiten erreichbaren Verkehrsleiter verfügt;

b) eine dem Umfang der Tätigkeit des Unternehmens angemessene operative Infrastruktur zusätzlich zu der in Absatz 1 Buchstabe f genannten technischen Ausstattung im Hoheitsgebiet dieses Mitgliedstaats verfügt, einschließlich einer zu den üblichen Geschäftszeiten geöffneten Geschäftsstelle".[600]

Die Praxis der sog. „Autobahn-Nomaden" beabsichtigt die Verordnung unter anderem mit der Festlegung eines Mindestintervalls für die Rückkehr des Fahrzeugs sowie anderen, in der Verordnung vorgesehenen Maßnahmen, zu bekämpfen. Konkret auf die eingeführte Rückkehrpflicht bezogen, soll diese Maßnahme dazu beitragen, die notwendigen und ordnungsgemäßen Wartungsmaßnahmen durchführen zu können. Die Verordnung zielt auch auf die Bekämpfung von Verstößen gegen den Marktzugang und gegen den fairen Wettbewerb für den Binnenmarkt.[601]

(c) Würdigung

Ob die Regelungen in der Verordnung (EU) 2020/1055 geeignet und erforderlich sind, die gesetzten Ziele zu erreichen, wird an dieser Stelle nicht näher diskutiert. Die Analyse und Prüfung des Inhalts dieser Regelung würde einer intensiven Diskussion bedürfen, die den Umfang und das Untersuchungsfeld dieser Arbeit überschreiten würde.[602]

Insoweit beschränkte sich die Analyse der Verordnung (EU) 2020/1055 auf das aktuelle gesetzgeberische Klima innerhalb der Europäischen Union und die Stimmung, die im Hinblick auf das in diesem Abschnitt diskutierte Thema der Rosinenpickerei aktuell herrscht. Die Analyse umfasste dementsprechend nicht die konkrete Prüfung und Würdigung der Normen, die die Verordnung Unternehmen auferlegt und insoweit auch nicht die Angemessenheit dieser Normen zur Erreichung der mit dieser Verordnung verfolgten Ziele.

An dieser Stelle kann man folgenden Schluss ziehen: die Europäische Union möchte eine Sonderart von „Cherry-Picking" – Rosinenpickerei der Transportrechtsvorschriften bekämpfen, da sie als ein Hindernis für einen gemeinsamen und harmonisierten Binnenmarkt eingestuft ist. Es ist ein Zeichen des aktuellen Willens des Europäischen Gesetzgebers, das auch der These dieser Arbeit entspricht und das sich gegen jede aktuelle und potenzielle Verzerrung des Binnenmarkts wendet.

---

600 Verordnung (EU) 2020/1055, Amtsblatt der Europäischen Union, L. 249/17 von 31.07.2020, Art. 5.

601 Verordnung (EU) 2020/1055, Amtsblatt der Europäischen Union, L. 249/17 von 31.07.2020, Erwägungsgrund 12.

602 Dazu ausführlich und kritisch s. *Kainer/Persch*, EuR 2021, 454.

b) Ergebnisse der Würdigung der Rechtsprechung des EuGH und des Company Law Packages

Der EuGH sieht aktuell kein Verstoß gegen die Niederlassungsfreiheit, wenn ein Unternehmen seinen – satzungsmäßigen oder tatsächlichen – Sitz nach dem Recht eines Mitgliedstaats allein deshalb begründet, um in den Genuss günstigerer Rechtsvorschriften zu kommen.[603] Das bedeutet praktisch, dass Unternehmen, die die Niederlassungsfreiheit in Anspruch nehmen, *um in einem anderen Mitgliedstaat ihre wirtschaftliche Tätigkeit auszuüben* (direkt oder durch Gründung von Niederlassungen, Agenturen, usw.) und Unternehmen, die einfach nur in den Genuss der dortigen vorteilhafteren Rechtsordnung kommen möchten, im Zuge der Ausübung der Niederlassungsfreiheit aber gar *keine wirkliche wirtschaftliche Tätigkeit ausüben* wollen, sich gleichermaßen auf die Bestimmungen des Art. 49 und 54 AEUV berufen können. Beide Kategorien von Unternehmen erfüllen nach der aktuellen Rechtsprechung des EuGH jeweils die Voraussetzungen für die Inanspruchnahme der Niederlassungsfreiheit und genießen deren Schutz unabhängig davon.

Eine Auslegung des AEUV und insbesondere von Art. 49 und 54 AEUV nach dem subjektiven Willen des „Gesetzesgebers", d.h. der Vertragsstaaten, nimmt der EuGH insbesondere im Urteil *Polbud* nicht vor. Genauso wenig findet man in seiner Argumentation und Urteilsbegründung eine Normauslegung der Niederlassungsfreiheit nach der Zielsetzung dieser Grundfreiheit und der Ziele der Verträge. Dieser Mangel an rechtswissenschaftlicher Methodik in der Urteilsbegründung ist bedenklich. Das Urteil *Polbud* und seine Folgen sind ein gutes Beispiel dafür, wie das Fehlen einer historischen, teleologischen und *effet-utile*-Normauslegung zu einem Ergebnis führt, nach dem die Niederlassungsfreiheit zum reinen Selbstzweck für das Unternehmen wird.

Der EuGH hätte im Urteil *Polbud* aber zu einem anderen Ergebnis kommen sollen. Jede Grundfreiheit und damit auch die Niederlassungsfreiheit wird nicht nur um ihrer selbst willen gewährt, sondern mittels ihres Gebrauchs sollen auch höhere Ziele, insbesondere die Binnenmarktziele erreicht werden. Die Darstellung der historischen Ideen Europas erklärt die fundamentalen Prinzipien des Binnenmarkts. Sie sind immer noch aktuell und müssen als Leitmotive bei der Auslegung des Primärrechts herangezogen werden. Sie hätten also auch im *Polbud*-Urteil bei der Auslegung berücksichtigt werden müssen.

Die historische Analyse der niederlassungsrechtlichen Bestimmungen, die im AEUV verankert sind, impliziert nicht, dass das Ziel der Niederlassungsfreiheit eine bloße Rechtssystemwahlfreiheit ist. Sie bedeutet auch nicht, dass sich die Gründer der damaligen Europäischen Gemeinschaften ein Europa mit „*Delaware-Binnenmärkten*" vorgestellt haben. Ein gemeinsamer Binnenmarkt, der die

603 Das ist das Hauptergebnis des Urteils *Polbud*: EuGH, Urteil v. 25.10.2017, Rs. C-106/16 (Polbud), ECLI:EU:C:2017:804, Rn. 40.

Gleichverteilung der Ressourcen und Gleichwohlstand aller Völker Europas beinhaltet, bedeutet nicht die Errichtung eines „*Cherry picking*“ Markts, der nach dem Günstigkeitsprinzip einzelner Mitgliedstaaten funktioniert. Ganz im Gegenteil: er bedeutet eine Integration in das Wirtschafts- und Rechtssystem der jeweiligen Mitgliedstaaten, wenn die Niederlassungsfreiheit in Anspruch genommen wird. Praktisch bedeutet dies für Unternehmen, die sich in einem anderen Mitgliedstaat niederlassen möchten, ein „*take it or leave it*“ Prinzip, nach dem nicht nur eine pro forma, sondern eine wirkliche wirtschaftliche und rechtliche Integration in das Wirtschaftsleben vorausgesetzt wird.

D. Niederlassungsfreiheit auch bei Fehlen einer wirklichen wirtschaftlichen Tätigkeit – Ein Ungleichbehandlungsfall?

I. Problemstellung

Der vorherige Teil der Arbeit hat durch Untersuchung grenzüberschreitender Niederlassungsvorgänge insbesondere der isolierten Sitzverlegung, die uneinheitliche Rechtsprechung und mangelhafte Auslegungsmethodik des EuGH aufgezeigt. Überdies wurde dargelegt, dass der EuGH mit seiner aktuellen Rechtsprechung zum *Polbud*-Urteil Art. 49 und 54 AEUV nicht im Einklang mit den im Unionsrecht verankerten grundlegenden Zielen der Niederlassungsfreiheit interpretiert. Dies zeigte sich durch den in *Polbud* illustrieren Fall, wodurch Unternehmen, die nur in den Genuss einer vorteilhafteren Rechtsordnung eines anderen Mitgliedstaates kommen möchten, in dem Aufnahmemitgliedsstaat aber gar keine wirkliche wirtschaftliche Tätigkeit ausüben oder dies beabsichtigen, genauso die Niederlassungsfreiheit in Anspruch nehmen können wie Unternehmen, die in dem Aufnahmemitgliedstaat eine wirkliche wirtschaftliche Tätigkeit ausüben möchten oder dies planen.

Darüber hinaus stellt sich eine weitere für den Untersuchungsgegenstand dieser Arbeit relevante Frage:

Es ist dies die Frage, ob der EuGH mit dieser Gleichstellung von Unternehmen eine unzulässige Gleichbehandlung begeht. Dabei ist von dem Gleichbehandlungsgrundsatz auszugehen, wonach gleiche Sachverhalte nicht ungleich behandelt werden dürfen und umgekehrt ungleiche nicht gleichbehandelt werden dürfen. Insoweit stellt sich die Frage, ob seitens des EuGH bei der Auslegung der Art. 49 und 54 AEUV in Bezug auf die isolierte Sitzverlegung eine Gleichbehandlung von wesentlich Ungleichem geschieht. Kommt der EuGH somit auf den falschen Auslegungskurs und gewährleistet den Schutz der Niederlassungsfreiheit auch Unternehmenskonstruktionen, die die objektiven Voraussetzungen für dessen Anwendung nicht erfüllen und die in manchen Konstellationen *stricto sensu* gar keine Unternehmen im wirtschaftsrechtlichen Sinn darstellen? Werden somit die Unternehmen, die eine wirkliche wirtschaftliche Tätigkeit beabsichtigen, diesen unzulässig gleichgestellt? Wenn der gleiche Schutz „echten Unternehmen“ und „rein künstlichen Gestalten“ gewährleistet wird, liegt dann eine Gleichbehandlung von Ungleichen seitens des EuGH vor? Die Prüfung einer möglichen unzulässigen Gleichbehandlung erfolgt im Lichte des unionsrechtlichen Gleichbehandlungsgebots aus Art. 20 EU-Grundrechtecharta. Diese Fragen werden in den folgenden Abschnitten untersucht.

Bevor die Ergebnisse dieser Untersuchungsfragen dargestellt werden, wird zunächst ein Exkurs zur Diskriminierungsproblematik gemacht. Dieser Exkurs wird vorgenommen, um zunächst die Unterschiede zum Gleichbehandlungsgebot zu erläutern. Zu allererst ist die normative Grundlage zu dem unionalen Diskriminierungsbegriff und die Rechtsprechung des EuGH diesbezüglich wichtig, da das Diskriminierungsverbot der Kern der Niederlassungsfreiheit ist.

Schließlich ist die Vergleichspaarkomponente wichtig, da diese sowohl bei einer Diskriminierung wie auch dem Gleichbehandlungsgrundsatz Voraussetzung für die Prüfung eines Verstoßes ist. Die Vergleichspaarkomponente kann man insoweit für die Prüfung des Vorhandenseins einer Ungleichbehandlung sehr gut „ausleihen". Insoweit wird diese Arbeit zunächst den Diskriminierungsbegriff sowie die Diskriminierungsarten im Primär- und Sekundärrecht darstellen. Zur Problematik des Diskriminierungsbegriffs wird neben dem aktuellen Stand in der juristischen Literatur auch die aktuelle Rechtsprechung des EuGH analysiert. Dabei wird das zentrale Element bei der Bestimmung des Bestehens einer Ungleichbehandlung dargestellt – nämlich die Vergleichspaarbildung und deren Bestimmung. Die weitere Untersuchung wird der Frage der Abgrenzung zwischen Beschränkungen der Niederlassungsfreiheit und Diskriminierung nachgehen, was anhand der (uneinheitlichen) Rechtsprechung des EuGH illustriert wird.

Auf den Grundlagen dieser Untersuchungen wird die Frage nach dem Vorliegen einer Ungleichbehandlung im Hinblick auf die isolierte Sitzverlegung nachgegangen und danach die Ergebnisse der Untersuchung einer Ungleichbehandlung seitens des EuGH dargestellt.

II. Gleichbehandlungsgebot als Bestandteil der Niederlassungsfreiheit

1. Das Vorliegen einer Diskriminierung

a) Aktueller Stand der Rechtspraxis des EuGH

Der EuGH urteilt in seiner ständigen Rechtsprechung, dass vergleichbare Sachverhalte nicht unterschiedlich behandelt und unterschiedliche Sachverhalte nicht gleichbehandelt werden dürfen, es sei denn, dass eine derartige Behandlung objektiv gerechtfertigt ist.[604] Das Diskriminierungsverbot verlangt nach ständiger Rechtsprechung, dass gleiche Sachverhalte nicht ungleich behandelt und ungleiche Sachverhalte nicht gleich behandelt werden.[605] Das Grundprinzip heißt, Gleiches gleich und Ungleiches ungleich zu behandeln.[606]

Nach ständiger Rechtsprechung kann eine Diskriminierung nur darin bestehen, dass unterschiedliche Vorschriften auf vergleichbare Situationen angewandt werden oder dieselbe Vorschrift auf unterschiedliche Situationen angewandt wird.[607] Eine Diskriminierung besteht in der Anwendung unterschiedlicher Vorschriften auf vergleichbare Sachverhalte oder in der Anwendung derselben Vorschrift auf unterschiedliche Sachverhalte.[608] Eine Diskriminierung umfasst sowohl eine Schlechter- (nicht

---

604 Vgl. EuGH, Urteil v. 13.12.1984, Rs. C-106/83 (Sermide), ECLI:EU:C:1984:394, Rn. 28 und EuGH, Urteil v. 18.05.1994, Rs. C-309/89 (Cordoniu/Rat), ECLI:EU:C:1994:197, Rn. 26.

605 Vgl. EuGH, Urteil v. 17.07.1997, Rs. 354/95 (The Queen/Minister for Agriculture, Fisheries and Food, ex parte: National Farmers' Union u.a.), ECLI:EU:C:1997:379, Rn. 61.

606 EuGH, Urteil v. 17.07.1963, Rs. C-13/63 (Italien/Kommission der EWG), ECLI:EU:C:1963:20.
Vgl. auch: EuGH, Urteil v. 02.10.2002, Rs. C-148/02 (Garcia Avello), ECLI:EU:C:2003:539, Rn. 31.; EuGH, Urteil v. 03.10.2000, Rs. C-411/98 (Ferlini), ECLI:EU:C:2000:530, Rn. 51; EuGH, Urteil v. 11.08.1995, Rs. C-80/94 (Wielockx/Inspecteur der directe belastingen), ECLI:EU:C:1995:271, Rn. 17.

607 EuGH, Urteil v. 14.02.1995, Rs. C-279/93 (Schumacker), ECLI:EU:C:1995:31, Rn. 30.

608 EuGH, Urteil v. 22.12.2008, Rs. 282/97 (Truck Center), ECLI:EU:C:2008:762, Rn. 37. Vgl. dazu: EuGH, Urteil v. 14.02.1995, Rs. C-279/93 (Schumacker), ECLI:EU:C:1995:31, Rn. 30; EuGH, Urteil v. 11.08.1995, Rs. C-80/94 (Wielockx/Inspecteur der directe belastingen), ECLI:EU:C:1995:271, Rn. 17; EuGH, Urteil v. 12.12.2006, Rs. C-374/04 (Test Claimants in Class IV of the ACT Group Litigation), ECLI:EU:C:2006:773, Rn. 46.

bloß: Anders-) Behandlung bei gleichartigen Sachverhalten als auch die Gleichbehandlung ungleicher Sachverhalte.[609]

b) Stand der Literatur

Wie schon dargestellt wurde, gewährleistet die Niederlassungsfreiheit in der aktuellen Normfassung des AEUV einen Anspruch auf diskriminierungsfreie Eingliederung in den Aufnahmestaat.[610] Zur Frage, wann eine Diskriminierung vorliegt, sind die Meinungen in der juristischen Literatur einig. Die klassische Ansicht definiert eine Diskriminierung als eine „nicht gerechtfertigte unterschiedliche Behandlung".[611] Eine Diskriminierung liegt vor, wenn zwei gleiche Tatbestände unterschiedlich behandelt werden und der Betroffene dadurch benachteiligt wird.[612] Dies ist der Fall auch, wenn vergleichbare Sachverhalte rechtlich unterschiedlich oder unterschiedliche Sachverhalte rechtlich gleich behandelt werden.[613] Eine Diskriminierung liegt folglich vor, wenn die Ungleichbehandlung vergleichbarer bzw. die Gleichbehandlung nicht vergleichbarer Sachverhalte die Folge einer rechtlichen Schlechterstellung auf dem Binnenmarkt hat.[614]

In der Literatur ist auch die Definition zu finden, nach der Diskriminierung als eine nicht gerechtfertigte unterschiedliche Behandlung definiert wird, die als etwas Verbotenes anzusehen ist.[615] Insoweit muss der Diskriminierungsbegriff mindestens die Ungleichbehandlung zweier Sachverhalte erfassen, zu deren Vergleich aus irgendeinem Grund Anlass besteht, wobei auch die Gleichbehandlung von nicht

---

609 *Ludwigs* in *Dauses/Ludwigs*, Handbuch des EU-Wirtschaftsrechts, E.I. Grundregeln, 54. EL 2021, Rn. 86.
Vgl. auch mit EuGH, Urteil v. 14.02.1995, Rs. C-279/93 (Schumacker), ECLI:EU:C:1995:31, Rn. 30 ff.; EuGH, Urteil v. 19.09.2000, Rs. C-156/98 (Deutschland/Kommission), ECLI:EU:C:2000:467, Rn. 84.; EuGH. Urteil v. 12.06.2003, Rs. C-234/01 (Gerritse), ECLI:EU:C:2003:340, Rn. 43; EuGH Urteil v. 13.3.2014, Rs. C-375/12 (Bouanich), ECLI:EU:C:2014:138, Rn. 45.

610 *Kainer in* Frankfurter Kommentar EUV/GRC/AEUV, Art. 49 AEUV, Rn. 8.

611 *Streinz* in *Streinz*, EUV/AEUV, Art. 18 AEUV, Rn. 45 ff.

612 *von Bogdandy* in *Grabitz/Hilf/Nettesheim*, Das Recht der Europäischen Union, Art. 18 AEUV, Rn. 6.
Nach *Epiney* kann eine Diskriminierung vorliegen, wenn die Anknüpfung an die jeweiligen Unterschiede auf menschlicher, insbesondere hoheitlicher Gewalt beruht, *Epiney* in *Calliess/Ruffert*, EUV/AEUV, Art. 18 AEUV, Rn. 9 ff.
Zum Diskriminierungsverbot auch: *Rust* in *von der Groeben/Schwarze/Hatje*, Europäisches Unionsrecht, Art. 18 AEUV; *Steinmeyer* in *Franzen/Gallner/Oetker*, Art. 18 AEUV; *Rossi* in *Kluth/Heusch*, BeckOK-Ausländerrecht Art. 18 AEUV.

613 *Korte* in *Calliess/Ruffert*, EUV/AEUV, Art. 49 AEUV, Rn. 56.

614 *Korte* in *Calliess/Ruffert*, EUV/AEUV, Art. 49 AEUV, Rn. 56.

615 *Streinz* in *Streinz*, EUV/AEUV, Art. 18 AEUV, Rn. 46.

Vergleichbarem eingeschlossen wird.[616] Eine Diskriminierung kann auch vorliegen, wenn der gleiche Mitgliedstaat eine ausländische natürliche Person oder Gesellschaft anhand der verbotenen Kriterien ungleich behandelt.[617] Gestützt wird diese These durch die Rechtsprechung des EuGH der die Staatsangehörigkeit der natürlichen Personen, bzw. den Gesellschaftssitz zu verbotenen Diskriminierungskriterien erklärt. Andere Meinungen in der Literatur vertreten die Ansicht, nach der für das Vorliegen einer Diskriminierung ausreichend ist, wenn ein grenzüberschreitender Sachverhalt anderes behandelt wird als ein rein inländischer.[618]

Eine Diskriminierung ist nur möglich, wenn die beiden zu vergleichenden Sachverhalte von demselben Hoheitsträger geregelt werden.[619] Außerdem liegt eine Diskriminierung i.S.d. Art. 49 AEUV vor, wenn die Ungleichbehandlung vergleichbarer bzw. die Gleichbehandlung nicht vergleichbarer Konstellationen eine rechtsrelevante Schlechterstellung auf dem Binnenmarkt nach sich zieht.[620] Die Messlatte für das Vorliegen einer Diskriminierung ist nicht zu hoch. Ausreichend wäre, wenn eine Komplikation von Verwaltungsvorgängen, eine größere Unsicherheit bei sonst gleichwertigen Rechtsstellungen sowie alle hemmenden Praktiken bestehen würde.[621]

2. Diskriminierungsarten

a) Unmittelbare/direkte/offene Diskriminierung

Ein allgemeines Diskriminierungsverbot im Primärrecht ist in Art. 18 AEUV verankert. Spezielle Diskriminierungsverbote finden sich in den Bestimmungen der jeweiligen Grundfreiheiten und sind somit in der Anwendung vorrangig. Gemäß Art. 18 AEUV ist jede Diskriminierung aus Gründen der Staatsangehörigkeit verboten. Bei juristischen Personen ist das ihr Sitz. Ein Verstoß gegen diesen Artikel liegt vor, „wenn

616 *Streinz* in *Streinz*, EUV/AEUV, Art. 18 AEUV, Rn. 46.

617 *Stewen*, Europäische Niederlassungsfreiheit und deutsches Internationales Steuerrecht, S. 149.

618 *Hahn*, DStZ 2005, 433, Rn. 440, auch *Kessler/Huck*, StuW 2005, 193, Rn. 209.

619 Dazu mehr: EuGH, Urteil v. 19.01.1988, Rs. C-223/86 (Pesca Valentia/Minister for Fisheries and Forestry), ECLI:EU:C: 1988:14, Rn. 18.; EuGH, Urteil v. 28.10.1999, Rs. C-6/98 (ARD), ECLI:EU:C:1999:532, Rn. 53.
Epiney in *Calliess/Ruffert/Epiney*, EUV/AEUV, Art. 18 AEUV, Rn. 9.

620 *Korte* in *Calliess/Ruffert*, EUV/AEUV, Art. 49 AEUV, Rn. 56.; Auch *Müller-Graff* in *Streinz*, EUV/AEUV, Art. 49 AEUV, Rn. 43 ff.; *Tiedje* in *von der Groeben/Schwarze/Hatje*, Europäisches Unionsrecht, Art. 49 AEUV, Rn. 73.

621 *Tiedje* in *von der Groeben/Schwarze/Hatje*, Europäisches Unionsrecht, Art. 49 AEUV, Rn. 72.

der Betroffene anders behandelt würde, wenn er die Angehörigkeit des Staates besitzen würde".[622]

Eine unmittelbare Diskriminierung i.S.v. Art. 18 AEUV liegt vor, „wenn eine Maßnahme formal an die Staatsangehörigkeit (bei Unternehmen ist das deren Sitz) zum Zwecke einer Differenzierung anknüpft"[623] und sie „bereits an der Aufnahme der Tätigkeit als solche ansetzen (Zugangsdiskriminierung) oder die Ausübungsmodalitäten für Ausländer betreffen (Ausübungsdiskriminierung) kann".[624] Das wären Situationen, in denen „eine bestimmte Voraussetzung von eigenen Staatsangehörigen nicht erbracht werden muss oder eine bestimmte Beschränkung für eigene Staatsangehörige nicht gilt".[625] Folglich ist die Bestimmung der Vergleichsgruppe bei unmittelbarer Diskriminierung i.R.v. Art. 18 AEUV relativ einfach, denn sie erschöpft sich allein in dem Merkmal des Staatsbürgers[626] der Union.

Die Fälle einer direkten Diskriminierung aus der Rechtsprechung des EuGH sind vielfältig. Eine unmittelbare Diskriminierung liegt beispielsweise vor beim Verlangen einer Prozesskostensicherheit nur von Staatsangehörigen anderer Mitgliedstaaten[627], bei unterschiedlicher Anwendung des nationalen Kartellrechts je nach der Staatsangehörigkeit der Betroffenen.[628] Das Verlangen unterschiedlicher Eintrittspreise in staatliche Museen[629] stellt einen Fall der unmittelbaren Diskriminierung nach der Rechtsprechung des EuGH dar, sowie auch die zusätzliche Einschreibe- oder Studiengebühren für Staatsangehörige der anderen Mitgliedstaaten[630] als auch ein Vorbehalt der Eintragung eines Schiffes in das nationale Register für Inländer bzw. für Gesellschaften, die zu mehr als der Hälfte Inländern gehören.[631] Auch die unterschiedliche

---

622 *von Bogdandy* in *Grabitz/Hilf/Nettesheim*, Das Recht der Europäischen Union, Art. 18 AEUV, Rn. 6. Vgl. auch mit: *Korte* in *Calliess/Ruffert*, EUV/AEUV, Art. 49 AEUV, Rn. 56; *Kainer in* Frankfurter Kommentar EUV/GRC/AEUV, Art. 49 AEUV, Rn. 52; *Forsthoff* in *Grabitz/Hilf/Nettesheim*, Das Recht der Europäischen Union, Art. 49 AEUV, Rn. 79.; *Nachbaur*, Niederlassungsfreiheit, S. 134.

623 *Kainer in* Frankfurter Kommentar EUV/GRC/AEUV, Art. 49 AEUV, Rn. 52.

624 *Kainer in* Frankfurter Kommentar EUV/GRC/AEUV, Art. 49 AEUV, Rn. 52.

625 *Streinz* in *Streinz*, EUV/AEUV, Art. 18 AEUV, Rn. 53.

626 *von Bogdandy* in *Grabitz/Hilf/Nettesheim*, Das Recht der Europäischen Union, Art. 18 AEUV, Rn. 79.

627 Vgl. EuGH, Urteil v. 02.10.1997, Rs. C-122/96 (Saldanha und MTS Securities Corporation/Hiross), ECLI:EU:C:1997:458, Rn. 22, übernommen von: *Streinz* in *Streinz*, EUV/AEUV, Art. 18 AEUV, Rn. 53.

628 EuGH, Urteil v. 13.02.1969, R. 14/68 (Walt Wilhelm u.a./Bundeskartellamt), ECLI:EU:C:1969:4, Rn. 13, übernommen von: *Streinz* in *Streinz*, EUV/AEUV, Art. 18 AEUV, Rn. 53.

629 EuGH, Urteil v. 15.03.1994, Rs. C-45/93 (Kommission/Spanien), ECLI:EU:C:1994:101, Rn. 10, übernommen von: *Streinz* in *Streinz*, EUV/AEUV, Art. 18 AEUV, Rn. 53.

630 EuGH, Urteil v. 03.05.1994, Rs. C-47/93 (Kommission/Belgien), ECLI:EU:C:1994:181, Rn. 19, übernommen von: *Streinz* in *Streinz*, EUV/AEUV, Art. 18 AEUV, Rn. 53.

631 EuGH, Urteil v. 07.03.1996, Rs. 334/94 (Kommission/Frankreich), ECLI:EU:C:1996:90, Rn. 24, EuGH, Urteil v. 12.06.1997, Rs. C-151/96 (Kommission/Irland),

Erfassung von Bürgern anderer Mitgliedstaaten in einem Zentralregister, auf das auch andere Behörden als die Zuwanderungsbehörde Zugriff haben fällt darunter.[632]

b) *Mittelbare/indirekte/versteckte Diskriminierung*

Im Vergleich zum Begriff einer unmittelbaren Diskriminierung ist bei einer mittelbaren Diskriminierung das Differenzierungskriterium formal ein anderes als die Staatsangehörigkeit.[633] Die Folge ist aber, dass die „Differenzierung zu einer Schlechterstellung aufgrund der Staatsangehörigkeit führt"[634], so dass materiell betrachtet doch wieder nach der Staatsangehörigkeit differenziert wird. Die versteckte Diskriminierung bewirkt im Ergebnis, dass eine Diskriminierung aus Gründen der Staatangehörigkeit vorliegt.[635] Nach der Rechtsprechung des EuGH wäre dies z.B. in Situationen der Fall, in denen ein Rückgriff auf den Wohnsitz oder die Niederlassung stattfindet.[636] Nach der neueren Rechtsprechung wären das auch das Wohnsitz- bzw. Gesellschaftssitzerfordernis.[637]

Eines der klassischen Beispiele einer mittelbaren Diskriminierung in der Rechtsprechung des EuGH sind die Fälle *Garcia Avello*[638] und *Grunkin*[639] in denen an bestimmte Sprachregelungen, bzw. Namensregelungen angeknüpft wurde. Weitere Beispiele für versteckte Diskriminierungen sind ferner erhöhte Zugangsvoraussetzungen für die Studienzulassung von Inhabern ausländischer Schulabschlüsse[640], die Unzulässigkeit einer Unterlassungsklage bei Vorliegen einer inländischen Betriebserlaubnis, während

---

ECLI:EU:C:1997:294, Rn. 12; EuGH, Urteil v. 27.11.1997, Rs. C-62/96 (Kommission/Griechenland), ECLI:EU:C:1997:565, Rn. 27, übernommen von: *Streinz* in *Streinz*, EUV/AEUV, Art. 18 AEUV, Rn. 53.

632 EuGH, Urteil v. 16.12.2008, Rs. C-524/06 (Huber), ECLI:EU:C:2008:724, Rn. 53, übernommen von: *Streinz* in *Streinz*, EUV/AEUV, Art. 18 AEUV, Rn. 53.

633 Dazu: *Steinmeyer* in *EuArbRK/Steinmeyer*, Art. 18 AEUV, Rn. 17, *Rossi* in *Kluth/Heusch*, BeckOK-Ausländerrecht, Art. 18 AEUV.

634 *von Bogdandy* in *Grabitz/Hilf/Nettesheim*, Das Recht der Europäischen Union, Art. 18 AEUV, Rn. 10. Dazu auch: *Jacobs*, Internationale Unternehmensbesteuerung, Zweiter Teil Der Einfluss der Europäischen Integration auf die internationale Unternehmensbesteuerung, passim.

635 *Epiney* in *Calliess/Ruffert*, EUV/AEUV, Ar. 18 AEUV, Rn. 12 ff.

636 EuGH, Urteil v. 16.01.2003, Rs. C-388/01 (Kommission/Italien), ECLI:EU:C:2003:30, Rn. 13; EuGH, Urteil v. 26.10.2006, Rs. C-192/05 (Tas-Hagen und Tas), ECLI:EU:C:2006:676; EuGH, Urteil v. 15.03.2005, Rs. C-209/03 (Bidar), ECLI:EU:C:2005:169; EuGH, Urteil v. 18.11.2008, Rs. C-158/97 (Förster), übernommen von: *Epiney* in *Calliess/Ruffert*, EUV/AEUV, Art. 18 AEUV, Rn. 12.

637 EuGH, Urteil v. 13.04.2010, Rs. C-73/08 (Bressol), ECLI:EU:C:2010:181, Rn. 28. Auch: *Kluth/Heusch*, BeckOK-Ausländerrecht, Art. 18 AEUV, Rn. 27 ff.

638 EuGH, Urteil v. 02.10.2002, Rs. C-148/02 (Garcia Avello), ECLI:EU:C:2003:539.

639 EuGH, Urteil v. 14.10.2008, Rs. C-353/06 (Grunkin und Paul), ECLI:EU:C:2008:559.

640 EuGH, Urteil v. 07.07.2005, RS. C-147/03 (Kommission/Österreich), ECLI:EU:C:2005:427, Rn. 46 ff.

sie bei einer ausländischen Betriebserlaubnis zulässig bleibt[641] oder das Nichtanerkennen ausländischer Dokumente wie des Führerscheins.[642] Eine mittelbare Diskriminierung liegt auch vor, wenn an den Ausbildungsort[643] oder den Staat, der eine Betriebsgenehmigung erteilt hat,[644] angeknüpft wird.

c) *Rechtfertigung einer Diskriminierung*

Sowohl direkte als auch indirekte Diskriminierungen können unter bestimmten Voraussetzungen gerechtfertigt werden. Die Erfordernisse unterscheiden sich nach dem Kriterium, ob eine direkte oder indirekte Diskriminierung vorliegt.

Bei einer direkten Diskriminierung ist die Rechtfertigung unter den Voraussetzungen des Art. 52 AEUV möglich.[645] Dieser regelt, dass das Niederlassungsrecht und die aufgrund dessen getroffenen Maßnahmen nicht die Anwendbarkeit der Rechts- und Verwaltungsvorschriften beeinträchtigen, die eine Sonderregelung für Ausländer vorsehen und aus Gründen der öffentlichen Ordnung, Sicherheit oder Gesundheit gerechtfertigt sind. Das Europäische Parlament und der Rat erlassen gemäß dem ordentlichen Gesetzgebungsverfahren Richtlinien für die Koordinierung der genannten Vorschriften.

Indirekte Diskriminierungen, auf der anderen Seite, können auch durch die „ungeschriebenen Rechtfertigungsgründe der „zwingenden Erfordernisse“ angeführt werden“.[646] Nach der Rechtsprechung des EuGH ist das Verbot mittelbarer Diskriminierung relativ.[647] Nach Art. 18 AEUV muss eine Rechtfertigung durch sachliche, objektive Gründe erfolgen.[648]

---

641 EuGH, Urteil v. 27.10.2009, Rs. C-115/08 (Land Oberösterreich/ČEZ), ECLI:EU:C:2009:660, Rn. 92 ff.

642 *Rossi*, BeckOK-Ausländerrecht, Art. 18 AEUV, Rn. 28.

643 EuGH, Urteil v. 11.07.2002, Rs. C-224/98 (D'Hoop), ECLI:EU:C:2002:432; EuGH, Urteil v. 07.07.2005, Rs. C-147/03 (Kommission/Österreich), ECLI:EU:C:2005:427, übernommen von *Epiney* in *Calliess/Ruffert*, EUV/AEUV, Art. 18 AEUV, Rn. 12 ff.

644 EuGH, Urteil v. 18.04.2014, Rs. C-628/11 (International Jet Management GmBH), ECLI:EU:C:2014:171, EuGH, Rs. C-628/11, ECLI:EU:C:2014:171, Rn. 55 ff. (International Jet Management), übernommen von *Epiney* in *Calliess/Ruffert*, EUV/AEUV, Art. 18 AEUV, Rn. 12 ff.

645 *Forsthoff* in *Grabitz/Hilf/Nettesheim*, Das Recht der Europäischen Union, Art. 49 AEUV, Rn. 80, s. auch: *Herdegen*, Europarecht, Rn. 22.

646 *Forsthoff* in *Grabitz/Hilf/Nettesheim*, Das Recht der Europäischen Union, Art. 49 AEUV, Rn. 80.

647 *Streinz* in *Streinz*, EUV/AEUV, Art. 18 AEUV, Rn. 59.

648 *Streinz* in *Streinz*, EUV/AEUV, Art. 18 AEUV, Rn. 62.

3. Sekundärrechtliche Diskriminierungsverbote

a) *Richtlinie 76/207/EWG des Rates vom 9. Februar 1976 zur Verwirklichung des Grundsatzes der Gleichbehandlung von Männern und Frauen hinsichtlich des Zugangs zur Beschäftigung, zur Berufsbildung und zum beruflichen Aufstieg sowie in Bezug auf die Arbeitsbedingungen*

Art. 2 Abs. 1 der Richtlinie[649] definiert, dass der Grundsatz der Gleichbehandlung im Sinne der Richtlinie beinhaltet, dass keine unmittelbare oder mittelbare Diskriminierung auf Grund des Geschlechts – insbesondere unter Bezugnahme auf den Ehe- oder Familienstand – erfolgen darf. In der Richtlinie werden die Begriffe der unmittelbaren und der mittelbaren Diskriminierung nicht definiert. Der Rat hat auf der Grundlage von Art. 13 des Vertrags die Richtlinie 2000/43/EG vom 29. Juni 2000 zur Anwendung des Gleichbehandlungsgrundsatzes ohne Unterschied der Rasse oder der ethnischen Herkunft und die Richtlinie 2000/78/EG vom 27. November 2000 zur Festlegung eines allgemeinen Rahmens für die Verwirklichung der Gleichbehandlung in Beschäftigung und Beruf angenommen, in denen die Begriffe der unmittelbaren und der mittelbaren Diskriminierung definiert werden.

b) *Richtlinie 2000/43/EG des Rates vom 29. Juni 2000 zur Anwendung des Gleichbehandlungsgrundsatzes ohne Unterschied der Rasse oder der ethnischen Herkunft*

Im Sinne dieser Richtlinie[650] bedeutet ‚Gleichbehandlungsgrundsatz', dass es keine unmittelbare oder mittelbare Diskriminierung aus Gründen der Rasse oder der ethnischen Herkunft geben darf.[651] Die Richtlinie definiert die unmittelbare Diskriminierung als eine Situation, in der eine Person aufgrund ihrer Rasse oder ethnischen Herkunft in einer vergleichbaren Situation eine weniger günstige „Behandlung" als eine andere Person erfährt, erfahren hat oder erfahren würde.[652] Eine mittelbare Diskriminierung liegt vor, „wenn dem Anschein nach neutralen Vorschriften, Kriterien oder Verfahren Personen, die einer Rasse oder ethnischen Gruppe angehören, in besonderer Weise benachteiligen können, es sei denn, die betreffenden Vorschriften, Kriterien oder Verfahren sind durch ein rechtmäßiges Ziel sachlich gerechtfertigt, und die Mittel sind zur Erreichung dieses Ziels angemessen und erforderlich" (Art. 2 Abs. 2, b] der Richtlinie 2000/43/EG).

---

649 Amtsblatt der Europäischen Gemeinschaften, L 039 vom 14/02/1976 S. 0040–0042.

650 Amtsblatt der Europäischen Gemeinschaften, L 180/22 vom 19.07.2000.

651 Richtlinie 2000/43/EG des Rates vom 29. Juni 2000 zur Anwendung des Gleichbehandlungsgrundsatzes ohne Unterschied der Rasse oder der ethnischen Herkunft, Art. 2, Abs. 1.

652 Art. 2, Abs. 2, a) der Richtlinie 2000/43/EG.

c) *Richtlinie 2000/78/EG des Rates vom 27. November 2000 zur Festlegung eines allgemeinen Rahmens für die Verwirklichung der Gleichbehandlung in Beschäftigung und Beruf*

Die Richtlinie[653] enthält in seinem Art. 2 den Begriff der Diskriminierung, nach dem eine unmittelbare Diskriminierung vorliegt, wenn eine Person wegen eines der in Art. 1 genannten Gründe in einer vergleichbaren Situation eine weniger günstige Behandlung erfährt, als eine andere Person erfährt, erfahren hat oder erfahren würde. Eine mittelbare Diskriminierung liegt vor, wenn dem Anschein nach neutralen Vorschriften, Kriterien oder Verfahren Personen mit einer bestimmten Religion oder Weltanschauung, einer bestimmten Behinderung, eines bestimmten Alters oder mit einer bestimmten sexuellen Ausrichtung gegenüber anderen Personen in besonderer Weise benachteiligen können.

d) *Richtlinie 2004/113/EG des Rates vom 13. Dezember 2004 zur Verwirklichung des Grundsatzes der Gleichbehandlung von Männern und Frauen beim Zugang zu und bei der Versorgung mit Gütern und Dienstleistungen*

Im Sinne der Richtlinie[654] liegt eine „unmittelbare Diskriminierung" vor, wenn eine Person aufgrund ihres Geschlechts in einer vergleichbaren Situation eine weniger günstige Behandlung erfährt, als eine andere Person erfährt, erfahren hat oder erfahren würde.[655]

Mittelbare Diskriminierung bedeutet, wenn dem Anschein nach neutralen Vorschriften, Kriterien oder Verfahren Personen, die einem Geschlecht angehören, in besonderer Weise gegenüber Personen des anderen Geschlechts benachteiligen können, es sei denn, die betreffenden Vorschriften, Kriterien oder Verfahren sind durch ein rechtmäßiges Ziel sachlich gerechtfertigt und die Mittel sind zur Erreichung dieses Ziels angemessen und erforderlich.[656]

4. Niederlassungsfreiheit und Beschränkungsverbot: Abgrenzung zur Diskriminierung

a) *Normative Grundlage*

Art. 18 AEUV enthält ein allgemeines Diskriminierungsverbot nach dem, unbeschadet besonderer Bestimmungen der Verträge, in ihrem Anwendungsbereich

---

653 Amtsblatt der Europäischen Gemeinschaften, L 303/16 vom 02.12.2000.

654 Amtsblatt der Europäischen Gemeinschaften, L 373/37 vom 21.12.2004.

655 Art. 2, a) der Richtlinie 2004/113/EG.

656 Art. 2, b) der Richtlinie 2004/113/EG.

jede Diskriminierung aus Gründen der Staatsangehörigkeit verboten ist. Eine ähnliche Regelung zum Beschränkungsverbot ist in den Gründungsverträgen nicht gegeben. Ein Beschränkungsverbot enthält allerdings Art. 49 AEUV, nach dem die Beschränkungen der freien Niederlassung von Staatsangehörigen eines Mitgliedstaats im Hoheitsgebiet eines anderen Mitgliedstaats verboten sind. Das Gleiche gilt für Beschränkungen der Gründung von Agenturen, Zweigniederlassungen oder Tochtergesellschaften durch Angehörige eines Mitgliedstaats, die im Hoheitsgebiet eines Mitgliedstaats ansässig sind. Was der Inhalt eines Beschränkungsverbots ist, wird im AEUV aber nicht geregelt.

b) Identifizierung einer Beschränkung

Mit dem *Daily Mail Urteil*[657], fing die Etablierung der Beschränkungsverbote durch die Rechtsprechung des EuGH an. In *Daily Mail* regelte der EuGH, dass „die niederlassungsrechtlichen Bestimmungen ihrer Fassung nach insbesondere die *Inländerbehandlung*[658] im Aufnahmemitgliedstaat sicherstellen, es aber auch dem *Herkunftsstaat verbieten, die Niederlassung seiner Staatsangehörigen oder einer nach seinem Recht gegründeten Gesellschaft in einem anderen Mitgliedstaat zu behindern*".[659]

Durch die weitere Rechtsprechung des Gerichtshofs wurden als Beschränkungen alle Maßnahmen beschrieben, die die Ausübung der Niederlassungsfreiheit *verbieten, behindern oder weniger attraktiv machen.*[660] Auch nach der neueren Rechtsprechung des EuGH wird als Beschränkung „jede nationale Maßnahme [definiert], die zwar ohne Diskriminierung aus Gründen der Staatsangehörigkeit anwendbar sei, aber geeignet sei, die Ausübung der durch den Vertrag garantierten Niederlassungsfreiheit durch die Unionsangehörigen zu behindern oder wenig attraktiv zu machen".[661] Das Urteil *Polbud,* als die neueste Rechtsprechung zur Niederlassungsfreiheit, bezeichnet als Beschränkung alle Maßnahmen, die die Ausübung dieser Freiheit unterbinden, behindern oder weniger attraktiv machen.[662]

Eine Rechtfertigung kommt nach ständiger Rechtsprechung des EuGH nur unter bestimmten Voraussetzungen in Betracht. Die Beschränkungen können zulässig sein, wenn „mit ihnen ein im Allgemeininteresse liegendes Ziel verfolgt

---

657 Hervorhebung durch Verfasserin.

658 Hervorhebung durch Verfasserin.

659 Hervorhebung durch Verfasserin.

660 EuGH, Urteil v. 05.10.2004, Rs. C-442/92 (CaixaBank France), ECLI:EU:C:2004:586, Rn. 11 und 12.

661 EuGH, Urteil v. 12.07.2012, C-269/09 (Kommission/Spanien), ECLI:EU:C:2012:439, Rn. 13.

662 EuGH, Urteil v. 25.10.2017, Rs. C-106/16 (Polbud), ECLI:EU:C:2017:804, Rn. 46. Vgl. mit EuGH, Urteil v. 29.11.2011, Rs. C-371/10 (National Grid Indus), ECLI:EU:C:2011:785, Rn. 36 und die dort angeführte Rechtsprechung.

wird, wenn sie geeignet sind, dessen Erreichung zu gewährleisten, und wenn sie nicht über das hinausgehen, was zur Erreichung des verfolgten Ziels erforderlich ist“.[663]

c) Das Zusammenspiel mit einer Diskriminierung

Wo die Grenze zwischen einer Diskriminierung und einer Beschränkung zu ziehen ist, ist nicht einfach zu bestimmen. Nach ständiger Rechtsprechung liegt eine Beschränkung vor, wenn die Ausübung einer Grundfreiheit behindert oder weniger attraktiv gemacht wird. Bei einer Diskriminierung geht es um eine bewusste Differenzierung zwischen einem verbotenen oder diesem vergleichbaren Kriterium. Das bloße Zusammenspiel der verschiedenen Rechtsordnungen stellt somit keine Diskriminierung dar.[664]

Allerdings öffnet ein bloßes Zusammenspiel verschiedener Rechtsordnungen viele Probleme, denn dadurch entstehen viele benachteiligende Folgen. Eine Beschränkung liegt vor, wenn ein grenzüberschreitender Sachverhalt im Vergleich zu einem rein inländischen Sachverhalt anders behandelt wird, aber nicht anhand der verbotenen Kriterien (Staatsangehörigkeit, bzw. Sitz der Gesellschaft).[665] Bei einer Beschränkung erschwert die fragliche Maßnahme die Freiheit eines einzelnen, ohne dass die Voraussetzungen für eine unmittelbare oder mittelbare Diskriminierung vorliegen.[666] Im Hinblick auf die Niederlassungsfreiheit sind dies „alle Maßnahmen, die die Ausübung dieser Freiheit unterbinden, behindern oder weniger attraktiv machen“.[667] Eine Beschränkung liegt dann vor, wenn „steuerliche

---

663 EuGH, Urteil v. 12.07.2012, C-269/09 (Kommission/Spanien), ECLI:EU:C:2012:439, Rn. 62. Vgl. u.a. auch EuGH, Urteil v. 17.01.2008, Rs. C-152/05 (Kommission/Deutschland), ECLI:EU:C:2008:17, Rn. 26; EuGH, Urteil v. 29.11.2011, Rs. C-371/10 (National Grid Indus), ECLI:EU:C:2011:785, Rn. 42.

664 *Stewen*, Europäische Niederlassungsfreiheit und deutsches Internationales Steuerrecht, S. 603.

665 *Stewen*, Europäische Niederlassungsfreiheit und deutsches Internationales Steuerrecht, S. 173.

666 *von Bogdandy* in *Grabitz/Hilf/Nettesheim*, Das Recht der Europäischen Union, Art. 18 AEUV, Rn. 10.

667 EuGH, Urteil v. 25.10.2017, Rs. C-106/16 (Polbud), ECLI:EU:C:2017:804, Rn. 46. Vgl. auch mit EuGH, Urteil v. 29.11.2011, Rs. C-371/10 (National Grid Indus), ECLI:EU:C:2011:785, Rn. 36.; EuGH, Urteil v. 05.10.2004, Rs. C-442/92 (CaixaBank France), ECLI:EU:C:2004:586, Rn. 11.; EuGH, Urteil v. 06.12.2007, Rs. C-298/95 (Columbus Container Services), ECLI:EU:C:2007:754, Rn. 34.; EuGH, Urteil v. 23.10.2008, Rs. C-157/07 (Krankenheim Ruhesitz am Wannsee-Seniorenheimstatt), ECLI:EU:C:2008:588, Rn. 30. und EuGH, Urteil v. 15.04.2010, Rs. C-96/08 (CIBA), ECLI:EU:C:2010:185, Rn. 19.

Wegzughindernisse eine inländische Gesellschaft faktisch daran hindern, in einen anderen Mitgliedstaat zu ziehen".[668]

d) Die uneinheitliche Rechtsprechung des EuGH zur Frage des Bestehens einer Diskriminierung oder Ungleichbehandlung

Der EuGH nimmt in seiner Rechtsprechung auch Bezug auf die oben dargestellten verbotenen Kriterien. Er ist aber nicht konsequent. So hat er in seinem Urteil *Royal Bank of Scotland* geregelt, dass ein unterschiedlicher Steuersatz für ausländische (40 %) und inländische (35 %) Gesellschaften eine offene Diskriminierung anhand des verbotenen Kriteriums des Gesellschaftssitzes darstellt.[669] Auf der anderen Seite entschied der EuGH in seinem Urteil *CLT-UFA*, dass ein unterschiedlicher Steuersatz für Zweigniederlassungen und Tochtergesellschaften eine Beschränkung der Niederlassungsfreiheit darstellt. Er befand, „dass die Anwendung des endgültigen Steuersatzes von 42 %, der für die Gewinne der Zweigniederlassungen von Muttergesellschaften mit Sitz in einem anderen Mitgliedstaat gilt, allgemein eine nachteilige Behandlung gegenüber dem niedrigeren Steuersatz von 33,5 % und sogar 30 % darstellt, der für die Gewinne der Tochtergesellschaften solcher Gesellschaften gilt".[670] Der EuGH argumentierte weiter, dass es aufgrund der Weigerung, auf Zweigniederlassungen den niedrigeren Steuersatz anzuwenden für die Gesellschaften, die ihren Sitz in anderen Mitgliedstaaten haben, *weniger attraktiv ist*, die Niederlassungsfreiheit durch eine Zweigniederlassung auszuüben. Obwohl der EuGH hier zwischen Tochtergesellschaften und Betriebsstätten unterscheidet und im Falle der Gründung einer Betriebstätte einen höheren Steuersatz vorsieht, diskriminiert er aufgrund Rechts- bzw. Organisationsform, für die sich ein niederlassungswilliges Unternehmen entscheidet.

In seinem Urteil *SEVIC*[671] sah der EuGH keine Diskriminierung, sondern nur eine *unterschiedliche Behandlung*[672] von Gesellschaften nach Maßgabe dessen, ob es sich um eine innerstaatliche oder um eine grenzüberschreitende Verschmelzung handelt. Diese Ansicht ist unzutreffend, da der EuGH zwei gleichwertige und vergleichbare Sachverhalte ungleich behandelt hat. Die im konkreten Fall untersuchte Regelung behandelte Gesellschaften unter Zugrundelegung ihres Sitzes eindeutig

---

668 *Stewen*, Europäische Niederlassungsfreiheit und deutsches Internationales Steuerrecht, S. 173 ff.

669 EuGH, Urteil v. 29.04.1999, Rs. C-311/97 (Royal Bank of Scotland plc), ECLI:EU:C:1999:216, Rn. 30.

670 EuGH, Urteil v. 29.04.1999, Rs. C-311/97 (Royal Bank of Scotland plc), ECLI:EU:C:1999:216, Rn. 16.

671 EuGH, Urteil v. 15.12.2005, Rs. C-411/03 (SEVIC Systems), ECLI:EU:C:2005:762, Rn. 22.

672 Hervorhebung durch Verfasserin.

ungleich, indem sie Verschmelzungen gestattet, wenn die betroffenen Gesellschaften in Deutschland niedergelassen sind, und sie demgegenüber nicht zulässt, wenn eine der Gesellschaften im Ausland niedergelassen ist.[673]

Die oben aufgeführten Urteile zeigen, dass der EuGH keinem konsequenten methodischen Ansatz folgt. Eine klare Linie zwischen Diskriminierung und Beschränkung wurde bis jetzt nicht etabliert.

e) Stellungnahme

Im *Daily Mail Urteil*[674] entschied der EuGH, dass die Bestimmungen zur Niederlassungsfreiheit insbesondere die Inländerbehandlung im Aufnahmemitgliedstaat sicherstellen sollen. Überdies verbieten diese Bestimmungen aber auch dem Herkunftsstaat, die Niederlassung seiner Staatsangehörigen oder einer nach seinem Recht gegründeten Gesellschaft, die Niederlassung in einem anderen Mitgliedstaat zu behindern.[675] Denn somit wäre die Niederlassungsfreiheit sinnentleert, wenn der Herkunftsstaat Unternehmen verbieten könnte, auszuwandern, um sich in einem anderen Mitgliedstaat niederzulassen".[676]

Aus diesen Ausführungen folgt, dass die „Herkunftsstaatsunternehmen" weder diskriminiert noch in der Ausübung ihrer Grundfreiheiten beschränkt werden dürfen. Wegzüge und Zuzüge müssen somit gleichbehandelt werden. Wenn ein Unternehmen in ein Land der beabsichtigten Niederlassung zuzieht, darf der Zuzugsstaat dieses Unternehmen weder diskriminieren noch schlechter behandeln.

---

673 EuGH, Schlussanträge des GA Tizzano v. 07.07.2005, Rs. C-411/03 (SEVIC), ECLI:EU:C:2005:437, Rn. 56.

674 EuGH, Urteil v. 27.09.1988, Rs. C-81/87 (The Queen v Treasury and Commissioners of inland revenue, ex parte Daily Mail and General Trust PLC), ECLI:EU:C:1988:456.

675 Hervorhebung durch Verfasserin.

676 EuGH, Urteil v. 27.09.1988, Rs. C-81/87 (The Queen v Treasury and Commissioners of inland revenue, ex parte Daily Mail and General Trust PLC), ECLI:EU:C:1988:456, Rn. 16.

5. Unionsrechtlicher Gleichbehandlungsgrundsatz

a) Bindung des EuGH an die Grundrechtecharta (GRCh)

Art. 20 der Grundrechtecharta beinhaltet den allgemeinen Gleichbehandlungsgrundsatz, nach dem alle Personen vor dem Gesetz gleich sind. Die GRCh gilt für die Organe und Einrichtungen der Union unter Einhaltung des Subsidiaritätsprinzips und für die Mitgliedstaaten ausschließlich bei der Durchführung des Rechts der Union. Dementsprechend achten sie die Rechte, halten sich an die Grundsätze und fördern sie deren Anwendung gemäß ihren jeweiligen Zuständigkeiten.[677] Insoweit verpflichtet die GRCh auch den EuGH bei der Auslegung der europäischen Rechtsnormen, konkret bei der Auslegung der niederlassungsrechtlichen Bestimmungen.

b) Gleichbehandlungsgrundsatz als Grundprinzip des Europäischen Rechts

Trotz der in Art. 6 Abs. 1 S. 1 EUV postulierten rechtlichen Gleichrangigkeit der GRCh mit EUV und AEUV geht nach hier vertretener Auffassung der allgemeine Gleichheitssatz über die Bestimmungen des Art. 20 GRCh hinaus und ist als grundlegendes rechtliches Gebot tief verwurzelt in der Rechtsordnung der Europäischen Union.

Aus den Erläuterungen zur Charta der Grundrechte[678] zu Art. 20 geht hervor, dass „dieser Artikel ein allgemeines Rechtsprinzip darstellt, das in allen europäischen Verfassungen verankert ist und das der Gerichtshof als ein Grundprinzip des Gemeinschaftsrechts angesehen hat ...".[679] Genau dieses Grundprinzip verpflichtet auch im Rahmen der Auslegung jeden Anwender jeder Norm des europäischen Rechts – an dieser Stelle insbesondere der Niederlassungsfreiheit. Dieses Gebot entfaltet folglich große Bedeutung bei der Frage, unter welchen Voraussetzungen die Niederlassungsfreiheit in Anspruch genommen werden kann, so dass bei der Prüfung dieser Voraussetzungen das Gebot der Gleichbehandlung mit zu berücksichtigen ist. Analog zu Art. 3 GG, der u.a. „einen Fundamentalsatz der Gerechtigkeit"[680] beinhaltet, ist dem Gleichbehandlungsgrundsatz des Art. 20 GRCh auch das Gebot der Rechtsanwendungsgleichheit zu entnehmen.

---

677 Art. 51, Abs. 1 der Grundrechtecharta.

678 Erläuterungen zur Charta der Grundrechte (2007/C 303/02). Amtsblatt der Europäischen Union, C 303/17 vom 14.12.2007, verfügbar unter https://eur-lex.europa.eu/legal-content/DE/TXT/PDF/?uri=CELEX:32007X1214(01).

679 Erläuterungen zur Charta der Grundrechte (2007/C 303/02). Amtsblatt der Europäischen Union, C 303/17 vom 14.12.2007, verfügbar unter https://eur-lex.europa.eu/legal-content/DE/TXT/PDF/?uri=CELEX:32007X1214(01).

680 Jarass in Jarass/Pieroth, Grundgesetz für die Bundesrepublik Deutschland, Art. 3, Rn. 1.

Darüber hinaus soll er zur weiteren Entwicklung und Etablierung des unionalen Grundrechteschutzes und zu mehr Gerechtigkeit für die Begünstigten der europäischen Grundfreiheiten beitragen.

c) *Unternehmen als Träger der Grundrechte*

Die juristischen Personen können Träger der Grundrechte sein.[681] Insofern können sich die Unternehmen, die ihre Niederlassungsfreiheit in Anspruch nehmen möchten auf die Grundrechte berufen. Dabei ist ihre Rechtsform nicht von Bedeutung, so dass eine Europäische Aktiengesellschaft, eine Gesellschaft deutschen Rechts, wie eine Aktiengesellschaft, eine GmbH, eine oHG oder eine KG, sowie vergleichbare nach dem Recht anderer Staaten gegründete Gesellschaften den Gleichbehandlungsgrundsatz in Anspruch nehmen können.[682] Dass die juristischen Personen Träger der Grundrechte sind, hat auch der EuGH in seiner Judikatur bestätigt.[683]

d) *Inhalt des Gleichbehandlungsgrundsatzes nach Art. 20 GRCh*

Eine Ungleichbehandlung nach dem Art. 20 GRCh liegt vor, wenn vergleichbare Sachverhalte unterschiedlich behandelt werden und umgekehrt, wenn unterschiedliche Sachverhalte gleichbehandelt werden.[684] Bei der Bestimmung der Vergleichbarkeit der Sachverhalte ist nicht „die generelle Vergleichbarkeit entscheidend, sondern die Vergleichbarkeit im Hinblick auf den konkreten Tatbestand".[685]

Der Gleichbehandlungsgrundsatz nach Art. 20 GRCh ist ein allgemeiner Grundsatz des Unionsrechts. Für seinen Anwendungsbereich ist ferner notwendig, dass die zu vergleichenden Handlungen gleichen Ursprungs sind, also von der gleichen Stelle vorgenommen werden.[686] Art. 20 GRCh kommt schließlich nur zum Tragen, wenn die Ungleichbehandlung vergleichbarer Sachverhalte oder die Gleichbehandlung wesentlich ungleicher Sachverhalte zu einer Benachteiligung des Grundrechtsträgers führt.

Jede Art von Benachteiligung würde ausreichen, „es muss nicht um den Genuss von gesetzlich gewährten Rechten gehen[687], so dass auch kleine Nachteile erfasst sind.[688]

---

681 *Jarass* in *Jarass*, EU-Grundrechte-Charta, Art. 51, Rn. 54.

682 *Jarass* in *Jarass*, EU-Grundrechte-Charta, Art. 51, Rn. 56.

683 EuGH, Urteil v. 09.11.2010, Rs. C-92/09 (Volker und Markus Schecke und Eifert), ECLI:EU:C:2010:662, Rn. 87; EuGH, Urteil v. 22.12.2010, Rs. C-279/09 (DEB), ECLI:EU:C:2010:811, Rn. 38 ff.

684 *Jarass* in *Jarass*, EU-Grundrechte-Charta, Art. 20, Rn. 8 und 10.

685 *Jarass* in *Jarass*, EU-Grundrechte-Charta, Art. 20, Rn. 8.

686 *Jarass* in *Jarass*, EU-Grundrechte-Charta, Art. 20, Rn. 12.

687 *Jarass* in *Jarass*, EU-Grundrechte-Charta, Art. 20, Rn. 14.

688 *Jarass* in *Jarass*, EU-Grundrechte-Charta, Art. 20, Rn. 14.

Der allgemeine Gleichheitssatz hat relativ früh und spätestens mit dem Urteil in der Rechtssache *Ruckdeschel* vom 19.10.1977 in der Grundrechtejudikatur des EuGH als ungeschriebener Rechtsgrundsatz des Gemeinschaftsrechts Anerkennung gefunden.[689]

Zum einen verlangt der Grundsatz der Gleichbehandlung nach ständiger Rechtsprechung, dass vergleichbare Sachverhalte nicht unterschiedlich und unterschiedliche Sachverhalte nicht gleichbehandelt werden, es sei denn, dass eine solche Behandlung objektiv gerechtfertigt ist.[690]

Nach dem Grundprinzip des Gleichbehandlungsgrundsatzes, dürfen gleiche Sachverhalte nicht unterschiedlich behandelt werden und unterschiedliche Sachverhalte nicht gleichbehandelt, es sei denn, dass ein abweichendes Vorgehen sachlich gerechtfertigt wäre.[691] So sollten im Falle bei der Niederlassungsfreiheit die „gleichen" Unternehmen gleichbehandelt und „ungleichen" ungleich.

Eine Ungleichbehandlung ist nach herkömmlicher Rechtsprechung mit dem Grundsatz der Gleichbehandlung vereinbar, wenn sie „objektiv gerechtfertigt" ist, wenn sie „auf einem objektiven und angemessenen Kriterium beruht, d.h. wenn sie im Zusammenhang mit einem rechtlich zulässigen Ziel steht", und wenn die „unterschiedliche Behandlung in angemessenem Verhältnis zu dem ... verfolgten Ziel steht".[692] Art. 52 der GRCh sieht vor, dass jede Einschränkung der Ausübung der in der Charta anerkannten Rechte und Freiheiten gesetzlich vorgesehen sein und den Wesensgehalt dieser Rechte und Freiheiten achten muss. Jede Einschränkung muss auch verhältnismäßig sein, so dass Einschränkungen nur vorgenommen werden, wenn sie notwendig sind und den von der Union anerkannten dem Gemeinwohl dienenden Zielsetzungen oder den Erfordernissen des Schutzes der Rechte und Freiheiten anderer tatsächlich entsprechen.[693]

Die Verhältnismäßigkeit setzt ferner voraus, dass die „unterschiedliche Behandlung in angemessenem Verhältnis, zu dem mit der betreffenden Behandlung verfolgten Ziel stehen muss".[694] Dabei ist zu prüfen, ob die Maßnahme im konkreten Fall notwendig ist und ob das verfolgte Ziel auch anderweitig erreicht werden kann.

---

689 *Wollenschläger* in v. *Mangoldt/Klein/Starck/Wollenschläger*, GG, Art. 3, Rn. 20.

690 EuGH, Urteil v. 08.12.2020, Rs. C-626/18 (Polen/ Parlament und Rat), ECLI:EU:C:2020:1000, Rn. 93. Auch: EuGH, Urteil v. 03.12.2019, C-482/17 (Tschechische Republik/Parlament und Rat), EU:C:2019:1035, Rn. 164 und die dort angeführte Rechtsprechung.

691 *Kischel*, in BeckOK-GG, Art. 3, Rn. 14.

692 *Jarass* in *Jarass*, EU-Grundrechte-Charta, Art. 20, Rn. 15.

693 Art. 52, Abs. 1 der GrCh.

694 *Jarass* in *Jarass*, EU-Grundrechte-Charta, Art. 20, Rn. 17.

Dem EuGH obliegt der Rechtsschutzauftrag.[695] Er ist gleichzeitig „Hüter und Bewahrer der Rechtsgemeinschaft".[696] Wie der erste Vorsitzende der Kommission der Europäischen Wirtschaftsgemeinschaft, *Walter Hallstein* gesagt hat, ist die Europäische Wirtschaftsgemeinschaft „eine Schöpfung des Rechts, sie ist Rechtsquelle, sie ist Rechtsordnung und sie ist die Rechtspolitik".[697] Insofern ist die Beachtung des Gleichbehandlungsgrundsatzes bei der Auslegung des europäischen Rechts von herausragender Bedeutung.

Die Gleichbehandlung juristischer Personen und im konkreten Fall der Unternehmen, die sich auf die Niederlassungsfreiheit berufen möchten, ist ein wichtiger Punkt im gesamten Binnenmarktsystem. Die Unternehmen sind die leitenden Träger des wirtschaftlichen Wachstums und jedes Hindernis, das ihre Grundfreiheiten beeinträchtigt, ist implizit auch ein Hindernis, dass den Binnenmarkt beeinflusst. In diesem Lichte ist auch die Präambel der GRCh formuliert, die hervorhebt, dass es angesichts der Weiterentwicklung der Gesellschaft, des sozialen Fortschritts und der wissenschaftlichen und technologischen Entwicklungen notwendig ist, den Schutz deren zu stärken, indem sie in einer GRCh sichtbarer gemacht werden.[698]

Somit genießen die Unternehmen dreifachen Schutz: zunächst können sie das spezielle Diskriminierungsverbot aus den Art. 49 und 54 AEUV in Anspruch nehmen. Dazu kommt das allgemeine Diskriminierungsverbot aus dem Art. 18 AEUV. Zweitens ist die Niederlassungsfreiheit mittlerweile kein bloßes Diskriminierungsverbot, sondern darüber hinaus ein Beschränkungsverbot, wie in dem vorherigen Kapitel dargestellt wurde. Und an dritter Stelle kommt der unionsrechtliche Gleichbehandlungsgrundsatz aus dem Art. 20 GRCh, der einen weiteren Baustein im Rechtsschutzsystem darstellt. Er bietet den Unternehmen die Gewähr, nicht nur seitens der Mitgliedstaaten, in denen sie sich niederlassen möchten, bzw. von dem Herkunftsstaat und dem Niederlassungsstaat, sondern auch von den Organen der Europäischen Union gleichbehandelt zu werden und. Dazu ist selbst der EuGH verpflichtet, der bei der Auslegung der primärrechtlichen niederlassungsrechtlichen Bestimmungen diesen Grundsatz

695 *Rengeling/Kotzur* in Rengeling/Middeke/Gellermann, Handbuch des Rechtsschutzes in der Europäischen Union, § 4 Funktionen und funktionelle Zuständigkeit der europäischen Gerichte, Rn. 2.

696 *Rengeling/Kotzur* in Rengeling/Middeke/Gellermann, Handbuch des Rechtsschutzes in der Europäischen Union, § 4 Funktionen und funktionelle Zuständigkeit der europäischen Gerichte, Rn. 8.
Dazu auch: *Pechstein/Nowak/Häde in* Frankfurter Kommentar EUV/GRC/AEUV, Art. 19 AEUV, Rn. 11.

697 *Hallstein*, Die Europäische Gemeinschaft, S. 51–77; Auch: *Rengeling/Kotzur* in Rengeling/Middeke/Gellermann, Handbuch des Rechtsschutzes in der Europäischen Union, § 4 Funktionen und funktionelle Zuständigkeit der europäischen Gerichte, Rn. 12.

698 Grundrechtecharta, Präambel, Lit. 4.

beachten muss. Es stellt sich die im Folgenden zu untersuchender Frage, ob dies im Falle einer isolierten Sitzverlegung geschieht.

6. Vergleichspaarbildung als Voraussetzung des Bestehens einer Ungleichbehandlung

Grundvoraussetzung für die Bestimmung des Bestehens einer Ungleichbehandlung ist die Vergleichbarkeit der Sachverhalte.

Die Ermittlung der Vergleichbarkeit der Sachverhalte ist nicht unproblematisch. Wann zwei Sachverhalte vergleichbar sind, ist weder in primärrechtlichen noch in sekundärrechtlichen Bestimmungen definiert. Genauso wenig konkrete Anhaltspunkte ergeben sich aus der Rechtsprechung des EuGH. Klar ist nur, dass der EuGH in seiner ständigen Rechtsprechung regelt, dass „vergleichbare Sachverhalte nicht unterschiedlich und unterschiedliche Sachverhalte nicht gleich behandelt werden ..., es sei denn, dass eine solche Behandlung objektiv gerechtfertigt ist".[699]

Art. 20 der GRCh normiert, dass „Personen vor dem Gesetz gleich sind. Insoweit schützt der unionsrechtliche allgemeine Gleichheitssatz vor sachlich nicht zu rechtfertigenden Ungleichbehandlungen".[700] Eine Beeinträchtigung des Grundrechts setzt voraus, dass vergleichbare Sachverhalte in unterschiedlicher Weise behandelt werden.[701] Die Vergleichbarkeit ist „u.a. im Lichte des Ziels und des Zwecks der Unionsmaßnahme, die die fragliche Unterscheidung einführt, zu bestimmen und zu beurteilen".[702] Überdies kann auch der allgemeine Gleichbehandlungsgrundsatz des Art. 3 des GG als Referenz genommen werden, wenn es um die Frage der Bestimmung der Vergleichbarkeit, bzw. der Vergleichsgruppen geht. Geht man von den allgemeinen Prinzipen des Gleichbehandlungsgrundsatzes aus, nach dem eine Ungleichbehandlung verboten ist, sind für dessen Bestimmung auch zwei vergleichbare Sachverhalte notwendig, die für den Verstoß gegen den Gleichbehandlungsgrundsatzes ungleichbehandelt werden müssen. Die gleichen Vergleichsgruppen setzen voraus, dass es sich „bei den Vergleichsgruppen um im Wesentlichen gleiche Sachverhalte handelt".[703] Eine Ungleichbehandlung würde folglich vorliegen, wenn die beiden Gruppen ungleich behandelt wären. Die Vergleichbarkeit im Rahmen des Gleichbehandlungsgrundsatzes umfasst auch die umgekehrte Konstellation; die wäre eine Gleichbehandlung von wesentlich Ungleichem. Dabei ist wichtig, dass die Vergleichsgruppen im Wesentlichen einen ungleichen Sachverhalt aufweisen.

Zu bestimmen, wann ein passendes Vergleichspaar auf dem weiten Anwendungsfeld der Niederlassungsfreiheit besteht, ist nach wie vor schwierig. Dies ist

---

699 *Wollenschläger* in v. Mangoldt/Klein/Starck/Wollenschläger, GG, Art. 3, Rn. 23.

700 *Wollenschläger* in v. Mangoldt/Klein/Starck/Wollenschläger, GG, GG Art. 3, Rn. 23.

701 *Jarass* in *Jarass*, EU-Grundrechte-Charta, Art. 20, Rn. 8.

702 *Jarass* in *Jarass*, EU-Grundrechte-Charta, Art. 20, Rn. 8.

703 *Jarass*, *Jarass/Kment*, GG, Art. 3, Rn. 11.; *Wollenschläger* in v. Mangoldt/Klein/Starck/Wollenschläger, GG, Art. 3, Rn. 33.

aber ein zentraler Punkt bei der Feststellung, ob bei einem niederlassungsrechtlichen Vorgang eine diskriminierende Regelung vorliegt oder nicht.

Die Bestimmung des Vorliegens eines richtigen Vergleichspaars wird in Situationen, in denen keine klassischen Anhaltpunkte für das Bestehen einer Diskriminierung vorliegen, zusätzlich erschwert. Dies sind die Situationen, in denen zwei auf den ersten Blick gleichen Gruppen der Unternehmen die Niederlassungsfreiheit in Anspruch nehmen und im Ergebnis aber anders- oder ungleichbehandelt werden. Illustrativ dazu bieten sich die Schlussanträge des GA *Wahl* in der Rechtssache C-591/17 (Republik Österreich gegen Bundesrepublik Deutschland) betreffend u.a. der Auslegung des Art. 18 AEUV.[704] GA Wahl äußerte eine interessante Auffassung wenn es um die Frage einer Vergleichspaarbildung geht und hob hervor, dass bei der Feststellung einer Diskriminierung „zunächst eine geeignete ‚Vergleichsgröße' gefunden werden muss: eine Person, die sich in einer vergleichbaren Situation befindet und aufgrund des identifizierbaren Merkmals eine günstigere Behandlung erfährt".[705] Insoweit ist es, seiner Auffassung nach, „nicht erforderlich, dass das Opfer der Diskriminierung oder der durch die günstigere Behandlung Begünstigte zu einem bestimmten Zeitpunkt als Menschen aus ‚Fleisch und Blut' identifiziert werden: es genügt, wenn aufgrund der angeblich diskriminierenden Maßnahme offensichtlich ist, dass diese Personen existieren".[706] Außerdem müssen, seiner Ansicht nach, „die Situationen nicht identisch, sondern nur vergleichbar sein, und zum anderen darf die Prüfung dieser Vergleichbarkeit nicht allgemein und abstrakt sein, sondern muss spezifisch und konkret für die betreffende Leistung erfolgen".[707]

704 EuGH, Schlussanträge des GA Wahl v. 06.02.2019, Rs. C-591/17 (Republik Österreich gegen Bundesrepublik Deutschland), ECLI:EU:C:2019:99.

705 EuGH, Schlussanträge des GA Wahl v. 06.02.2019, Rs. C-591/17 (Republik Österreich gegen Bundesrepublik Deutschland), ECLI:EU:C:2019:99, Rn. 43.

706 EuGH, Schlussanträge des GA Wahl v. 06.02.2019, Rs. C-591/17 (Republik Österreich gegen Bundesrepublik Deutschland), ECLI:EU:C:2019:99, Rn. 43.

707 EuGH, Schlussanträge des GA Wahl v. 06.02.2019, Rs. C-591/17 (Republik Österreich gegen Bundesrepublik Deutschland), ECLI:EU:C:2019:99, Rn. 43.

III. Prüfung des Bestehens einer Ungleichbehandlung seitens des EuGH im *Polbud*-Urteil

1. Bildung eines Vergleichspaars

a) Problemstellung

Für die Prüfung der Frage, ob seitens des EuGH eine Ungleichbehandlung erfolgt, ist zunächst eine Vergleichspaarbildung vorzunehmen. Zur ersten Gruppe zählen die Unternehmen im „wahren Sinne des Wortes", d.h. solche, die tatsächlich eine wirkliche wirtschaftliche Tätigkeit ausüben möchten und daher den Schutz der primären und sekundären Niederlassungsfreiheit genießen. Der zweiten Gruppe würden Unternehmen angehören, die durch die Berufung auf die Niederlassungsfreiheit in einem anderen Mitgliedstaat nur dessen günstigere Rechtsvorschriften ausnutzen möchten, dort aber keine wirkliche wirtschaftliche Tätigkeit ausüben möchten und somit im obigen Sinne keine „wirklichen Unternehmen" sind. Das Merkmal *der Tätigkeit* ist hier entscheidend und ist die Grundlage für eine Unterscheidung.

Im Fall der ersten Gruppe von Unternehmen ist eine wirtschaftliche Tätigkeit ein zentraler Punkt. Sie ist Motiv und gleichzeitig Anlass für die Inanspruchnahme der Niederlassungsfreiheit. Im Falle der Primärniederlassungsfreiheit verlegt ein Unternehmen sein Sitz in einen anderen Mitgliedstaat.[708] Bei der Sekundärniederlassungsfreiheit dürfen Gesellschaften Agenturen, Zweigniederlassungen und Tochtergesellschaften in einem anderen Mitgliedstaat gründen.[709] Durch die Ausübung einer wirtschaftlichen Tätigkeit können (und werden tatsächlich) die Ziele der Niederlassungsfreiheit erfüllt, insbesondere diese die der *Verwirklichung des Binnenmarkts* dienen.[710] Mittelbar werden auch die Ziele des gesamten europäischen Projekts weitergeführt, die von dem *„Prozess der Schaffung einer immer engeren Union der Völker Europas"*[711] sprechen.

Bei der anderen Gruppe der Unternehmen sind die Motive und Anlässe für die Inanspruchnahme der Art. 49 und 54 AEUV ganz anderes gelagert. Hier ist die Ausübung der wirtschaftlichen Tätigkeit in einem anderen Mitgliedstaat kein zentraler Punkt. Es geht hier allein um die Ausnutzung von Begünstigungen, die für die wirtschaftliche Tätigkeit Vorteile bringen sollen. Die Vorteile erschöpfen sich in verschiedenen Begünstigungen, die die Mitgliedstaaten bieten. Das können

708 EuGH, Urteil v. 27.09.1988, Rs. C-81/87 (The Queen v Treasury and Commissioners of inland revenue, ex parte Daily Mail and General Trust PLC), ECLI:EU:C:1988:456, EuGH, Urteil v. 12.07.2012, Rechtsache C-378/10 (VALE Építési), ECLI:EU:C:2012:440.

709 *Müller-Graff* in: Streinz/Müller-Graff, Art. 54 AEUV, Rn. 23.

710 Dazu mehr: *Müller-Graff* in: Streinz/Müller-Graff, Art. 49 AEUV, Rn. 5.

711 EUV Präambel.

insbesondere Steuervorteile sein, oder günstigere gesellschaftsrechtliche Vorschriften oder Arbeitsbedingungen, usw.

Diese Praxis war und ist bei Briefkastenunternehmen sehr beliebt. Diese nutzen gerne günstige Rechtsvorschriften, insbesondere die Unternehmensgründung betreffend. So gründen sie in einem Mitgliedstaat ihr Unternehmen, üben aber die ganze Tätigkeit in einem anderen Mitgliedstaat aus, in dem die gesellschaftsrechtlichen Bestimmungen zur Gesellschaftsgründung strenger sind. Die verschiedenen Konstellationen, in denen die Niederlassungsfreiheit mittels Briefkastengesellschaften ausgeübt werden kann, hat der EuGH immer bejaht. Die einzige Ausnahme war die isolierte Sitzverlegung.

Allerdings ist seit dem Urteil *Polbud* die Wahl der günstigeren Rechtsordnung auch im Falle *einer isolierten Sitzverlegung* von Art. 49 und 54 AEUV geschützt. Dies ist nach hier vertretener Ansicht aber unzutreffend, weil es am Erfordernis der „wirklich wirtschaftlichen Tätigkeit", d.h. der dauerhaften Teilnahme am Wirtschaftsleben eines anderen Mitgliedstaats „in stabiler und kontinuierlicher Weise" fehlt.[712] Bei dem niederlassungsrechtlichen Vorgang müssen somit die folgenden Voraussetzungen vorliegen: (1) die Ausübung einer wirklichen wirtschaftlichen Tätigkeit (2) in einem anderen Mitgliedstaat (3) in einer stetigen und dauerhaften Art. Die Prüfung der Frage des Vorliegens einer Diskriminierung/Ungleichbehandlung der Unternehmen unter Art. 49 und 54 AEUV seitens des EuGH wird sich auf diese zwei Voraussetzungen konzentrieren, denn dessen Rechtsprechung weist bei diesen eine uneinheitliche Auslegungslinie auf.

b) Möglichen Vergleichspaargruppen

Im zweiten Schritt geht es um die beiden betroffenen Sachverhalte. Die „gleichen und ungleichen Elemente der betroffenen Sachverhaltskonstellationen"[713] müssen gesammelt und verglichen werden. Hierzu muss man zunächst Vergleichsfälle bilden, wie folgt:

aa) Unternehmen A und Polbud

Der erste wäre der Vergleich zwischen einem hypothetischen Unternehmen *A* auf einer Seite und *Polbud*, auf der anderen Seite. Das Unternehmen *A* hat einen Sitz und gleichzeitig die Hauptverwaltung in Spanien und möchte sich in Deutschland niederlassen. Das Unternehmen *A* produziert hochwertige Nahrungsergänzungsmittel und aufgrund des neuen Geschäftsmodells und der Entscheidung des Vorstands möchte es ausschließlich in Deutschland tätig sein und von dort aus sein Geschäftsmodell weiterentwickeln.

---

712 Statt aller: *Müller-Graff* in: Streinz/Müller-Graff, Art. 49 AEUV, Rn. 16.

713 *Kischel*, in BeckOK-GG, Art. 3, Rn. 14.

Dabei ist folgendes Geschäftsmodel geplant: das Unternehmen *A* verlegt seinen Sitz und seine komplette Wirtschaftstätigkeit nach Deutschland und möchte von dort aus auch seine Geschäftstätigkeit ausüben. Alle seiner Mitarbeiter ziehen nach Deutschland, wohnen und arbeiten dort. Das Unternehmen *A* plant eine weitere Ausweitung seiner Personalkapazitäten und schreibt eine europaweite Stellenausschreibung für seinen Produktions- und Verwaltungssitz in Deutschland aus.

Im Gegensatz zu *Polbud* übt das Unternehmen *A* eine wirkliche wirtschaftliche Tätigkeit mittels einer festen Einrichtung in Deutschland im Zuge einer isolierten Sitzverlegung aus und erfüllt somit alle Voraussetzungen für den Schutz unter Art. 49 und 54 AEUV.

bb) Unternehmen B und Polbud

Das Unternehmen *B* wurde in 1903 auf Sizilien gegründet und produziert exquisites natives Olivenöl, das seit dem Jahr 1907 auch nach New York exportiert wird. Seine Geschäftsführer möchten ab 2022 den Unternehmenssitz nach Österreich verlegen und von dort aus den kompletten Vertrieb samt Verpackung und Werbung für das Olivenöl betreiben. Auf Sizilien bleibt nur der Produktionsteil (etwa 1/3 des Unternehmensgeschäfts bestehen). Im Vergleich mit *Polbud* ist auch in dieser Konstellation die wirkliche wirtschaftliche Tätigkeit im Land der Sitzverlegung, obwohl die Produktionsstätte in Italien bleiben.

cc) Unternehmen C und Polbud

Das im Jahr 1946 in der Provence gegründetes Familienunternehmen *C* besitzt Lavendelfelder und ist der Hersteller von luxuriösen Lavendelkosmetikprodukten. Im Rahmen der Ausweitung seiner wirtschaftlichen Tätigkeit möchte die Familie *C* den Sitz des Unternehmens nach Dublin verlegen. Dabei sollten die ganzen Produktionskapazitäten und Teile der Verwaltung in der Provence verbleiben. Aus Dublin soll das ganze Marketing und v.a. der Onlineverkauf erfolgen, sowie auch das weltweite Vertriebs- und Lieferungsmanagement organisiert werden. In diesem Sinne kann man von einem Anteil von 50 % der Geschäftstätigkeit in Frankreich ausgehen und dem gleichen in Irland. Auch in dieser Konstellation ist eine wirkliche wirtschaftliche Tätigkeit im Land der Sitzverlegung zu sehen und somit die Voraussetzung für die Inanspruchnahme der Niederlassungsfreiheit.

dd) Unternehmen D und Polbud

Das Unternehmen *D* ist eine Schokoladenfabrik, die sich auf die Herstellung exklusiver belgischer Pralinen spezialisiert hat und mittlerweile weltweit exportiert. Das Unternehmen *D* hat seinen Sitz, sowie auch die ganze Produktionsstätte und den Vertrieb in Tschechien. Die Unternehmensführung möchte aber den Unternehmenssitz nach Irland verlegen, um in den Genuss der dortigen Steuervorteile zu kommen. An der ganzen Unternehmensstruktur soll nichts geändert werden. Auch die ganze Produktion, Marketing und Vertrieb, sowie das Personal sollen weiterhin in Tschechien bleiben. Das Ziel ist nur formell ein Unternehmen nach dem Recht der Republik Irland zu werden. Diese Konstellation stellt einen Grenzfall dar und wirft die Frage auf, ob die beiden zu vergleichenden Unternehmen die Voraussetzungen für die Inanspruchnahme der Niederlassungsfreiheit erfüllen. Der ganze grenzüberschreitende Vorgang sieht dem *Polbud* Fall sehr ähnlich aus. An dieser Stelle kommt die entscheidende Frage: Welche Quantität an der Unternehmenstätigkeit in Irland ist notwendig, um von einer wirklichen wirtschaftlichen Tätigkeit zu sprechen?

c) Prüfung des Unterscheidungsmerkmals: Ausübung der wirtschaftlichen Tätigkeit

Den Inhalt des Unterscheidungsmerkmals der Ausübung einer wirklichen wirtschaftlichen Tätigkeit zu bestimmen, um des Bestehens einer Ungleichbehandlung seitens des EuGH im *Polbud*-Urteil zu prüfen ist nicht unproblematisch. Dies gilt v.a. deswegen, da sich der EuGH in seiner bisherigen Praxis mit dem Inhalt und Bestimmung dieses wichtigen Merkmals nicht beschäftigt hat, so dass aus der Rechtsprechung des EuGH keine Anhaltspunkte herangezogen werden können. Auch die juristische Literatur hat diese Frage wenig problematisiert. Insoweit ist aber klar, dass die Bestimmung dieses Parameters alles andere als einfach ist. Allerdings lassen sich für dessen Bestimmung Anhaltspunkte herausarbeiten.

Um den niederlassungsrechtlichen Schutz zu genießen, muss eine Gesellschaft also eine wirtschaftliche Tätigkeit in einem anderen Mitgliedstaat ausüben. *Müller-Graff* ist der Ansicht, dass jeder wirtschaftlichen Realität entbehrende Gestaltungen, die darauf ausgerichtet sind, der Anwendung der Rechtsvorschriften des betreffenden Mitgliedstaats zu entgehen, nicht unter Art. 49 AEUV fallen.[714] Bei der Abgrenzung zwischen Inanspruchnahme der Niederlassungsfreiheit und deren Missbrauch ist die, u.a. auch die Frage des Motives für deren Ausübung wichtig. Die meisten Fälle der grenzüberschreitenden Wirtschaftsvorgänge sind primär durch subjektive Motive bewegt. Sie finden sich in unterschiedlichen Konstellationen wieder, z.B. Genuss der Steuervorteile in einem anderen Mitgliedstaat, die Inanspruchnahme günstiger Produktionsressourcen, usw.

Das wirft die Frage auf, ob die Gründung einer Gesellschaft mit dem Ziel, in den Genuss vorteilhafterer Rechtsvorschriften zu kommen und folglich die Errichtung einer rein künstlichen und jeder wirtschaftlichen Realität barer Gestaltung, einen Rechtsmissbrauch darstellt. Den entscheidenden Unterschied aber stellt das objektive Kriterium dar, so dass bei so einem subjektiven Motiv auch die Absicht der Ausübung einer wirklichen wirtschaftlichen Tätigkeit in einem anderen Staat vorliegt, oder zumindest beabsichtigt wird. Dass die beiden objektiven und

714 *Müller-Graff* in: Streinz/Müller-Graff, EUV/AEUV, Art. 49 AEUV, Rn. 5.

subjektiven Elemente vorliegen müssen, um den Missbrauch dieser Grundfreiheit auszuschließen, wird auch in der juristischen Literatur vertreten.

aa) Bestimmung des „genuine links"

Die Prüfung des Vorhandenseins einer wirklichen wirtschaftlichen Tätigkeit als Voraussetzung für die Inanspruchnahme der Niederlassungsfreiheit ist nach objektiven Kriterien zu bemessen. Die EU-Verträge geben dazu keine Anhaltspunkte. Die juristische Literatur ist auch diesbezüglich eher zurückhaltend. *Stelmaszczyk* schlägt folgende Kriterienbildung vor: „an der Definition der Zweigniederlassung durch den EuGH anzuknüpfen und einen Mittelpunkt geschäftlicher Tätigkeit zu verlangen, der auf Dauer als Außenstelle einer Hauptniederlassung hervortritt, eine Geschäftsführung hat und sachlich so ausgestattet ist, dass Dritte unmittelbar mit der Zweigniederlassung Geschäfte abschließen können, ohne sich an die ausländische Hauptniederlassung wenden zu müssen. Auf diese Weise hätten reine Briefkastengesellschaften sicher ausgeschlossen werden können".[715]

Aus der Rechtsprechung des EuGH ergibt sich, dass die Feststellung einer wirklichen wirtschaftlichen Tätigkeit im Aufnahmemitgliedstaat auf objektiven, von dritter Seite nachprüfbaren Anhaltspunkten beruhen muss, die sich u. a. auf das Ausmaß des greifbaren Vorhandenseins der beherrschten ausländischen Gesellschaft in Form von Geschäftsräumen, Personal und Ausrüstungsgegenständen beziehen.[716] Die Geschäftsräume, Personal und Ausrüstungsgegenständen sind also die objektiven Merkmale für eine wirkliche wirtschaftliche Tätigkeit.[717]

Die mit der *Vale*-Entscheidung eingeschlagene Linie wirft die Frage auf, wie das Kriterium des *genuine links* ausgestaltet sein muss: reicht etwa die bloße Absicht einer Ansiedlung im Zuzugsstaat aus oder bedarf es objektiver Anhaltspunkte, wie z.B. die Anmietung von Geschäftsräumen, die Bereitstellung des zur Ausübung der wirtschaftlichen Tätigkeit erforderlichen Personals und der erforderlichen Betriebsmittel oder zumindest das Bestehen konkreter Planungen in Form von Business-Plänen?

Von der Niederlassungsfreiheit ist nur die dauerhafte Teilnahme am Wirtschaftsleben eines anderen Mitgliedstaats geschützt, um an dessen Wirtschaftsleben in stabiler und kontinuierlicher Weise tatsächlich teilzunehmen. Es ist zunächst der erste Parameter zu bestimmen, wonach eine *dauerhafte Einrichtung*

---

715 *Stelmaszczyk*, EuZW 2017, 890, Rn. 894.

716 EuGH, Urteil vom 12.09.2006, Rs. C-196/04 (Cadbury Schweppes und Cadbury Schweppes Overseas), ECLI:EU:C:2006:544, Rn. 67.

717 *Vella*, Sparkling Regulatory Competition in European Company Law: The impact of the Centros Line of Case Law and its Concept of "Abuse of Law" in: *la Feria, Vogenauer*, 2011, heruntergeladen am 18.01.2021 von: http://search.ebscohost.com/login.aspx?direct=true&db=e000xww&AN=437551&site=ehost-live.

in dem anderen Mitgliedstaat besteht. Dieses Merkmal ist eng an die Zielsetzung der Niederlassungsfreiheit geknüpft, nachdem diese Freiheit die freie Standortwahl ermöglicht, aber damit auch voraussetzt, „dass im Zielstaat auch tatsächlich Produktionsfaktoren investiert werden".[718] „Durch die Standortentscheidung unterwirft sich der Niederlassungswillige der inländischen Rechts- und Sozialordnung als Teil der Standortbedingungen des Aufnahmemitgliedstaates".[719]

bb) Vorschlag für Kriterien zur Bestimmung des „genuine links"

Die Errichtung einer Niederlassung, entweder in Form einer primären oder sekundären, ist nicht nur ein juristischer Vorgang, sondern auch eine Geschäftsoperation, die auch ein gewisses Maß an logistischer Unterstützung bedarf. Daraus lassen sich bestimmte Anknüpfungspunkte ableiten, die den Kriterien für das Bestehen einer wirtschaftlichen Tätigkeit in einem Mitgliedstaat entsprechen.

Eine Firma oder eine Niederlassung in einem anderen Staat zu gründen, bedeutet zunächst, die Firma und den Sitz der primären oder sekundären Niederlassung zu registrieren. Ein „Sitz" einer Gesellschaft impliziert Geschäftsräumlichkeiten. Die Notwendigkeit einer dauernden Präsenz im Aufnahmemitgliedstaat sah allerdings der EuGH im Urteil *Stauder* in Form von Geschäftsräumen, Personal und Ausrüstungsgegenständen.[720]

Die Qualität der Geschäftsräume wird von der Größe des Unternehmens und dem Umfang seiner Tätigkeit abhängen. Dabei kann z.B. zwischen Büros, Praxen oder auch sonstigen Arten von Geschäftsräumen unterscheiden werden. Diese müssen nicht unbedingt im Eigentum des /der Niederlassung stehen. Ein Mietvertrag zu deren Nutzung als Rechtsverhältnis dauerhafter Natur würde ausreichen.

Ein Minimum an Erfordernissen stellt ein Arbeitszimmer mit aller dazu notwendigen Infrastruktur dar. Abhängig von der Wirtschaftstätigkeit könnte auch ein Flur/Besprechungsraum für die Kunden sein. Konkret zur Infrastruktur ist innerhalb der Büros generell Wasser, Strom, Gas/Heizungsleitung, Telefon/Internetverbindung notwendig. Im Lichte der aktuellen Entwicklungen verursacht durch die COVID-19 Pandemie, ist eine Telefonleitung nicht unbedingt notwendig. Die Erfahrung zeigt, dass sich mittels digitaler Kommunikationskanäle geschäftliche Kommunikation sehr gut erfüllen lässt, so dass i.d.R. ein Vertrag über eine Internetverbindung notwendig ist.

Zur inneren Ausstattung des Büros/der Geschäftsräumlichkeiten gehören Arbeitstisch(e) und Stuhl/Stühle mit Desktop PC/Laptop mit einer Nutzungslizenz. Zur äußeren Gestaltung der Firma gehört das Schild mit dem Firmennamen,

---

718 *Korte* in *Calliess/Ruffert*, EUV/AEUV, Art. 49, Rn. 31.

719 *Müller-Graff* in: Streinz/Müller-Graff, EUV/AEUV, Art. 49 AEUV, Rn. 5.

720 EuGH, Urteil v. 14.09.2006, Rs. C-386/04 (Centro di Musicologia Walter Stauffer), ECLI:EU:C:2006:568, Rn. 38.

Adressennummer und Angabe zu den Öffnungszeiten. Ein Briefkasten mit dem Firmennamen ist sicherlich auch eine Mindestvoraussetzung.

Die Anzahl der Mitarbeiter bleibt in jedem konkreten Fall zu bestimmen. Mindestvoraussetzung wäre eine Person, die in Voll- oder Teilzeit beschäftigt ist und mit den Büroräumlichkeiten vertraut ist. Dabei muss sie nicht unbedingt einen unbefristeten Arbeitsvertrag haben. Die Beschäftigung weiterer Personen/weiteren Personals wird von der Tätigkeit abhängen. Eine Arzt- oder Zahnarztpraxis beispielsweise setzt naturgemäß mehrere Beschäftigte voraus. Umgekehrt müssen bei reinen Bürotätigkeiten nicht unbedingt notwendig alle Mitarbeiter vor Ort im Aufnahmemitgliedstaat sein, sondern können auch im Home-Office arbeiten, und zwar unabhängig davon, ob das im Aufnahme- oder einem anderen Staat geschieht. Dabei wäre auch eine Tätigkeit von Mitarbeiter aus einem (oder mehreren) Nicht-EU-Mitgliedstaaten möglich und sogar gut vorstellbar.

Es ist aber an dieser Stelle noch ein Punkt wichtig hervorzuheben. Die Kriterien für die Bestimmung eines „genuine links" sind in jedem konkreten Fall zu bestimmen, und zwar abhängig von der Größe des niederlassungswilligen Unternehmen bzw. der Größe seines Unternehmensnetzwerks. Das Bestehen eines „genuine links" müsste in jedem konkreten Fall ausweisen, dass das Unternehmen in dem Staat der Niederlassung substanziell wirtschaften beabsichtigt. Denn verzichtete man darauf, drohte wiederrum das Entstehen einer künstlichen Gestalt, z.B. wenn ein großes Unternehmen mit vielen tausend Mitarbeitern im Aufnahmestaat ein kleines Büro mit einem oder wenigen Mitarbeiter einrichtet, um das Erfordernis der Errichtung einer Niederlassung nur rein formell zu, in der Praxis es damit aber letztlich umgeht. Dieses zusätzliche Erfordernis steht auch im Einklang mit dem ökonomischen Zielen der Europäischen Union, die in dieser Arbeit schon dargestellt wurden. Insofern ist es also zur Bestimmung des „genuine links" erforderlich, auf das zusätzliche Kriterium einer substantiellen wirtschaftlichen Tätigkeit abzustellen.

cc) Bestimmung einer dauerhaften Einrichtung im hypothetischen Fall des Unternehmens D

Im Fall des Unternehmens *D* würde also eine bloße Registrierung der Sitzverlegung von Tschechien nach Irland im Unternehmensregister der Republik Irland nicht ausreichen, um von einer Niederlassung zu sprechen. Mehr Bindungselemente an den Staat der Niederlassung sind notwendig. Zunächst ist eine Infrastruktur notwendig.[721]

Im Falle des Unternehmens *D* würde das bedeuten, dass in der Republik Irland ein Büro gemietet wird, dessen Größe von der Unternehmensgröße und Umfang der Tätigkeit abhängig ist. Eine pro-forma-Anmietung eines Raumes ohne wirkliche Absicht, die Büroräume einzurichten und die Unternehmenstätigkeit von dort

721 Dazu auch: *Korte* in *Calliess/Ruffert*, EUV/AEUV, Art. 49, Rn. 31.

aus zu führen, entspricht diesem Erfordernis nicht. Wann die erforderliche Einrichtung vorliegt, hängt vom konkreten Einzelfall ab. Es ist aber klar, dass „eine Internet-Präsenz oder ein Telefonanschluss mit Anrufbeantworter nicht ausreichen würden".[722]

Die Büroausrichtung sollte so aussehen, dass zu erkennen ist, dass in Produktionsfaktoren investiert wurde, oder investiert wird. Das kann sich auf verschiedene Arten manifestieren. Eine Möglichkeit ist z.B. ein Büro zu mieten, mit mindestens einem eingerichteten Raum, (Geschäfts-)Internet und Telefonanschlüssen, Arbeitstischen und -stühlen, Rechnern, Rollcontainern usw. Die konkretere Gestaltung wird auf jeden Fall davon abhängen, welche Tätigkeit das Unternehmen im Zweitmitgliedstaat ausübt und ob diese Tätigkeit auch als Home-Office ausgeübt werden kann.

Dazu muss ausreichend klar dargestellt werden, dass es um Geschäftsräumlichkeiten geht. Hier ist die Außendarstellung wichtig. Dies bedeutet v.a., dass ein ausreichend sichtbares und informatives Unternehmensschild vorhanden sein muss. Das Schild soll ausreichend groß sein und es müssen alle unternehmensbezogenen Informationen vorliegen. V.a. muss der Name des Unternehmens ausreichend klar angezeigt werden mit dem Hinweis, dass es sich um Unternehmenssitz handelt. Das Schild soll auch die Öffnungszeiten beinhalten.

Neben Büroräumlichkeiten und Ausstattung sollen darüber hinaus auch andere Elemente auf die dauerhafte Teilnahme am Wirtschaftsleben des Unternehmens des anderen Mitgliedstaats deuten. Dazu gehören auch die Mitarbeiter, bzw. angestellte Personen. Es ist schwer, eine generelle Bewertung abzugeben, wie viele Mitarbeiter angestellt werden müssen. Es ist aber schwer vorstellbar, dass ohne mindestens zwei Personen ein Unternehmenssitz geführt werden kann. Ob alle Mitarbeiter des in dem Zweitmitgliedstaat verlegten Sitzes tatsächlich jeden Tag ins Büro kommen oder mobil arbeiten, ist nicht entscheidend. Wichtig wäre, dass Sozialversicherungsbeiträge für alle Angestellten im Staat des Unternehmenssitzes abgeführt werden.

dd) Bestimmung der Qualität der Integration in das Wirtschaftsleben in einer stabilen und kontinuierlichen Weise

Dadurch zeichnet sich die zweite Komponente der Ausübung einer wirklichen wirtschaftlichen Tätigkeit, nämlich die *Integration in das Wirtschaftsleben in einer stabilen und kontinuierlichen Weise*. Neben der Einzahlung der gesetzlichen Beiträge für die Mitarbeiter, zeichnet sich diese Integration in das Wirtschaftsleben auch durch andere Formen der Beteiligung aus. Die Eröffnung eines Bankkontos im Staat der Sitzverlegung ist sicherlich ein starkes Zeichnen einer Teilnahme an der nationalen Wirtschaft dort. Dies ist definitiv der Fall, auch wenn die nationalen

722 *Korte* in *Calliess/Ruffert*, EUV/AEUV, Art. 49, Rn. 31.

Staatsbürger dort angestellt sind. Dies ist aber kein entscheidendes Element, denn auch die ausländischen Angestellten nehmen genauso an dem Wirtschaftsleben teil.

Die monatliche Mietzahlung, Zahlung der Strom-, Wasser-, Internet- und anderen Nebenkosten deuten darauf hin, dass es sich um eine Teilnahme am wirtschaftlichen Leben in dem anderen Mitgliedstaat handelt. Weitere Merkmale wären z.B. die Unternehmensabonnements für die lokale Zeitung, Beschaffung von Büromaterial beim lokalen Händler, usw. Durchführung von regelmäßigen Wartungen an der Infrastruktur sowie auch Investments in die Büroausstattung sind definitiv Anzeichen einer Absicht für die stabile und kontinuierliche Integration.

Auch an dieser Stelle ist zu beachten, dass auch bei diesem Kriterium die Notwendigkeit einer substanziellen Integration in das Wirtschaftsleben in einer stabilen und kontinuierlichen Weise zu berücksichtigen ist. Insoweit wird die Erfüllung dieses Kriteriums u.a. auch von der Unternehmensgröße, der Anzahl der Mitarbeiter usw. abhängig ist, was in jeden individuellen Fall der beabsichtigten Niederlassung im Aufnahmemitgliedstaat zu beurteilen ist.

2. Das Ergebnis der Prüfung des Bestehens einer Ungleichbehandlung

Auf den Fall der isolierten Sitzverlegung angewendet, ist zunächst von den oben ausgeführten Vergleichspaaren auszugehen. Das würde bedeuten, dass Unternehmen die tatsächlich die Niederlassungsfreiheit in Anspruch nehmen möchten und Unternehmen, die in einem anderen Mitgliedstaat nur die günstigeren Rechtsvorschriften ausnutzen möchten und dort keine wirkliche wirtschaftliche Tätigkeit ausüben möchten oder planen, zu vergleichen sind.

Die Konstellationen (a)[723], (b)[724] und (c)[725] stellen klar, dass Unternehmen *A*, *B* und *C* im Gegensatz zum Unternehmen *Polbud* die Voraussetzungen für die Inanspruchnahme der Niederlassungsfreiheit erfüllen, so dass deren Gleichstellung mit dem Unternehmen *Polbud* einen Verstoß gegen den unionalen Gleichbehandlungsgrundsatz darstellen würde. Es stellt sich die Frage, ob das auch in Bezug auf die vierte Konstellation gilt, in der das Unternehmen *D*[726] dem Unternehmen *Polbud*

723 In der Konstellation *A* befindet sich auf einer Seite das Unternehmen *A* und *Polbud* auf der anderen Seite. Das Unternehmen *A* hat seinen Sitz und gleichzeitig seine Hauptverwaltung in Spanien und möchte sich in Deutschland niederlassen. Das Unternehmen *A* produziert hochwertige Nahrungsergänzungsmittel. Aufgrund des neuen Geschäftsmodells und der Entscheidung des Vorstands möchte das Unternehmen *A* ausschließlich in Deutschland tätig sein und von dort aus sein Geschäftsmodell weiterentwickeln.

724 In der Konstellation *B* produziert das Unternehmen *B* exquisites natives Olivenöl. Es möchte seinen Unternehmenssitz nach Österreich verlegen und von dort aus den kompletten Vertrieb samt Verpackung und Werbung des Olivenöls betreiben. Im Vergleich mit *Polbud* ist auch in dieser Konstellation die wirkliche wirtschaftliche Tätigkeit im Land der Sitzverlegung, obwohl die Produktionsstätte in Italien bleibt.

725 Das Familienunternehmen *C* ist Hersteller von luxuriösen Lavendelkosmetikprodukten und möchte im Rahmen der Ausweitung seiner wirtschaftlichen Tätigkeit den Sitz des Unternehmens nach Dublin verlegen. Dabei sollen in der Provence die ganzen Produktionskapazitäten und Teile der Verwaltung verbleiben. Aus Dublin soll das ganze Marketing und v.a. der Onlineverkauf erfolgen, sowie auch das weltweite Vertriebs- und Lieferungsmanagement organisiert werden. In diesem Sinne kann man von einem Anteil von je 50 % der Geschäftstätigkeit in Frankreich und Irland ausgehen.

726 Das Unternehmen *D* ist eine Schokoladenfabrik, die sich auf die Herstellung exklusiver belgischer Pralinen spezialisiert hat und mittlerweile weltweit exportiert. Es hat seinen Sitz in Tschechien, wo auch die gesamten Produktionsstätten liegen und der Vertrieb organisiert wird. Die Unternehmensführung möchte aber den Unternehmenssitz nach Irland verlegen, um in den Genuss der dortigen Steuervorteile zu kommen. An der ganzen Unternehmensstruktur soll nichts geändert werden. Auch die ganze Produktion, Marketing und Vertrieb sowie das Personal sollen weiterhin

gegenübergestellt wird. Angenommen, dass das Unternehmen *D* in der Republik Irland eine Mindestquantität an Unternehmenstätigkeit ausüben würde, um somit dort von einer wirklichen wirtschaftlichen Tätigkeit zu sprechen, wären die beiden Unternehmen nicht in einer gleichen Situation, was bedeuten würde, dass die beiden Unternehmen durch den EuGH nicht gleichbehandelt werden dürften. Der Schutz der Niederlassungsfreiheit darf also nur dem Unternehmen *D*, nicht aber dem Unternehmen *Polbud* gewährt werden. Denn ähnlich wie der Gleichheitssatz des Art. 3 Abs. 1 GG, der den Gesetzgeber und den Gesetzesanwender verpflichtet, „für Menschen in *ähnlichen* Lebenslagen eine gemeinsame Rechtsfolge vorzusehen [und] für Menschen in *verschiedenen* Lebenslagen verschiedene Rechtsfolgen vorzusehen"[727], folgt das Gleiche aus Art. 20 GRCh für den EuGH.

Es zeigt sich, dass der EuGH in Konstellationen der isolierten Sitzverlegung, in denen die Unternehmen keine wirkliche wirtschaftliche Tätigkeit ausüben oder dies beabsichtigen, gegen die Vorgabe aus Art. 20 GRCh, wesentliches Ungleiches ungleich zu behandeln, verstößt. Anderes als bei einer Diskriminierung sind die Erfordernisse für das Bestehen einer Ungleichbehandlung weniger streng. Insoweit würde jede Art von Benachteiligung ausreichen, um einen Verstoß gegen den Gleichbehandlungsgrundsatz zu begründen. Die juristische Literatur geht insoweit davon aus, dass es nicht um den Genuss von gesetzlich gewährten Rechten gehen muss[728], so dass auch kleine Nachteile erfasst sind.[729] Die Unternehmen, die also die wirkliche wirtschaftliche Tätigkeit in stabiler und kontinuierlicher Art und Weise ausüben oder beabsichtigen, leisten deutlich mehr als ein Unternehmen wie *Polbud*, das dies nicht tut. Dies zeigt sich nicht nur in juristischer, sondern auch in praktischer Hinsicht:

In Bezug auf juristische Aspekte ist der Beitrag des Unternehmens *D* viel größer als der des Unternehmens *Polbud*. Das Unternehmen *D* schließt Rechtsgeschäfte im Aufnahmestaat, z.B. Mietverträge über Räumlichkeiten im Staat der Niederlassung. Dies bedeutet nicht nur, dass das Unternehmen eigene Mitarbeiter dafür einsetzen muss, sondern es kann durchaus möglich sein, dass in diesen Fällen eine professionelle Rechtanwaltshilfe in Anspruch genommen wird, was ein Kostenfaktor ist. Überdies müsste das Unternehmen *D* dafür sorgen, dass die ganze Logistik und deren Inbetriebnahme im Aufnahmemitgliedstaat bereitsteht, was ein weiterer Kostenfaktor ist. Die einzige Gemeinsamkeit bezogen auf den juristisch investierten Aufwand wäre die Durchführung der notwenigen Registrierungen im Unternehmens-/Gerichtsregister des Aufnahmestaates. Auch faktisch ist das

---

in Tschechien bleiben. Ziel ist also, nur formell ein Unternehmen nach dem Recht der Republik Irland zu werden.

727 *Kirchof* in *Dürig/Herzog/Scholz*, GG, Art. 3 Abs. 1, Rn. 73.

728 *Jarass* in *Jarass*, EU-Grundrechte-Charta, Art. 20, Rn. 14.

729 *Jarass* in *Jarass*, EU-Grundrechte-Charta, Art. 20, Rn. 14.

Unternehmen *D* viel näher an das tägliche Leben im Aufnahmemitgliedstaat integriert, während *Polbud* dort nur formell „existiert".

Angesichts dieser Unterschiede stellt die Gleichbehandlung beider Unternehmen im Zuge einer isolierten Sitzverlegung durch den EuGH einen Verstoß gegen den unionalen, in Art. 20 GRCh gewährleisteten Gleichbehandlungsgrundsatz dar.

Der Pariser Vertrag hat als erster Vertrag in der Entwicklungsgeschichte der europäischen Integration das Prinzip der Nichtdiskriminierung etabliert. Überdies ist dieses Prinzip durch mehrere Vertragsbestimmungen konkretisiert und bestimmt. Diesbezüglich ist wichtig, vergleichbaren Sachverhalte gleich zu behandeln und ungleiche Sachverhalte ungleich zu behandeln, was im Kern der Diskriminierungsdogmatik steht. Dieses Prinzip ist durch mehrere Vertragsbestimmungen etabliert. Z.B. regelt der Art. 3 lit. b) des Pariser Vertrages, dass „die Organe der Gemeinschaft [...] im Rahmen der jedem von ihnen zugewiesenen Befugnisse und im gemeinsamen Interesse allen in vergleichbarer Lage befindlichen Verbrauchern des gemeinsamen Marktes gleichen Zugang zu der Produktion zu sichern [haben]". Obwohl dieser Vertrag ursprünglich keine konkreten Bestimmungen zu der Niederlassungsfreiheit enthielt, lässt sich aus dem Vertag ableiten, dass der Binnenmarkt (damals gemeinsamer Markt) die Bedingungen schafft, die einen fairen und unverfälschten Wettbewerb herstellen sollten und die diskriminierenden Praktiken verbietet.

Eines der Primärziele der Niederlassungsfreiheit aus Art. 49 AEUV ist eine diskriminierungsfreie Eingliederung in das Wirtschaftsleben und das Rechtssystem des Aufnahmestaates. In den Genuss dieser Grundfreiheit zu kommen, ist aber durch bestimmte Voraussetzungen bedingt. Eine Voraussetzung ist für die Untersuchungsfrage dieser Arbeit von überragender Bedeutung nämlich die Ausübung einer kontinuierlichen wirtschaftlichen Tätigkeit in stabiler und kontinuierlicher Weise.

Zu diesem Zweck hat diese Arbeit zunächst Grundvoraussetzungen für das Bestehen einer Diskriminierung geprüft. Die Bestimmung des Bestehens einer Diskriminierung bedarf zunächst einer relevanten Vergleichspaarbildung, an der zu messen ist, ob durch Prüfung der Merkmale der beiden Vergleichsgruppen eine Diskriminierung vorliegt oder nicht. Die juristische Literatur hat einen Katalog der traditionellen/klassischen Anhaltspunkte für die Prüfung des Bestehens einer Diskriminierung entwickelt. Diese Arbeit ist darüber hinaus der Frage nachgegangen, ob eine Diskriminierung trotz Fehlens der traditionellen Anhaltspunkte bestehen kann in dem Sinne, ob eine Diskriminierung vorliegt, auch wenn ein grenzüberschreitender Sachverhalt gegenüber einem rein innerstaatlichen Sachverhalt anderes behandelt wird, ohne dass die unterschiedliche Behandlung auf die verbotenen Unterscheidungsmerkmale abstellt und im Falle einer isolierten Sitzverlegung auf dem Tätigkeitskriterium, bzw. dem Kriterium der Ausübung einer wirklichen wirtschaftlichen Tätigkeit. Insoweit wurde die Frage geprüft, ob eine Diskriminierung auf das Merkmal der Ausübung einer wirklichen wirtschaftlichen Tätigkeit anknüpfen kann.

Ob sich *Polbud* in Luxemburg tatsächlich angesiedelt hat oder ansiedeln wollte, hat der Gerichtshof jedoch gar nicht geprüft. Dies zeigt eine fehlende methodische Vorgehensweise mit der weiteren Konsequenz, die implizit Auswirkungen auf die Frage einer potenziellen Diskriminierung/Ungleichbehandlung seitens des EuGH hatte. Während die Sachverhalte in *Centros* und *Inspire Art* größtenteils vergleichbar waren, sind die rechtlich/niederlassungsrechtlichen Konstellationen in *Vale* und *Polbud* ganz andere. *Polbud* brachte die Argumentation aus der *Centros* und *Inspire Art* Rechtsprechung zurück, obwohl die beiden Urteile mit *Cadbury Schweppes* überholt waren. Die beiden erforderlichen Bestandteile der Niederlassungsfreiheit, deren Vorliegen früher in Vale geprüft wurden, beachtete das Gericht in *Polbud* überhaupt nicht.

Das Prüfungsschema für die Bestimmung des Bestehens einer Diskriminierung verfolgt nach den folgenden Schritten: erstens muss eine Gleich- oder Ungleichbehandlung vorliegen, zweitens sind die gleichen und ungleichen Elemente der betroffenen Sachverhaltskonstellationen zu sammeln und drittens ist zu fragen, ob die (Un-) Gleichbehandlung im Hinblick auf diese gleichen und ungleichen Elemente zu rechtfertigen ist, wobei sich als zentrales Problem des Gleichheitssatzes die Frage nach dem Rechtfertigungsmaßstab stellt. Die unter IV, bb, (1)–(4) dargestellten Ausführungen zeigen die Konstellationen, in denen eine Ungleichbehandlung vorliegt und was die Unterscheidungsmerkmale sind.

Es stellt sich aber die Frage, ob dies für die Feststellung einer Diskriminierung seitens des EuGH ausreicht. Nach der Definition muss eine Diskriminierung im Ergebnis eine Schlechterstellung einer der zu vergleichenden Sachverhalte darstellen. Auch nach der Rechtsprechung des EuGH liegt eine Diskriminierung vor, wenn dem Betroffenen gegenüber der Vergleichsgruppe ein „quantifizierbarer Schaden entsteht".[730]

Unternehmen im „wahren Sinne des Wortes" und die Unternehmen, die keine wirkliche wirtschaftliche Tätigkeit ausüben möchten und sich durch das Tätigkeitsmerkmal unterscheiden, werden durch den EuGH gleichbehandelt. Es ist im Ergebnis nicht möglich, einen direkten Schaden auf der Seite des Unternehmens, das die Voraussetzungen für die Inanspruchnahme der Niederlassungsfreiheit erfüllt, zu erkennen, so dass auf den ersten Blick eine Diskriminierung an dieser Stelle auszuschließen ist.

Es lohnt sich an dieser Stelle auch eine andere Dimension zu berücksichtigen, bevor man dieses Ergebnis definitiv bestätigt oder niederlegt. Aus der Perspektive eines Unternehmens, das der ersten Vergleichsgruppe angehört, investieren diese Unternehmen viel Aufwand, Zeit und mit großer Wahrscheinlichkeit auch mehr Kosten in den Aufbau und die Aufrechterhaltung ihres Geschäftsmodells als die Unternehmen, die der zweiten Gruppe angehören. Insoweit könnte dieser Umstand

730 *F. Damman*, Diskriminierungen im Bereich der Grundfreiheiten und deren Rechtfertigung aus zwingenden Gründen des Allgemeininteresses, S. 91.

im Ergebnis – diesmal umgekehrt betrachtet – möglicherweise sogar eine Diskriminierung darstellen. Ob eine Diskriminierung tatsächlich vorliegt, lässt sich nur im Hinblick auf eine konkrete Situation und den konkret vorliegenden Sachverhalt bestätigen oder niederlegen. Dies ist eine Wertungsfrage, die in jedem konkreten Fall zu prüfen ist.

E. Schlussfolgerungen und Darstellung der Ergebnisse der Arbeit

- Zwischen Begriff und Inhalt der Niederlassungsfreiheit und einer wirtschaftlichen Tätigkeit besteht eine symbiotische Verbindung. Die Niederlassungsfreiheit bedarf einer wirklichen wirtschaftlichen Tätigkeit des Wirtschaftsteilnehmers innerhalb des Binnenmarkts. Denn diese Grundfreiheit wäre sinnentleert, wenn jede Form der Tätigkeit ohne jegliche rechtlichen Mindestvoraussetzungen Teil der Niederlassungsfreiheit sein könnte.
- Briefkastenfirmen sind für die Verwirklichung des Binnenmarkts ein gefährliches Hindernis. Unternehmensformationen, die keine wirtschaftliche Tätigkeit in einer stetigen und dauerhaften Ausrichtung ausüben, sollten nicht von der Niederlassungsfreiheit umfasst sein.
- Die Anpassung des Gesellschaftsrechts an das Rechtsystem des Aufnahmemitgliedstaats bei einem niederlassungsrechtlichen Vorgang, in dem keine wirkliche wirtschaftliche Tätigkeit ausgeübt wird oder beabsichtigt ist, widerspricht dem Normzweck der Niederlassungsfreiheit.
- Gesellschaften, die rein künstliche Gestaltungen sind und nur aufgrund „subjektiver" Motive die Niederlassungsfreiheit in Anspruch nehmen wollen, erfüllen nach zutreffender Auffassung nicht die Voraussetzungen, um den Schutz der Niederlassungsfreiheit zu genießen. Vielmehr bedarf es des Vorliegens eines „genuine links", damit eine „wirkliche wirtschaftliche Tätigkeit" im Aufnahmemitgliedstaat, damit der Anwendungsbereich vorliegt und dadurch der Niederlassungsfreiheit eröffnet ist.
- Diese Mindestanforderungen entsprechen dem Sinn und Zweck der Niederlassungsfreiheit und unterstützen die Grundlagen und Grundanliegen des Binnenmarkts sowie die Zielsetzung dieser Grundfreiheit.
- Die Bestimmung des genannten „genuine links" ist anhand mehrerer Kriterien auf Basis einer Einzelfallprüfung möglich, um die Eröffnung des Anwendungsbereichs der Niederlassungsfreiheit konkret zu bestimmen.
- Die Analyse der Gründungsverträge zeigt, dass die Idee des (damals) gemeinsamen und jetzt eines Binnenmarkts konstant ist. Der Pariser Vertrag stellte zunächst die notwendigen Weichen für den Frieden im Nachkriegseuropa und sorgte für politische, militärische und gesellschaftliche Stabilität und Sicherheit. Zudem war dieser Vertrag von der Vorstellung getragen, dass Europa nur auf gemeinsamen Grundlagen für die wirtschaftliche Entwicklung aufgebaut werden kann.

  Diese Ideen wurden durch die Römischen Verträge (insbesondere den Vertrag zur Gründung der Europäischen Gemeinschaft) erweitert und konkretisiert. Die weiteren Änderungen durch den Vertrag von Maastricht, mit dem die Europäische Union errichtet wurde, danach durch auf den Binnenmarkt bezogen, geringfügige Vertragsänderungen durch den Vertrag von Nizza und schließlich durch den Vertrag von Lissabon beinhalteten immer das gleiche Konzept und die gleichen Ideen des Binnenmarkts – nämlich die nachhaltige, ausgewogene und in allen Mitgliedstaaten gleichwachsende Entwicklung und/Wirtschaftsausweitung basierend auf dem Bestreben einer größtmöglichen Homogenität der innergemeinschaftlichen Wirtschaftsordnung durch den Binnenmarkt.

- ♣ Die Analyse der aktuellen Entwicklungen der Gesetzgebung innerhalb der Europäischen Union zeigt eine klare Absage gegenüber dem „Cherry-Picking" System.
- ♣ Der Schutz vor missbräuchlicher Berufung auf die Niederlassungsfreiheit muss auf der Ebene der Europäischen Union erfolgen. Dabei muss die Rechtsprechung des EuGH einem konsequenten Kurs folgen. Dieser sollte sich nach dem Normzweck und den Zielen dieser Grundfreiheit richten und daraus die Voraussetzungen für die Inanspruchnahme dieser Freiheit ableiten.
- ♣ Damit wird nicht nur ein Rechtsmissbrauch, sondern auch die Gefahr eines *„race-to-the-bottom"* verringert. Eine Kontrolle der missbräuchlichen Praxen *durch die Mitgliedstaaten* ist nicht ausreichend. Denn diese birgt gerade die Gefahr eines *„race-to-the-bottom"*. Die entsprechenden Verfahren, einschließlich einer etwaigen Prüfung der Voraussetzungen für einen Missbrauch, sollten nicht gemäß dem nationalen Recht durchgeführt werden, sondern auf EU-Ebene harmonisiert werden. Die Mitgliedstaaten sollten rechtstechnischen Durchführungsregeln aufgrund harmonisiertes Sekundärrecht erlassen müssen.
- ♣ Die Gesellschaftsrechtsnormwahl darf keinen niederlassungsrechtlichen Schutz genießen. Insoweit ist die Umwandlung der Niederlassungsfreiheit in eine Gesellschaftsrechtswahlfreiheit für die weitere Entwicklung der Niederlassungsfreiheit und Erreichung der Binnenmarktziele nicht nur nicht sinnvoll, sondern sollte umgehend korrigiert werden.

Literaturverzeichnis

Bücher, Kommentare, Monografien, Zeitschriften

Bergman, Jan: Handlexikon der Europäischen Union, 6. Aufl. Baden-Baden 2021 (zit.: Bamberger in: Handlexikon der Europäischen Union (Niederlassungsfreiheit).

Blaurock, Uwe: Auf dem Wege zu einem einheitlichen Gesellschaftsrecht in Europa in: Lücke u.a. (Hrsg) „Europäische Wirtschaft der 90er Jahre“, Wiesbaden 1990, S. 31–50 (zit.: *U. Blaurock* „Auf dem Wege zu einem einheitlichen Gesellschaftsrecht in Europa“).

Bormann, Jens/Stelmaszczyk, Peter: Grenzüberschreitende Spaltungen und Formwechsel nach dem EU-Company Law Package, in: ZIP 2019, S. 353 ff.

Böttcher, Leif/Kraft, Julia: Grenzüberschreitender Formwechsel und tatsächliche Sitzverlegung – Die Entscheidung VALE des EuGH, in: NJW 2012, S. 2701 ff.

Brehm, Johann/Schümmer, Kevin: Grenzüberschreitende Umwandlungen nach der neuen Richtlinie über grenzüberschreitende Umwandlungen, Verschmelzungen und Spaltungen, in: NZG 2020, S. 538 ff.

Brigola, Alexander: Die Figur der Marktaustrittsbeschränkungen als Korrelat der Figur der Marktzugangsbeschränkungen, in: EuZW 2009, S. 479 ff.

Brigola, Alexander: Art. 35 AEUV von Groenveld bis New Valmar – Abschied eines Fremdkörpers im Gebäude des freien Warenverkehrs, in: EuZW 2017, S. 5 ff.

Calliess, Christian/Ruffert, Matthias: EUV/AEUV, 6. Aufl., München 2022 (zit.: *Autor* in *Calliess/Ruffert*, EUV/AEUV).

Craig, Paul/de Búrca, Gráinne: EU Law – Texts, Cases and Materials, 6th Ed., Oxford 2015 (zit.: *Craig/de Burca*, EU Law – Texts, Cases and Materials).

Damman, Fabian: Diskriminierungen im Bereich der Grundfreiheiten und deren Rechtfertigung aus zwingenden Gründen des Allgemeininteresses, Baden-Baden 2018.

Dauses, Manfred A./Ludwigs, Markus: Handbuch des EU-Wirtschaftsrechts, 54. Ergänzungslieferung, München 2021 (zit.: *Kalss/Klampfl* in: Dauses/Ludwigs, EU-Wirtschaftsrecht, 54. EL 2021, E. III. Gesellschaftsrecht bzw. *Ludwigs* in *Dauses/Ludwigs*, Handbuch des EU-Wirtschaftsrechts, E.I. Grundregeln, 54. EL 2021).

Dauses, Manfred A./Ludwigs, Markus: Handbuch des EU-Wirtschaftsrechts, 38. Ergänzungslieferung, München 2015 (zit.: *Roth* in *Dauses/Ludwigs*, EU-Wirtschaftsrecht, 38. EL 2015, E. I. Grundregeln).

Dürig, Günter/Herzig, Roman/Scholz, Rupert: Grundgesetz, 5. Auflage, München 2021 (zit. *Autor* in Dürig/Herzog/Scholz, GG).

Ekins, Richard: The Nature of Legislative Intent, Oxford 2013.

Epping, Volker/Hillgruber, Christian: BeckOK Grundgesetz, 49. Aufl., München 2021 (zit.: *Autor* in BeckOK, GG, 46. Edition, Stand 15.11.2021).

Franzen, Martin/Gallner, Inken/Oetker, Hartmut: Kommentar zum europäischen Arbeitsrecht, 4. Aufl., München 2022 (zit.: *Autor* in *Franzen/Gallner/Oetker*).

Geiger, Rudolpf/Khan, Daniel-Erasmus/Kotzur, Markus: EUV/AEUV, 6. Aufl., München 2017 (zit.: *Autor* in *Geiger/Khan/Kotzur*, EUV/AEUV).

Grabitz, Eberhard/Hilf, Meinhard/Nettesheim, Martin: Das Recht der Europäischen Union, 74. Ergänzungslieferung, München Stand September 2021 (zit.: *Autor* in *Grabitz/Hilf/Nettesheim*, Das Recht der Europäischen Union).

Hahn, Hartmut: Gemeinschaftsrecht und Recht der direkten Steuern, in: DStZ 2005, S. 433 ff.

Hakenberg, Waltraud: Europarecht, 6. Aufl. München 2012.

Hallstein, Walter: Die Europäische Gemeinschaft, 5. Aufl., Düsseldorf Wien 1979.

Haratsch, Andreas/Koenig, Christian/Pechstein, Matthias: Europarecht, 12. Aufl., Tübingen 2020.

Heidinger, Andreas/Leible, Stefan/ Schmidt, Jessica: Kommentar zum Gesetz betreffend die Gesellschaften mit beschränkter Haftung (GmbH-Gesetz), 3. Aufl., München 2017 (zit.: *Autor* in Michalski/Heidinger/Leible/Schmidt, GmbH-Gesetz).

Herdegen, Matthias: Europarecht, 23. Aufl., München 2021.

Immenga, Ulrich/Mestmäcker, Ernst-Joachim: Wettbewerbsrecht, 6. Aufl., München 2019 (zit.: *Zimmer* in Immenga/Mestmäcker, AEUV).

Jacobs, Otto: Internationale Unternehmensbesteuerung, 8. Aufl., München 2016.

Jahn, Joachim: Europarichter überziehen ihre Grenzen, in: NJW 2008, S. 1788 ff.

Jarass, Hans: EU-Grundrechte-Charta, 4. Aufl., München 2021.

Jarass, Hans. D/Kment, Martin: Grundgesetz für die Bundesrepublik Deutschland, 16. Aufl. München 2020 (zit. *Autor*, in *Jarass/Kmant*, GG).

Jarass, Hans. D/Kment, Martin: Grundgesetz für die Bundesrepublik Deutschland, 17. Aufl. München 2022 (zit. *Autor*, in *Jarass/Pieroth*, GG).

Jochum, Georg/Fritzemeyer, Wolfgang/Kau, Marcel: Grenzüberschreitendes Recht – Crossing Frontiers, Festschrift für Kay Heilbronner, Heidelberg 2013 (zit.: *Wilhelmi* in FS Hailbronner, 2013, 531).

Kainer, Friedemann: Der EuGH in der Rechtssache TEAM POWER EUROPE: Auf dem Weg zum sozialrechtlichen Bestimmungslandprinzip?, in: EuZA 2022, S. 98 ff.

Kainer, Friedemann/Herzog, Lucina: Der Marktausgang im Konzept der Grundfreiheiten, in: EuR 2018, S. 405 ff.

Kainer, Friedemann/Persch, Johannes: Das Mobilitätspaket der EU – Protektionismus oder Missbrauchsbekämpfung?, in: EuR 2021, S. 454 ff.

***Kessler, Wolfgang/Huck*, Friederike**: Grenzüberschreitender Transfer von Betriebsvermögen, in: StuW 2005, S. 193 ff.

Kieninger, Eva-Maria: Internationales Gesellschaftsrecht zwischen Polbud, Panama und Paradise, in: ZEuP 2018, S. 309 ff.

Kindler, Peter: Niederlassungsfreiheit für Scheinauslandsgesellschaften? Die „Centros"-Entscheidung des EuGH und das internationale Privatrecht, in: NJW 1999, S. 1993 ff.

Kindler, Peter: Der reale Niederlassungsbegriff nach dem VALE-Urteil des EuGH, in: EuZW 2012, S. 888 ff.

Kindler, Peter: Transparenz und Mobilität: konfligierende Regelungsziele im Europäischen Gesellschaftsrecht?, in: DNotZ-Sonderheft 2016, S. 75 ff.

Kindler, Peter: Unternehmensmobilität nach „Polbud": Der grenzüberschreitende Formwechsel in Gestaltungspraxis und Rechtspolitik, in: NZG, S. 1 ff.

Kluth, Winfried/Heusch, Andreas: BeckOK-Ausländerrecht, München Stand 01.10.2021 (zit.; *Rossi* in Kluth/Heusch, BeckOK-Ausländerrecht).

König, David/Bormann, Jens: Trendwende bei der Anerkennung von „Scheinauslandsgesellschaften" durch die VALE-Entscheidung des EuGH?, in: NZG 2012, S. 1241 ff.

Krispenz, Sabina: Das Merkmal der wirtschaftlichen Tätigkeit im Unternehmensbegriff des Europäischen Kartellrechts, Baden-Baden 2011.

Mansel, Peter-Heinz/Wagner, Rolf/Thorn, Karsten: Europäisches Kollisionsrecht 2012: Voranschreiten des Kodifikationsprozesses – Flickenteppich des Einheitsrechts, in: IPRax 2013, S. 1 ff.

Mörsdorf, Oliver: Der Entwurf einer Richtlinie für grenzüberschreitende Umwandlungen – Meilenstein oder Scheinriese?, in: EuZW 2019, S. 141 ff.

Mühl, Axel: Diskriminierung und Beschränkung, Grundansätze einer einheitlichen Dogmatik der wirtschaftlichen Grundfreiheiten des EG-Vertrages, Berlin 2004.

Müller-Graff, Peter Christian: Europäisches Binnenmarkt- und Wirtschaftsordnungsrecht Zugleich Band 4 der Enzyklopädie Europarecht, 2. Aufl., Baden-Baden 2021 (zit.: *Autor* in *Müller-Graff* Europäisches Binnenmarkt- und Wirtschaftsordnungsrecht).

Nachbaur, Andreas: Niederlassungsfreiheit, Baden-Baden 1999.

Nettesheim, Martin: Normenhierarchien im EU-Recht, in: EuR 2006, S. 737 ff.

Pechstein, Matthias/Nowak, Carsten/Häde, Ulrich: Frankfurter Kommentar EUV/GRC/AEUV, Tübingen 2017 (zit.: *Autor* in Frankfurter Kommentar EUV/GRC/AEUV).

Rengeling, Hans-Werner/Middeke, Andreas/Gellermann, Martin: Handbuch des Rechtsschutzes in der Europäischen Union, 3. Aufl., München 2014 (zit.: *Autor* in Rengeling/Middeke/Gellermann, Handbuch des Rechtsschutzes in der Europäischen Union).

Reuß, Ingo: Zeitalter begann, Europäische Wirtschaftsgemeinschaft (der gemeinsame Markt), 1. Jahrgang, 1. Jahrgang 1958 (zit.: *Reuß*, Das EWG – Zeitalter begann, Europäische Wirtschaftsgemeinschaft (der gemeinsame Markt), 1. Jahrgang, 15.01.1958, Nr. 1).

Riesenhuber, Karl: Europäische Methodenlehre, 4. Aufl., Berlin 2021.

Roth, Günter: Die Bedeutung von Cadbury-Schweppes für die Centros-Judikatur des EuGH, in: EuZW 2010, S. 607 ff.

Roth, Günter: Das Ende der Briefkastengründung? – Vale contra Centros, in: ZIP 2012, S. 1744 ff.

Römermann, Volker: Münchener Anwalts Handbuch GmBH Recht, 4. Aufl., München 2018 (zit.: *Autor* in Römermann, MAH GmbHR).

Rüthers, Bernd/Fischer, Christian/Birk, Axel: Rechtstheorie mit juristischer Methodenlehre, 7. Aufl., München 2017.

Säcker, Jürgen/Rixecker, Roland/Oetker, Hartmut/Limperg, Bettina: Münchener Kommentar zum Bürgerlichen Gesetzbuch, 8. Aufl., München 2021 (zit.: *Autor in* Münchener Kommentar zum BGB).

Schmidt, Mike: Grenzüberschreitender Formwechsel, Baden-Baden 2020.

Schulte, Christian: Innereuropäische formwechselnde Sitzverlegungen nach der VALE-Entscheidung des EuGH, in: IWRZ 2016, S. 3 ff.

Schulze, Reiner/Zuleeg, Manfred/Kadelbach, Stefan: Europarecht Handbuch für die Deutsche Rechtspraxis, 4. Aufl., Baden-Baden 2020 (zit.: *Pache* in: Schulze, Europarecht Handbuch für die Deutsche Rechtspraxis).

Schultz, Alexander: Das Verhältnis von Gemeinschaftsgrundrechten und Grundfreiheiten des EGV, Berlin 2005 (zit.: *Schultz*, Das Verhältnis von Gemeinschaftsgrundrechten und Grundfreiheiten des EGV).

Schwarze, Jürgen/Schoo, Johann/Hatje, Armin/Becker, Ulrich: EU-Kommentar, 4. Aufl., Baden-Baden 2019 (zit.: *Schlag*, in Schwarze, EU).

Siems, Mathias: SEVIC: Der letzte Mosaikstein im Internationalen Gesellschaftsrecht der EU?, in: EuZW 2006, S. 135 ff.

Stelmaszczyk, Peter: Grenzüberschreitender Formwechsel durch isolierte Verlegung des Satzungssitzes, in: EuZW 2017, S. 890 ff.

Stewen, Tobias: Europäische Niederlassungsfreiheit und deutsches Internationales Steuerrecht, Baden-Baden 2007.

Streinz, Rudolf: Zur Notwendigkeit einer vorhergehenden Auflösung der Gesellschaft bei Sitzverlegung innerhalb der EU, in: JuS 2018, S. 822 ff.

Streinz, Rudolf: EUV/AEUV, 3. Aufl., München 2018 (zit.: *Autor* in *Streinz*, EUV/AEUV).

Tietze, Andrea/McGuire, Mary-Rose et al.: Europäisches Privatrecht – Über die Verknüpfung von nationalem und Gemeinschaftsrecht, Stuttgart 2005 (zit.: *Bitter*, Niederlassungsfreiheit für Kapitalgesellschaften in Europa: Gläubigerschutz in Gefahr?, in: Tietze/McGuire et al., Europäisches Privatrecht – Über die Verknüpfung von nationalem und Gemeinschaftsrecht, Jb.J.ZivRWiss. 2004, 2005).

Verse, Dirk: Niederlassungsfreiheit und grenzüberschreitende Sitzverlegung – Zwischenbilanz nach „National Grid Indus" und „Vale", in: ZEuP 2013, S. 458 ff.

von der Groeben, Hans: Ziele und Aufgaben der wirtschaftlichen Einigung Europas, Europäische Wirtschaftsgemeinschaft (der gemeinsame Markt), 1. Jahrgang 1958 (zit.: *von der Groeben*, Ziele und Aufgaben der wirtschaftlichen Einigung Europas, Europäische Wirtschaftsgemeinschaft (der gemeinsame Markt), 1. Jahrgang, 15.01.1958, Nr. 3).

von der Groeben, Hans: Aufbaujahre der Europäischen Gemeinschaft: das Ringen um den Gemeinsamen Markt und die politische Union (1958–1966), Baden-Baden 1982.

von der Groeben, Hans/Schwarze, Jürgen/Hatje, Armin: Europäisches Unionsrecht, 7. Aufl., Baden-Baden 2015 (zit.: *Autor* in von der Groeben/Schwarze/Hatje, Europäisches Unionsrecht).

v.Mangoldt, Hermann/Klein, Friedrich/Starck, Christian: Kommentar zum Grundgesetz: GG, 7. Aufl., München 2018 (zit.; *Wollenschläger* in v. Mangoldt/Klein/Starck/Wollenschläger, GG).

v.Savigny, Fridrich Carl: System des heutigen römischen Rechts, Bd. I, II, 1. Aufl., Berlin 1840.

Wank, Rolf: Juristische Methodenlehre: eine Anleitung für Wissenschaft und Praxis, München 2020.

Werner, Karl Heinz: Die Europäische Wirtschaftsgemeinschaft (EWG), Entwicklung – Fragen – Wege, Essen 1958 (zit.: *Werner*, „Die Europäische Wirtschaftsgemeinschaft (EWG), Entwicklung – Fragen – Wege", Schriftenreihe, Neue Folge, Nr. 12, Juli 1958, S. 22 und 23).

Yoeri, Albrecht/Segers, Mathieu: Re: Thinking Europe: Thoughts on Europe: Past, Present and Future, Amsterdam, 2016. (zit.: *Autor*, in Albrecht, and Mathieu Segers. Re: Thinking Europe: Thoughts on Europe: Past, Present and Future).

Offizielle Dokumente und Gesetzestexte

Mitteilung der Kommission an das Europäische Parlament, den Rat, den Europäischen Wirtschafts- und Sozialausschuss und den Ausschuss der Regionen; Langfristiger Aktionsplan zur besseren Umsetzung und Durchsetzung der Binnenmarktvorschriften, Brüssel den 10.03.2020, COM(2020) 94 final, S. 1, abgerufen auf https://eur-lex.europa.eu/legal-content/DE/TXT/?uri=CELEX:52020DC0094 am 28.01.2022.

Vertrag über die Gründung der Europäischen Gemeinschaft für Kohle und Stahl von 23.07.1952, Vertrag verfügbar unter: https://eur-lex.europa.eu/legal-content/DE/TXT/?uri=CELEX:11951K/TXT.

Vertrag zur Gründung der Europäischen Gemeinschaft vom 25. März 1957, Vertrag verfügbar unter: https://eur-lex.europa.eu/legalcontent/DE/TXT/PDF/?uri=CELEX:11957E/TXT&from=en.

Vertrag von Amsterdam zur Änderung des Vertrags über die Europäische Union, der Verträge zur Gründung der Europäischen Gemeinschaften sowie einiger damit zusammenhängender Rechtsakte, Amtsblatt Nr. C 34 vom 10.11.1997, verfügbar unter: https://eur-lex.europa.eu/legal-content/DE/TXT/?uri=CELEX:11997D/TXT.

Vertrag von Nizza zur Änderung des Vertrags über die Europäische Union, der Verträge zur Gründung der Europäischen Gemeinschaften sowie einiger damit zusammenhängender Rechtsakte, Amtsblatt Nr. C 8 von 10.03.2001, verfügbar unter: https://eur-lex.europa.eu/legal-content/DE/TXT/?uri=CELEX:12001C/TXT.

Vertrag von Lissabon zur Änderung des Vertrags über die Europäische Union und des Vertrags zur Gründung der Europäischen Gemeinschaft, Amtsblatt der Europäischen Union, C 306/1, 17.12.2007, verfügbar unter: https://eur-lex.europa.eu/legal-content/DE/TXT/?uri=CELEX:C2007/306/01.

Konsolidierte Fassungen des Vertrags über die Europäische Union und des Vertrags über die Arbeitsweise der Europäischen Union, OJ C 83, 30.03.2010, S. 1–388, verfügbar unter: https://eur-lex.europa.eu/legal-content/DE/TXT/?uri=CELEX:C2010/083/01.

Charta der Grundrechte der Europäischen Union, Amtsblatt der Europäischen Gemeinschaften, C 364/1, 18.12.2000, verfügbar unter: https://www.europarl.europa.eu/charter/pdf/text_de.pdf.

Die erste Stufe des Gemeinsamen Marktes, Bericht über die Durchführung des Vertrags, Januar 1958–Januar 1962), Europäische Wirtschaftsgemeinschaft – Kommission, Juli 1962. Abkommen über den Europäischen Wirtschaftsraum – Protokoll 22 über die Definition der Begriffe „Unternehmen“ und „Umsatz“ (Artikel 56), Amtsblatt Nr. L vom 03/01/1994.

Das allgemeine Programm zur Aufhebung der Beschränkungen der Niederlassungsfreiheit innerhalb der Europäischen Wirtschaft, Amtsblatt der Europäischen

Gemeinschaften, 36/62 vom 15.01.1962, verfügbar unter: https://op.europa.eu/de/publication-detail/-/publication/14cde514-fed6-494f-8d44-49e7f7af91cd/language-de/format-PDF/source-search am 16.01.2022.

Richtlinie des Rats vom 25. Februar 1964 zur Aufhebung der Beschränkungen der Niederlassungsfreiheit und des freien Dienstleistungsverkehrs auf dem Gebiet der Rückversicherung und Retrozession (64/225/EWG), Amtsblatt der Europäischen Gesellschaften 878/64 von 04.04.1964, verfügbar unter: https://op.europa.eu/de/publication-detail/-/publication/44163452-fcad-4123-9ca1-ecc93631dcb1.

Stellungnahme des wirtschafts- und Sozialausschusses zu dem „Vorschlag einer Richtlinie über die Einzelheiten zur Verwirklichung der Niederlassungsfreiheit und des freien Dienstleistungsverkehrs auf dem Gebiet der Rückversicherung und Retrozession" vom 30. Januar 1963 ist der Bestandteil der o.g. Richtlinie; Amtsblatt der Europäischen Gesellschaften 878/64 von 04.04.1964, verfügbar unter: https://op.europa.eu/de/publication-detail/-/publication/44163452-fcad-4123-9ca1-ecc93631dcb1.

Richtlinie des Rates vom 21. Dezember 1988 über eine allgemeine Regelung zur Anerkennung der Hochschuldiplome, die eine mindestens dreijährige Berufsausbildung abschließen (89/48/EWG), Amtsblatt der Europäischen Gemeinschaften, Nr. L 19/16 vom 24.01.1989, verfügbar unter: https://eur-lex.europa.eu/legal-content/DE/TXT/PDF/?uri=CELEX:31989L0048&from=DE.

Richtlinie 92/51/EWG des Rates vom 18. Juni 1992 über eine zweite allgemeine Regelung zur Anerkennung beruflicher Befähigungsnachweise in Ergänzung zur Richtlinie 89/48/EWG, Amtsblatt der Europäischen Gemeinschaften, Nr. L 209/25 vom 24.07.1992, verfügbar unter: https://eur-lex.europa.eu/legal-content/DE/TXT/PDF/?uri=CELEX:31992L0051&from=DE.

Richtlinie 98/5/EG des Europäischen Parlaments und Rates vom 16. Februar 1998 zur Erleichterung der ständigen Ausübung des Rechtsanwaltsberufs in einem anderen Mitgliedstaat als dem, in dem die Qualifikation erworben wurde, Amtsblatt der Europäischen Gemeinschaften, L 77/36 vom 14.03.1998, verfügbar unter https://eur-lex.europa.eu/legal-content/DE/TXT/PDF/?uri=CELEX:31998L0005&from=DE.

Richtlinie 2005/36/EG des europäischen Parlaments und des Rates vom 7. September 2005 über die Anerkennung von Berufsqualifikationen, Amtsblatt der Europäischen Union, L 255/22 vom 30.09.2005, verfügbar unter: https://eur-lex.europa.eu/LexUriServ/LexUriServ.do?uri=OJ:L:2005:255:0022:0142:DE:PDF.

Richtlinie 2006/123/EG des Europäischen Parlaments und des Rates vom 12. Dezember 2006 über Dienstleistungen im Binnenmarkt, Amtsblatt der Europäischen Union, L 376/36 vom 27.12.2006, verfügbar unter: https://eur-lex.europa.eu/LexUriServ/LexUriServ.do?uri=OJ:L:2006:376:0036:0068:de:PDF.

Richtlinie (EU) 2019/1151 des Europäischen Parlaments und des Rates vom 20. Juni 2019 zur Änderung der Richtlinie (EU) 2017/1132 im Hinblick auf den Einsatz digitaler Werkzeuge und Verfahren im Gesellschaftsrecht, Amtsblatt der

Europäischen Union, L 186/80, 11.07.2019, verfügbar unter: https://eur-lex.europa.eu/legal-content/DE/TXT/?uri=CELEX%3A32019L1151.

Richtlinie (EU) 2019/2121 zu grenzüberschreitenden Umwandlungen, Verschmelzungen und Spaltungen, Amtsblatt der Europäischen Union, L 321/1, 12.12.2019, verfügbar unter https://eur-lex.europa.eu/legal-content/DE/TXT/PDF/?uri=CELEX:32019L2121.

Entwurf eines Berichts über den Vorschlag für eine Richtlinie des Europäischen Parlaments und des Rates zur Änderung der Richtlinie (EU) 2017/1132 in Bezug auf grenzüberschreitende Umwandlungen, Verschmelzungen und Spaltungen, COM (2018)0241-C8-0167/2018-2018/0114(COD).

Erläuterungen zur Charta der Grundrechte (2007/C 303/02). Amtsblatt der Europäischen Union, C 303/17 vom 14.12.2007, verfügbar unter https://eur-lex.europa.eu/legal-content/DE/TXT/PDF/?uri=CELEX:32007X1214(01).

Richtlinie 96/71/EG des Europäischen Parlaments und des Rates vom 16. Dezember 1996 über die Entsendung von Arbeitnehmern im Rahmen der Erbringung von Dienstleistungen, Inkrafttreten am 10.02.1997. Amtsblatt der Europäischen Gemeinschaften, Nr. L 18/1 vom 21.01.1997.

Richtlinie (EU) 2018/957 des Europäischen Parlaments und des Rates vom 28. Juni 2018 zur Änderung der Richtlinie 96/71/EG über die Entsendung von Arbeitnehmern im Rahmen der Erbringung von Dienstleistungen, Amtsblatt der Europäischen Union, L 173/16, vom 09.07.2018.

Verordnung (EU) 2020/1055 des Europäischen Parlaments und des Rates vom 15. Juli 2020 zur Änderung der Verordnungen (EG) Nr. 1071/2009, (EG) Nr. 1072/2009 und (EU) Nr. 1024/2012 im Hinblick auf ihre Anpassung an die Entwicklungen im Kraftverkehrssektor, Amtsblatt der Europäischen Union, L 249/17 von 31.07.2020.

Richtlinie 76/207/EWG des Rates vom 9. Februar 1976 zur Verwirklichung des Grundsatzes der Gleichbehandlung von Männern und Frauen hinsichtlich des Zugangs zur Beschäftigung, zur Berufsbildung und zum beruflichen Aufstieg sowie in Bezug auf die Arbeitsbedingungen, Amtsblatt der Europäischen Gemeinschaften, L 39/40 vom 14/02/1976.

Richtlinie 2000/43/EG des Rates vom 29. Juni 2000 zur Anwendung des Gleichbehandlungsgrundsatzes ohne Unterschied der Rasse oder der ethnischen Herkunft, Amtsblatt der Europäischen Gemeinschaften, L 180/22 vom 19.07.2000.

Richtlinie 2000/78/EG des Rates vom 27. November 2000 zur Festlegung eines allgemeinen Rahmens für die Verwirklichung der Gleichbehandlung in Beschäftigung und Beruf, Amtsblatt der Europäischen Gemeinschaften, L 303/16 vom 02.12.2000.

Richtlinie 2004/113/EG des Rates vom 13. Dezember 2004 zur Verwirklichung des Grundsatzes der Gleichbehandlung von Männern und Frauen beim Zugang zu und bei der Versorgung mit Gütern und Dienstleistungen, Amtsblatt der Europäischen Gemeinschaften, L 373/37 vom 21.12.2004.

Entwurf JURI-Bericht v. 21.8.2018, Dokument PE625.524v02-00, S. 9.

Drucksache 179/18 (Beschluss) des Bundesrates, Vorschlag für eine Richtlinie des Europäischen Parlaments und des Rates zur Änderung der Richtlinie (EU) 2017/1132 in Bezug auf grenzüberschreitende Umwandlungen, Verschmelzungen und Spaltungen COM (2018) 241 final; Ratsdok. 8561/18 vom 21.09.2018.

Kodeks spółek handlowych (Gesetzbuch über die Handelsgesellschaften, im Folgenden: KSH) vom 15. September 2000 in geänderter Fassung (Dz. U. 2013, Nr. 1030).

Ustaw z dnia 4 lutego 2011 r. – Prawo prywatne międzynarodowe (Gesetz vom 4. Februar 2011 betreffend das Internationale Privatrecht (Dz. U. 2011, Nr. 80, Pos. 432).

Internetquellen

https://www.europarl.europa.eu/about-parliament/de/in-the-past/the-parliament-and-the-treaties/single-european-act, abgerufen am 22.01.2022.

The fight against letterbox companies in the internal market in NORDIC & EUROPEAN COMPANY LAW, LSN Research Paper Series, downloaded am 25.01.2021 von The Fight Against Letterbox Companies in the Internal Market by Karsten Engsig Sørensen: SSRN, S. 1.

https://www.bundesregierung.de/breg-.de/service/einheitliche-europaeische-akte-eea--615720, abgerufen am 22.01.2022.

Amtsblatt der Europäischen Gemeinschaften, Nr. L 169/2 von 29.06.1987, Erwägungsgrund 5, gefunden auf: https://eur-lex.europa.eu/legal-content/DE/TXT/PDF/?uri=CELEX:11986U/TXT&from=DE, abgerufen am 22.01.2022.

https://eur-lex.europa.eu/legal-content/DE/TXT/?uri=LEGISSUM:xy0027, abgerufen am 22.01.2022.

Amtsblatt der Europäischen Gemeinschaften, Nr. C 7/106 von 12.01.1987, gefunden auf: https://www.europarl.europa.eu/about-parliament/files/in-the-past/ep-and-treaties/single-european-act/de-resolution-on-the-single-european-act-19861211.pdf, abgerufen am 22.01.2022.

Handbuch zur Umsetzung der Dienstleistungsrichtlinie, Dienststellen der Kommission, 2007, verfügbar unter: https://op.europa.eu/de/publication-detail/-/publication/a4987fe6-d74b-4f4f-8539-b80297d29715 am 17.01.2022, S. 7.

http:// www.europarl.europa.eu/ atyourservice/ de/ displayFtu.html?ftuId=FTU_3.1.4.html, abgerufen am 24.04.170.

https://eur-lex.europa.eu/legal-content/DE/TXT/PDF/?uri=CELEX:32012L0017&from=HU.

https://www.sueddeutsche.de/wirtschaft/luxemburg-leaks-aerger-im-steuer-maerchenland-1.2206040, abgerufen am 20.01.2022.

https://www.spiegel.de/panorama/steuerdumping-in-der-eu-der-skandal-fuer-den-sich-kaum-jemand-interessierte-a-9771b1fe-5bb6-456d-b115-13ba1cb1cf27, abgerufen am 20.01.2022.

https://www.spiegel.de/politik/deutschland/eu-steueroasen-die-minister-blickten-oft-nicht-durch-sagt-martijn-nouwen-a-4bb825b1-38ba-4b2d-bdde-5fea3fddc 22c; abgerufen am 20.01.2022.

https://www.spiegel.de/wirtschaft/wie-eu-staaten-mit-niedrigsteuern-um-200-000-reiche-buhlen-a-7ebc5f8e-02ef-4c59-b320-99472578d501, abgerufen am 20.01.2022.

https://www.spiegel.de/wirtschaft/gabriel-zucman-durchschnittsverdiener-zah len-heute-mehr-steuern-als-superreiche-a-0c8eded4-0002-0001-0000-00017 7693581, abgerufen am 20.01.2022.

https://www.n-tv.de/politik/Luxemburg-bleibt-Hotspot-der-Steuervermeider-arti cle22346702.html, abgerufen am 02.02.2022.

https://www.sueddeutsche.de/politik/openlux-luxemburg-steueroase-steuern-ste uersatz-1.5198694, abgerufen am 02.02.2022.

https://www.sueddeutsche.de/wirtschaft/openlux-luxemburg-steueroasen-1.5198 499, abgerufen am 02.02.2022.

https://www.sueddeutsche.de/wirtschaft/openlux-luxemburg-steueroasen-1.5198 499, abgerufen am 02.02.2022.

https://www.zdf.de/nachrichten/wirtschaft/eu-steuern-multinationale-unterneh men-100.html, abgerufen am 15.11.2021.

https://www.handelsblatt.com/audio/today/handelsblatt-today-globale-mindes tsteuer-bedeutet-die-steuer-tatsaechlich-das-ende-der-steueroasen/27226968. html?ticket=ST-10042436-kCKT4H9a3onXiyVLA3dF-cas01.example.org, abgerufen am 22.11.2021.

https://www.sueddeutsche.de/politik/openlux-luxemburg-steueroase-steuern-ste uersatz-1.5198694, abgerufen am 02.02.2022, zur Studie: s. https://missingprof its.world/.

https://www.sueddeutsche.de/wirtschaft/openlux-luxemburg-steueroasen-1.5198 499, abgerufen am 02.02.2022.

https://ec.europa.eu/commission/presscorner/detail/de/ip_20_1332.

https://www.consilium.europa.eu/de/press/press-releases/2021/09/28/public-coun try-by-country-reporting-council-paves-the-way-for-greater-corporate-trans parency-for-big-multinationals/#, abgerufen am 22.11.2021.

https://www.bundesfinanzministerium.de/Content/DE/Standardartikel/Themen/Europa/2021-10-01-oeffentlicher-ertragsteuerinformationsbericht.html.

https://www.consilium.europa.eu/de/press/press-releases/2021/09/28/public-country-by-country-reporting-council-paves-the-way-for-greater-corporate-transparency-for-big-multinationals/#, abgerufen am 22.11.2021.

https://www.bundesfinanzministerium.de/Content/DE/Standardartikel/Themen/Europa/2021-10-01-oeffentlicher-ertragsteuerinformationsbericht.html, abgerufen am 24.01.2022.

https://dictionary.cambridge.org/de/worterbuch/englisch/cherry-pick, abgerufen am 24.01.2022.

https://www.eesc.europa.eu/en/news-media/press-releases/there-no-cherry-picking-brexit, abgerufen am 24.01.2022.

https://www.europarl.europa.eu/news/de/press-room/20200611IPR81004/eu-uk-talks-meps-united-behind-eu-stance-rejecting-uk-cherry-picking, abgerufen am 24.01.2022.

https://www.theparliamentmagazine.eu/news/article/michel-barnier-on-brexit-cherry-picking-is-not-an-option, abgerufen am 24.01.2022.

https://www.spiegel.de/wirtschaft/gabriel-zucman-durchschnittsverdiener-zahlen-heute-mehr-steuern-als-superreiche-a-0c8eded4-0002-0001-0000-000177693581, abgerufen am 20.01.2022.

https://ec.europa.eu/commission/presscorner/detail/de/IP_21_3058, abgerufen am 25.01.2022.

https://ec.europa.eu/commission/presscorner/detail/de/IP_21_3058, abgerufen am 25.01.2022.

https://ec.europa.eu/commission/presscorner/detail/de/qanda_21_3059, abgerufen am 25.01.2022.

https://www.bmwi.de/Redaktion/DE/Artikel/Europa/eu-kohaesions-und-strukturpolitik.html, abgerufen am 25.01.2022.

https://www.consilium.europa.eu/de/press/press-releases/2020/04/07/mobility-package-council-adopts-truck-drivers-reform/, abgerufen am 26.01.2022.

www.ingramcontent.com/pod-product-compliance
Ingram Content Group UK Ltd.
Pitfield, Milton Keynes, MK11 3LW, UK
UKHW021937290926
8980IPUK00016B/1674

9 783631 894118